新文明的诞生

中国发展道路和中国共产党

宣兴章◎著

中国经济出版社
CHINA ECONOMIC PUBLISHING HOUSE
北京

图书在版编目（CIP）数据

新文明的诞生：中国发展道路和中国共产党 / 宣兴章著. --北京：中国经济出版社，2024.1（2025.4 重印）
ISBN 978-7-5136-7529-1

Ⅰ. ①新… Ⅱ. ①宣… Ⅲ. ①中国共产党-党的领导-研究 ②中国特色社会主义-社会主义建设模式-研究
Ⅳ. ①D25 ②D616

中国国家版本馆 CIP 数据核字（2023）第 204433 号

责任编辑　牛慧珍
责任印制　马小宾
封面设计　久品轩工作室

出版发行　中国经济出版社
印 刷 者　天津嘉恒印务有限公司
经 销 者　各地新华书店
开　　本　710mm×1000mm　1/16
印　　张　18. 5
字　　数　256 千字
版　　次　2024 年 1 月第 1 版
印　　次　2025 年 4 月第 4 次
定　　价　68. 00 元
广告经营许可证　京西工商广字第 8179 号

中国经济出版社 **网址** www. economyph. com **社址** 北京市东城区安定门外大街 58 号 **邮编** 100011
本版图书如存在印装质量问题，请与本社销售中心联系调换（联系电话：010-57512564）

Preface 序 言

“史者，所以明夫治天下之道也。”高度重视自己的历史，不断总结历史经验是中华民族的悠久传统，也是中国共产党的一项优良传统。

中国的发展道路，是我们党领导人民开创的一条独特的道路，是筚路蓝缕、奋起直追、让中华文明从低谷走向高峰的伟大进程。

一百多年来，我们党历经艰难险阻找到了新民主主义道路，开辟了中国特色社会主义道路，开创了中国特色社会主义新时代。以习近平同志为核心的党中央确立一整套理论、路线、方针、政策，提出中国式现代化理论和人类文明新形态的论断，将马克思主义中国化大大推进了一步。中国式现代化道路和人类文明新形态，是马克思主义理论研究的重要命题，值得下大力气深入思考。

本书从全球视角对中国发展道路进行了历史考察。作者梳理了国际共产主义运动的出现以及在中国的发展，分析了中国共产党建立发展的历史逻辑——在全球殖民结构下，中国需要广泛动员内部力量、团结凝聚全民意志才能消灭殖民者对中国的剥削和压迫，才能获得发展的基本条件。一百多年来，党领导人民走过了政党缔造国家、计划推动发展、国家孵化市场、走向高质量发展的道路，开始向全面建成社会主义现代化强国迈进。

作者对这个过程中的一系列重要命题进行了探究。例如，中国的现代国家建立问题，这涉及如何看待党创建的现代国家制度；计划与市场的历史渊源以及关系问题，这涉及如何历史辩证地看待计划经济、市场经济及其成果；农村改革以及城市改革的关系问题，这涉及如何理解当时的改革路径、方法及经验；高质量发展的平衡与均衡问题，这涉及如何领悟新时代党的路线方针政策。对这些问题，作者提出了一些新的见解，有史实，也有史见，对我们加深认识是有益的。

作者对中国发展过程中形成的历史经验进行了初步探索。书中提出，中国道路破解了一系列困扰人类的发展悖论。一是破解了社会主义国家的道义要求与原始积累之间的矛盾，形成了自我积累的现代化道路。二是既不依附又不脱钩，保持了独立自主和对外开放。三是长时间保持经济高速增长的同时保持了社会稳定。四是人民共同建设也共享成果。五是破解了经济发展和环境保护的“两难”。六是不称霸扩张，坚持和平发展。

作者对中国发展道路的结晶——人类文明新形态的内涵、意义及前途等进行了研究，提出当前全球问题与中国创造的新文明正在历史性相遇，在这种大势之下，将会重新塑造人的主体性，出现人与自然重新和解、人与人重新和解的新方式，形成一个共建、共有、共享的世界。这些对于中国发展道路和人类文明新形态的总结和分析，可以进一步提升中国经验、中国案例中所蕴含的普遍价值，产生有益的指向。

当代中国正经历着我国历史上最为广泛而深刻的社会变革，也正在进行着人类历史上最为宏大而独特的实践创新，这为理论创新和学术研究提供了丰厚的土壤和思考的源泉。以中国立场看问题会产生新的学术视角，平视世界会产生新的理论觉醒。着眼于我们正在做的事情，立足中国价值、中国实践进行学理探索，可以打造易于为国际社会所理解和接受的概念、范畴和表述，从这个意义上说，作者的努力是非常有价值的，这也是本书最值得称道之处。

中共中央党校原国际战略研究所所长、教授

Contents 目录

导　论

以解放看待发展

习近平总书记在庆祝中国共产党成立100周年大会上指出，中国特色社会主义创造了中国式现代化新道路，创造了人类文明新形态。这“两个创造”鲜明概括了党团结领导人民百年奋斗的历程和取得的伟大成果。

20世纪中叶以来，人类社会最壮观的变化莫过于东方的兴起。其中，最为突出、体量最大、影响最为深远的莫过于中华民族的伟大复兴。自新中国成立以来，中国发生了惊人的变化。世界经济史上从来没有一个像中国这样人口众多的大国，能够实现如此高速的长时期的经济增长。2010年，中国开始成为世界第二大经济体；2011年，中国的工业产值超过了美国，中国成为世界第一工业化国家。2020年中国GDP达到1015986亿元，突破百万亿元大关。抗击新冠肺炎疫情取得战略性成果，如期实现脱贫攻坚、全面建成小康社会的目标，正向建设社会主义现代化强国的第二个百年奋斗目标迈进。

为什么中国会走上一条飞速发展的道路？当外界不断预测中国即将崩溃之时，中国为什么能够越过一个又一个陷阱并创造出一个又一个奇迹？这需要从历史深处寻找答案，从国际比较中寻找中国发展强大的秘密。

工业化，今天要加上信息化，是几乎所有落后国家都梦寐以求的目标，但工业化的秘诀却被一些理论误导、遮蔽，让人难以真正清晰理解其要义。张夏准是一位生于韩国后来在英国剑桥大学执教的发展经济学家，他在《富国陷阱：发达国家为何踢开梯子?》一书中指出，当今的发达国家正在试图踢开那个能使发展中国家爬到顶端的“梯子”，即行之有效的政策和制度。它们向发展中国家介绍所谓的“好政策”和“好制度”，以此来阻止发展中国家的发展。张夏准通过梳理经济发展史并进行对比分析，揭露了那些被掩盖、被遗忘的发达国家的致富进程，并指出，适合发展中国家的政策和制度才是真正的好政策和好制度。[①]

近代以来，国人面对西方从自负到自卑，现在回到了一种正常的状态，那就是自信。整个民族的自信，会让我们不再鄙视他人，也不再仰视他人。平视西方，让我们能够看清楚一个更加真实的西方，也会看清楚一个更加真实的自己，这将是一场伟大的思想解放。我们用自己的眼光理解中国近代以来的历程，必须将中国置于世界之中，审视西方兴起以来的东西关系和南北关系的变化，以全球视野审视中国的道路，寻找特殊性与一般性，这样才能更加清晰地理解中国道路的形成条件、历史渊源、发展方向以及与其他国家的异同。

中华文明是世界上最为古老灿烂的文明之一。近代以来，欧洲人殖民美洲之后，逐渐重新塑造了世界，奴役和毁灭了较为落后的非洲和美洲，打倒并瓜分了奥斯曼帝国，将中国置于剥削和压迫性的条约体系之下。从明朝中叶开始，中国相对于西方来说开始衰落，在清朝后期逐渐沦为半殖民地半封建国家，陷入了长达百年的生存危机，一度到了亡国灭种的边缘。

政党缔造国家。当时的中国人尝试了君主立宪制、总统制、议会制等多种救国方式，但都以失败告终。最终，中国共产党以新的意识形态、新的组织方式成为凝聚社会、构建国家的主导力量，建立了新中国。中国近代的历程是由政党缔造现代意义上的国家，而不是像西方国家那样从议会中产生政党，其中的关键在于向现代转换的方式，以及政党所承担的历史功能。中国是以一种文明的整体崩溃的方式进入现代的，必须从社会中崛起新的力量对政治和社会进行革命性重塑。政党要对社会进行广泛动员与重组来重建一个国家，而中国共产党通过 28 年的革命完成了这一伟大的历史使命。

① ［英］张夏准．富国陷阱：发达国家为何踢开梯子？［M］．北京：社会科学文献出版社，2007.

计划推动发展。中国的发展没有殖民地、没有奴隶贸易、没有对外战争与掠夺，这是有史以来唯一大国通过和平方式实现的工业化。社会主义体制的建立使得中国在至少五个方面发生了巨大变化：一是建立了以中国共产党领导为本质特征的政治制度，实现了对全社会的政治整合，实现人民当家作主。二是从资本主义世界体系中脱钩，摆脱了对发达国家的依附。三是解决了自然垄断资源尤其是土地问题，扫平了国内现代化的障碍。四是初步建立了完整的工业体系，自身的努力和苏联以及其他社会主义国家的支援使得中国具备了工业化的基础。五是极大地促进了社会公平，铲除封建残余，实行男女平权，加强教育、医疗等，改善了民生，提高了全民素质。这五个方面是中国深度发展的基本条件。无论从经济指标还是社会指标来看，改革开放之前的中国都获得了较大的发展。但是这种发展模式的局限性也是明显的。计划经济的优点在于，有利于在资源极端稀缺的情况下向工业部门集中资源；其明显缺点在于，计划经济的执行单位普遍缺乏自主性与活力。

国家孵化市场。“文革”结束后，全党工作重心从以阶级斗争为纲转到以经济建设为中心，逐步确立“一个中心、两个基本点”的基本路线，扭转了政治和经济上的困难局面，启动了中国大发展。中国改革由农村等体制外发动，并在体制外积累经验和力量之后，再深入推进体制内的改革。中国的发展是在国家的壳下孵化市场与社会的过程，国家有选择地吸纳外部资源，满足自身发展的需要。通过改革开放之后 30 多年的发展，中国建立了社会主义市场经济，让计划经济时期设立的部分国营企业，特别是其中的骨干企业重现生机，成为掌握“国计民生”的经济基础设施，与新发展出的具有强大竞争力和活力的民营经济结合在一起，共同促进国家经济发展，实现了经济社会欣欣向荣的局面。

走向高质量发展。从 2012 年前后，我国开始进入一个新的发展阶段，发展环境、发展条件和目标任务都发生了新的变化，既有巨大的历史机遇，又有前所未有的风险和挑战。实现更好的发展、更加全面的发展，不仅要更好地发挥市场无形的手的作用，也要更好地发挥政府有形的手的作用。党的十八大以来，我国逐步消除改革开放30多年来积累的种种问题，进一步处理好改革、发展、稳定的关系，处理好市场"自组织"的力量与国家干预的关系，化解了一系列重大风险，产业稳步升级，发展的质量更高、更加均衡，国家治理体系和治理能力不断现代化；运筹大国关系，主动谋划，积极作为，提高国家的抗压能力，并为各种可能性做好准备；加强党的自我革命，党的领导力和纯洁性不断提升；我国由不平衡发展向更加均衡方向发展，全面建成小康社会，全面建设社会主义现代化强国，向实现中华民族伟大复兴不断迈进，开始创造出一种人类历史上崭新的文明形态。

诺贝尔经济学奖获得者阿马蒂亚·森在《以自由看待发展》一书中指出，发展是涉及经济、政治、社会、价值观念等众多方面的一个综合过程，它意味着消除贫困、人身束缚、各种歧视压迫、缺乏法治权利和社会保障的状况，从而提高人们按照自己的意愿来生活的能力。森在强调市场机制、全球化对提高人们生活水平做出基础性重大贡献的同时，还指出，需要政府和社会在人的生存、保健、教育等领域承担责任，更需要人作为发展的主体在全面的社会交往和变革中发挥主动作用。①

作为经济学家，森的论述超越了狭隘的经济发展理念，从政府以及社会等角度论述了自由与发展的关系。但是，他没有深刻论述的是，没有国家独立和人民解放，自由则无从谈起。

1882年，恩格斯在给卡尔·考茨基的信中说："一个大民族，只要还没有实现民族独立，历史地看，就甚至不能比较严肃地讨论任何内政问题。""排除民族压迫是一切健康而自由的发展的基本条件。"② 中国发展道路与世界很多国家的不同，在于中国道路的历史逻辑前提是处于西方的殖民压迫之下，因而需要从半殖民地半封建的状态中解放出来，通过中国共产党的领导走上社会主义道路，这是国家解放、人民解放、

① ［印］阿马蒂亚·森．以自由看待发展［M］．任赜，于真，译．北京：中国人民大学出版社，2013.

② 马克思，恩格斯．马克思恩格斯文集（第10卷）［M］．中共中央马克思恩格斯列宁斯大林著作编译局，译．北京：人民出版社，2009：471-472.

生产力解放之路。

“解放”（liberation）与“自由”（liberty）在英文中的词根是一样的。其区别在于，“解放”指的是摆脱了束缚，而“自由”则更加偏向于不受干涉。森所说的“自由”更多的是指保障人的基本权利，而“解放”更加偏向于突破强加于人和民族之上的枷锁。尼德·古莱指出：“尽管有关‘解放’的用语有绝对的优越性，对于‘发达’世界的许多人来说，他们从策略上考虑仍然难以使用这种语言。”[①] 不过古莱也指出：“两者之间的对峙是必要的，因为只靠‘发展’或只靠‘解放’都不能充分超越文化统治以及对压迫的纯消极反应这两个方面。”[②]

实际上，持续的发展正是一种不断突破束缚的过程，也是一个不断获得更大自由的过程。相比自由，以解放来解释发展更适合后发展国家，因为后发展国家发展的时候，基本上都处于一定的国际权力结构之下。近代以来，西方塑造了统治世界的殖民结构，从西班牙、荷兰到英国、美国，每个霸权时代的具体做法特征虽有所变化，但其殖民主义性质并没有实质性改变，只是越来越隐蔽，越来越“精致”。

解放是人的自由全面发展的前提，解放是中国发展之路的深层意蕴。从一定意义上说，中国的发展之路就是解放之路。中国特色社会主义道路，中国式现代化道路，就是人们不断得以解放和获得更大自由的过程，人的每一次解放是上一轮大发展的结果，又为新的发展增加了动力。

近代以来，中国长期受到帝国主义、封建主义和后期形成的官僚资本主义的压迫，国家无法开展现代化建设，必须有领导力量重新构建国家与社会之间的连接形式——建立现代国家。国民党政权将国内的军阀势力联合成一个政权，但是这个政权与社会的连接是虚弱的。在国家政权中，沿海新兴资本家阶级与地主阶级勾结在一起，它们并没有决心彻底改变封建的土地制度，彻底斩断国际资本的剥削链条，也没有能力重

① ［美］查尔斯·K. 威尔伯. 发达与不发达问题的政治经济学［M］. 高铦，等译. 北京：商务印书馆，2015：526.

② ［美］查尔斯·K. 威尔伯. 发达与不发达问题的政治经济学［M］. 高铦，等译. 北京：商务印书馆，2015：528.

建国家的基层组织。

中国共产党以新的意识形态和组织方式成为凝聚社会、构建现代国家的核心力量。从天下到国家的转变，中国并没有选择民族主义，而是选择了马克思主义，让中国避免了过于强调民族主义而可能造成的分裂，为一个多民族的共同体找到了精神的皈依，为这个历史悠久的文明找到了普遍的精神支柱以及持久的精神动力。党以自身的组织体系为中轴，整合其他社会力量，形成了一个根植于社会的领导系统、稳定系统、协调系统以及贤能选拔系统，成为国家与社会之间的强大支柱，实现了人民当家作主，形成了一个稳固的政治结构。

回顾我们党领导推进的中国发展道路，会发现中国解决了人类发展的一系列悖论。不是通过对外掠夺，而是通过自我积累开展现代化；既保持独立自主，又能实行对外开放，破解了要么依附、要么封闭的怪圈；在保持经济高速增长的同时，也能保持社会稳定；人民是建设者，也共享发展成果，逐步实现共同富裕；在经济发展的同时，保持人与自然的和谐共生；在长期发展的同时，保持长期和平，打破了大国崛起的传统逻辑。

马克思主义是关于人类解放的学说。中国共产党之所以选择并发展马克思主义，根本原因在于中国共产党始终坚持以人民为中心，为中国人民谋幸福、为中华民族谋复兴，这是党的初心和使命，而发展的成就则是践行初心和使命而形成的结果。

这使得中国可以走上一条独立自主的道路，而不是依附的道路；可以走上一条人民解放的道路，而不是国家主义的道路；可以走上一条繁荣、和谐的道路，而不是自由化的道路。

审视这一伟大而艰难的历程，具有非同寻常的意义。我们至少要在三个维度上理解中国道路才能发现其意蕴。第一个维度是古老文明现代化的维度。中国是非西方文明中唯一真正实现文明转型的文明中心国家，通过政党缔造国家的方式，实现了古老文明向现代文明的转换。现代中国在中华民族跌入历史低谷中奋起，扭转了从明朝中叶以来文明陆沉的历史趋势，让中华文明再次绽放出前所未有的灿烂光明。第二个维度是世界社会主义运动的维度。相较于苏联模式，中国将社会主义与市场经济相结合，开创了中国特色社会主义道路。第三个维度是国家发展的维度。相较于西方大国的对外侵略掠夺的崛起历程，中国开创了自我积累的和平发展道路；相较于绝大多数发展中国家，中国开创了独立自主而非依附发展的新型现代化道路。

中国独特的现代化道路的成果就是一种新文明的诞生，一个超越传统现代化模式的“新物种”正在出现，这就是中国特色社会主义文明，这是一种扬弃了中华古老文明和世界现代文明的新文明。从物质文明来说，是从工业文明向信息文明的变迁；从精神文明来说，是中华优秀传统文化的现代转化与革命文化等的融汇；从人与自然的关系来说，是从对自然无度征伐到生命共同体；从人与国家的关系来说，是人民当家作主；从国家与国家之间的关系来说，是人类命运共同体，文明交流互鉴、交融共生。

中国特色社会主义文明是中国共产党领导人民创造的、具有光明前途和世界意义的、迭代旧文明的一种新的文明形态。这种人类文明新形态，是历史的结晶、人民意志的结晶、中国式现代化道路的结晶，将推动中华文明伟大复兴，催生人类新的发展议程，推动人类历史新的进程，共同创造更加美好的世界。

“任何解放都是使人的世界和人的关系回归于人自身。”① 中华文明的伟大复兴不是对西方霸权的更替，而是更加符合人类愿望的新的理念、价值和范式的产生。中国式现代化道路和中国特色社会主义文明可以给依然在奴役与压迫之下的国家以巨大的启示，因而其本身就是一种伟大的人类文明成果。

饱经磨难的中华民族必将实现伟大复兴，奔腾不息的中华文明必将实现伟大复兴，这必将为人类带来更加光辉灿烂的前景。

---

① 马克思，恩格斯．马克思恩格斯全集（第 3 卷）［M］．中共中央马克思恩格斯列宁斯大林著作编译局，译．北京：人民出版社，2002：189.

第一章

百年危机

——全球殖民体系的形成

正如罗荣渠指出的，“工业化是现代化的核心。现代化实质上是现代工业生产方式和工业化生活方法普遍扩散化的过程”。[①] 从一般意义上说，现代化的本质是工业化，现在又需要加上信息化、数字化、网络化、智能化，但是信息化、数字化、网络化、智能化仍然需要和工业化融合发展。工业化对任何一个国家来说，都不只是一国内部的事情，而是参与国际分工的结果。参与国际分工必须突破原有的国际分工体系，这绝非易事。世界不是平的，我们今天实际上还处在全球后殖民体系之中。考察殖民体系的形成，必须从1500年前后开始。

如果回到1500年，我们会发现世界的政治版图与今天有着巨大的差别。此时的西欧，从波罗的海到地中海沿岸，星罗棋布的自治城市日趋繁荣，马克思在《资本论》中称之为“主权城市”，这非常明确地指出了其自治性质。[②] 英国、法国、西班牙、葡萄牙先后成为独立的国家。德国，还处于神圣罗马帝国的统治之下，支离破碎，德意志的统一还要再过数百年才能完成。意大利仍然处于教皇国的统治之下。西班牙的哥伦布，葡萄牙的达·伽马、麦哲伦已经或即将开始全球航行。

在中东地区，奥斯曼帝国已经崛起，成为穆斯林世界的新中心。奥斯曼帝国不断地与拜占庭帝国斗争，后来征服君士坦丁堡，东征伊朗，在恰尔德兰打败了萨菲王朝的军队，又征服了叙利亚和埃及。后来，奥斯曼帝国囊括了地中海，疆域扩大到美索不达米亚平原、匈牙利边境以

---

① 罗荣渠．现代化新论［M］．北京：北京大学出版社，1993：124.

② 马克思指出：“虽然在十四和十五世纪，在地中海沿岸的某些城市已经稀疏地出现了资本主义生产的最初萌芽，但是资本主义时代是从十六世纪才开始的。在这个时代来到的地方，农奴制早已废除，中世纪的顶点——主权城市也早已衰落。”（《资本论》第一卷，第24章）

及北非的黎波里。东南欧也是奥斯曼帝国的地盘。

公元 1480 年，伊凡三世击败金帐汗国，俄罗斯终结了蒙古人 240 年的统治，开始崭露头角。在亚洲，古老的中国正处在一个强盛的阶段。公元 1500 年，是大明弘治十三年，明孝宗朱祐樘在位，其统治时期被称为“弘治中兴”。以中国为中心，东亚是一个包含了众多国家的朝贡体系。在美洲，有印第安人的奴隶制王国。在非洲，除奥斯曼帝国控制的北非地区外，还有大量的原始部落。尽管当时这些洲的名字还没有最后确定，但并不妨碍我们以这种地理方位去了解人类世界的基本构成。

当时，欧洲即便不是最落后的地区，也是较为落后的地区之一。黑死病重创了欧洲。受奥斯曼帝国的影响，欧洲向东方的陆海通道被切断，欧洲人于是向大西洋深处进军，开始远航。谁也不会想到，以后的几百年中，欧洲人将重新塑造这个世界，打倒并瓜分当时伟大辉煌的奥斯曼帝国，将中国置于剥削和压迫性的条约体系之下，奴役和毁灭较为落后的非洲和美洲。

世界各地存在复杂多样的政治体制，东方的君主制，欧洲的城邦制、王国、承担了相当多政治功能的基督教会以及非洲部落等，这些政治体制在数百年后都逐渐被起源于欧洲的民族主权国家所替代。民族主权国家不仅是一种国家组织方式，还是一种需要国家之间相互承认的体系。这种体系将原先古老文明的各种国家组织方式挤压到边缘。今天民族主权国家已经成为世界绝对主流的国家组织方式，这一体系也成为世界主要的国家体系。

这个过程伴随着世界市场或者说资本主义血腥扩张。世界经济逐渐形成一体，成为伊曼纽尔·沃勒斯坦所说的现代世界体系。这个体系分为中心和外围，外围对中心有着依附关系——通过军事占领、政治支配以及不平等的分工等，发达国家长期居于主导地位，而不发达国家则成为发达国家的供奉者。

一、大航海时代

1. 西方人的大劫掠

大航海时代，中国人是先行者。从 1405 年到 1433 年，郑和带领 200 余艘船、2.7 万余人进行了彪炳史册的航行。这毫无疑问是当时世界上最大和最先进的舰队。但是，在郑和第七次航行之后，这样大规模的远航在各种争论中戛然而止了。明朝重新施行海禁政策，官方对贸易进行垄断，逐渐脱离了欧亚大陆的大规模海洋贸易。

一个文明的内卷，就意味着与一个崭新时代的擦肩而过。

在郑和的船队封存近 60 年之后，欧洲的冒险家开始了寻找东方的探险。1492 年 8 月 3 日，哥伦布奉西班牙统治者之命，率 3 艘船和 90 名水手，横渡大西洋，到达他一直以为是印度的美洲。后来，一位意大利商人阿美利哥·维斯普西（1454—1512 年）断定那里不是亚洲而是“新大陆”。再往后，一位德国地理学家以这位意大利人的名字命名了这块大陆，即亚美利加洲，简称美洲。

所谓“发现新大陆”，当然是彻头彻尾的欧洲中心主义。这片土地上早就生活着人民，并形成了古老而灿烂的文明，根本不存在“发现”的问题。

在美洲，当时有阿兹特克与印加等奴隶制国家，仅仅这两个国家的广袤程度与人口数量都远超欧洲任何一个国家。西班牙人除了因为亚欧大陆文明长期交流而形成的武器装备等优势，还有一个无意间形成的巨大优势，那就是身上携带的致命的病毒。

美洲因为长期与亚欧大陆没有接触，所以对这些病毒毫无抵抗力。西班牙殖民者轻而易举地征服了这两个帝国，开始对当地人进行惨绝人寰的盘剥、压榨和屠杀。与中国人不同，欧洲人在寻找新的大陆时有着明确的商业目的，寻找黄金、香料，并且施行殖民统治。地理“大发现”对于西方来说是一笔巨大的财富，对于美洲人民甚至世界人民来说却是一场巨大的灾难。这是一幕幕历史的悲歌。

1532年，西班牙殖民者弗朗西斯科·皮萨罗，带领着62名骑兵、106名步兵，来到了印加帝国。印加帝国盛情款待他们，他们却突然发动袭击，抓住了印加王，并要求用一囚室黄金来赎买。这个1.8米高、6.1米长、5.2米宽的囚室，估计需要120吨黄金才能装满。就在印加人忙于寻找如此巨量的黄金之时，皮萨罗却变卦杀死了印加王。殖民者洗劫了一座又一座城市，他们有火器、刀剑、骑兵。印加人因为和亚欧大陆隔绝，没有见过马和这些装备，而成为“降维打击”的牺牲品。这是一场种族灭绝，数以千万计的原住民被杀，或者因感染殖民者携带的病毒而死亡。

一位良知未泯的西班牙神父见证了当时的惨剧，在《西印度毁灭述略》一书中，他写道：“西班牙人像穷凶极恶的豺狼闯进这群驯服的羔羊中来……40多年来（1492年以来——作者注），这些西班牙人做的唯一事情就是对当地居民滥施暴行，肆意屠杀，其残暴程度令人触目惊心，真是见所未见，闻所未闻……由于西班牙人杀人如麻，致使原来生活在西班牙岛上的300多万土人，现在只剩下200人。”“他们闯进村庄，见到老少、孕妇和产妇便挑破他们的肚皮，然后剁成碎块，犹如宰割畜栏中的羔羊。歹徒们还打赌，看谁能一刀把人从中间劈开，谁能一下子砍掉人头或开膛破肚。他们还从母亲怀中把吃奶的婴儿夺走，提起孩子的双脚往石头上摔。”“基督徒们之所以如此杀人，仅仅是为了追求一个目的，即攫取黄金。他们企图在短短几天之内就飞黄腾达，大发横财，由卑微低贱者一跃而成上层社会的一员。”①

一拨又一拨殖民者的到来，遭到了当地人的顽强反抗。欧洲人对原住民开展长期屠杀，这一持续性的种族灭绝作为国家政策，延续了数百年。

---

① ［西］巴托洛梅·德拉斯·卡萨斯．西印度毁灭述略［M］．孙家堃，译．北京：商务印书馆，1988：18，20-21.

美国1776年建国之后，大规模掠夺印第安人土地，展开持续性的大屠杀。乔治·华盛顿、托马斯·杰弗逊、亚伯拉罕·林肯、西奥多·罗斯福都是大屠杀政策的坚定推行者。西奥多·罗斯福甚至还有一句名言——只有死掉的印第安人才是好的。马克思指出："那些谨严的新教大师，新英格兰的清教徒，1703年在他们的立法会议上决定，每剥一张印第安人的头盖皮和每俘获一个红种人都给赏金40镑；1722年，每张头盖皮的赏金提高到100镑；1744年马萨诸塞湾的一个部落被宣布为叛匪以后，规定了这样的赏格：每剥一个12岁以上男子的头盖皮得新币100镑，每俘获一个男子得105镑，每俘获一个妇女或儿童得55镑，每剥一个妇女或儿童的头盖皮得50镑！"①

1830年，美国政府颁布《印第安人迁移法案》，将东部的印第安人全部迁往密西西比河以西的保留地。这种驱赶行动是血腥的、残酷的，大量印第安人死于路途中的袭击和屠杀。

这些系统性的国家种族灭绝行为，使得人口近9000万到1.2亿的印第安文明被毁灭。人口大幅减少，以至于让欧洲殖民者不得不从非洲运去更易于奴役的黑人作为奴隶。而非洲则因黑奴贸易等，丧失了6000万人左右。

马克思在《资本论》中指出："美洲金银产地的发现，土著居民的被剿灭、被奴役和被埋藏于矿井，对东印度开始进行的征服和掠夺，非洲变成商业性地猎获黑人的场所——这一切标志着资本主义生产时代的曙光。这些田园诗式的过程是原始积累的主要因素。"②

美洲源源不断的财富，让极其贫穷落后的欧洲，从血污中走向现代。许倬云指出："这些黄金和白银的价值，我们现在已经无从估计，但是我们可以确定的是，这些贵金属的总数量，超过欧亚两大洲曾经积累的数量。我常常将之比喻为天上掉下来的第一篮金子。欧洲资本主义

① 马克思，恩格斯．马克思恩格斯全集（第44卷）［M］．中共中央马克思恩格斯列宁斯大林著作编译局，译．北京：人民出版社，2001：863.

② 马克思，恩格斯．马克思恩格斯全集（第44卷）［M］．中共中央马克思恩格斯列宁斯大林著作编译局，译．北京：人民出版社，2001：860-861.

的经济，是凭借这一篮子金子做原始本钱起家的。”①

今天，我们中国人回顾这段历史的时候，心情是复杂沉重的。中国没有抓住远洋贸易的机会，是因为中国当时作为一个整体上依靠农业的国家，想转化为商业国家，既缺少强烈的外部吸引力，又缺乏内部的动力。而西方通过大劫掠，获取了大量资源实现富强之后，转身就将屠刀架在了中国人的脖子上，使得我们的民族遭受了长达百年的大危机。1624 年和 1626 年，荷兰、西班牙分别占领我国台湾岛南、北各半，并在台湾北部展开争夺战。1642 年，西班牙人战败，荷兰霸占台湾。而这只是中国沉入深渊的序幕。

2. 乌托邦和社会主义

就在西方刚刚开启黑暗的大航海时代之时，一位有良知的英国人表达了另一种理想。1516 年，托马斯·莫尔出版了《乌托邦》。“乌托邦”（Utopia）这个词是莫尔有意创造的，有两个希腊语词源，既指现实中不存在的地方，又指人们理想中的乐土。

在这本书中，莫尔借航海家之口虚构了一个理想世界。在那个地理发现的大时代，“新的航路，新的陆地，新的人民，一齐涌现出来，使欧洲人眼界顿开，打破了成见，解放了思想。在这样的气氛中，莫尔从一位航海家口中叙出一个乌托邦来，的确真假难分，有如能迷惑人的桃源仙境”②。书中描述了在一个新月状的海岛上，有着 54 座壮丽的城市，有着共同的语言、传统、风俗和法律。这里是和平宁静的农业社会，没有私有财产，也没有铜臭钱腥。这里的人鄙视金银。粪桶和奴隶的镣铐是用金银做成的。因犯罪而成为可耻的人都戴着金耳环、金戒指、金项圈和一顶金冠。这对于在美洲疯狂寻找金银的殖民者来说，是一个绝妙的讥讽。

《乌托邦》中揭露了“羊吃人”的悲剧。“你们的羊，一向是那么

---

① 许倬云．现代文明的成坏［M］．杭州：浙江人民出版社，2016：47.

② ［英］托马斯·莫尔．乌托邦［M］．戴镏龄，译．北京：商务印书馆，1982：序言，3.

驯服，那么容易喂饱，据说现在变得很贪婪、很凶蛮，以至于吃人，并把你们的田地、家园和城市蹂躏成废墟”①。这就是“羊吃人”的圈地运动。羊毛纺织业的飞速发展，开始了大规模对公共用地的剥夺。在《乌托邦》中，莫尔已经在有预见地批判工业资本不加控制可能发生的弊端。他认为这会“榨取穷人劳力”，“只对富人有利”。这是天才的预言，尽管书中整套的方案只是一个梦想。人们通常将这本书的出版，视作社会主义思想的起点。

从16世纪初开始，空想社会主义作为资本主义的批判者登上了历史的舞台，像一群灿烂的新星呈现在人类思想史上，为在黑暗中探索的人类带来希望。早期的空想社会主义者有托马斯·莫尔、托马斯·闵采尔、托马斯·康帕内拉、杰拉德·温斯坦莱等，在启蒙运动前夕有梅叶，启蒙运动中有摩莱里和马布利，在资产阶级大革命中有巴贝夫，19世纪初有克劳德·昂列·圣西门、夏尔·傅立叶和罗伯特·欧文等。空想社会主义在300多年的发展中，积累了丰富成果，为科学社会主义的出现奠定了重要基础。

当时，没有任何人能想到这与中国的联系。1895年，《乌托邦》出版380年后，严复在《天演论》中首次将“Utopia”一词翻译成“乌托邦”。乌托邦，对那个风雨飘摇年代的中国人产生了奇妙的暗示。

二、百年危机

从1840年鸦片战争到1949年新中国成立，这100多年的时间里，中华民族滑入了苦难的深渊。被纳入殖民体系，沦为半殖民地半封建社会，面临巨大的生存危机，几乎亡国灭种。1950年，毛泽东同志国庆观剧后，在《浣溪沙·和柳亚子先生》中写道，“长夜难明赤县天，百

① ［英］托马斯·莫尔．乌托邦［M］．戴镏龄，译．北京：商务印书馆，1982：21.

年魔怪舞翩跹，人民五亿不团圆”，对中国百年磨难做了生动概括。这百年，是危机的百年，也是孕育生机的百年，中华民族浴火重生，将以崭新的姿态站立在世界舞台上。

1. 白银危机

中国的近代历史是从1840年鸦片战争开始的。需要注意的是，在鸦片战争之前，欧洲已经初步完成了对美洲和非洲的征服，而且一个连成一体的现代世界雏形已经产生，只不过当时的中国人对此还没有非常清晰的认知。

欧洲人在美洲建立了殖民地之后，南美洲成为西班牙帝国的银窖。在秘鲁等地的高山之中，分布着巨大的银矿。西班牙殖民者强征印第安人在矿场劳动。17世纪上半叶白银产量高居世界之冠的矿城波托西一度达到十几万人，是当时美洲最大的城市之一。

美洲的白银、欧洲的工业品以及中国的茶叶构成了一个全球性的大三角贸易。贡德·弗兰克在《白银资本——重视全球化中的东方》中综合了巴雷特与阿特曼的估算指出：“美洲在16世纪生产了17000吨白银，几乎都运到欧洲。……美洲在17世纪和18世纪分别生产了37000吨和75000吨，各有27000吨和54000吨运到欧洲，两个世纪合计81000吨。在欧洲获得的白银中，大约一半（39000吨）又转手到亚洲，其中17世纪为13000吨，18世纪为26000吨。这些白银最终主要流入中国。另外，有3000吨到10000吨，甚至可能高达25000吨白银是从美洲直接通过太平洋运到亚洲；而这些白银的绝大多数也最终流入中国。此外，日本至少生产了9000吨白银，也被中国吸收。因此，在1800年以前的两个半世纪里，中国最终从欧洲和日本获得了将近48000吨白银，可能还通过马尼拉获得了10000吨甚至更多的白银，另外还从亚洲大陆上的东南亚和中亚地区以及中国自身获得一些白银。这些加起来，中国获得了大约60000吨白银，大概占世界有记录的白银产量（自1600年起为120000吨，自1545

年起为 137000 吨）的一半。”①

日本历史学家滨下武志也同意这个数字，但是两者的解释不同。弗兰克的解释是存在着银本位的世界经济，而滨下武志则认为，亚洲的银本位是与欧洲的金本位互为表里的，白银市场是国际金融的一部分。不管如何，我们可以看到在 16—18 世纪，中国的经济具有极大的优势，中国的茶、丝织品所向披靡。而且无论是在生产能力上，还是在竞争精神上都是如此，开关后的日本也难以匹敌。中国对所有国家都是顺差。这种顺差在亚洲内部一部分是通过朝贡体系的厚往薄来弥补的，而在与欧洲、美洲的贸易上则通过美洲白银来弥补。

英国统治印度后，出现了如下几个三角贸易：美洲向英国出口白银、棉花，从中国购买茶叶和生丝；英国生产棉布，从中国购买茶叶和生丝；印度购买英国的棉布，经营一些香料等的转口贸易。白银在其中起着至关重要的作用，白银是东西方贸易，甚至是整个世界贸易的桥梁。如果白银的开采出现波动，那么世界贸易就会受到极大的影响。

清朝白银产量很小，只有云南有少量银矿，不足以支撑全国白银的流通。当时国内白银的需求基本靠进口，主要来自西班牙在拉丁美洲的殖民地：墨西哥、玻利维亚、阿根廷。“欧洲商人除了白银之外，几乎没有东西可以卖给中国。”②

1808 年，拿破仑军队入侵西班牙。虽然法国失败了，但西班牙也遭受重创，西班牙人在拉丁美洲经营了快 300 年的殖民地纷纷起义，墨西哥等南美洲国家爆发独立运动。西班牙殖民地的银矿业大幅减产，迅速导致全球范围内白银紧缺。

16—18 世纪，殖民地反西班牙起义此起彼伏。欧洲内部列强之间的争斗加速了这一进程。1821 年，墨西哥及中美洲地区的各个国家宣布独立。1823 年，中美洲各国宣布成立中美联合省联邦。在东海

---

① ［德］贡德·弗兰克．白银资本——重视全球化中的东方［M］．刘北成，译．北京：中央编译出版社，2001：208.

② ［加］卜正民．维米尔的帽子——17 世纪和全球化世界的黎明［M］．黄中宪，译．长沙：湖南人民出版社，2017：174.

岸，爱国志士为反对西班牙殖民者和后来的葡萄牙侵略者进行了长期的斗争。1826 年初，西班牙最后一批守备部队宣告投降。至此，美洲的西班牙殖民地除古巴和波多黎各以外都获得了政治上的独立。战争严重影响了西班牙银矿的供给。银荒成为当时世界经济中的一个重大问题，造成全球性的通货紧缩。

这是英国开始经营鸦片的一个重要国际背景。因为英国人与中国进行贸易需要白银。因白银的缺乏，英国开始丧心病狂地将鸦片输入中国，以减少贸易逆差。

说到鸦片，不得不提到一个近代历史上非常著名，但是又像迷雾一样的组织——东印度公司。长期以来，我们关注到欧洲对世界其他地方的奴役，但是较少关注最初开展这种奴役的组织。

1600 年，英国女王认可了英国东印度公司，正式授予其皇家特许状，准许其在东印度等地开展国际贸易。这是一家融合了现代企业制度以及“海盗业务”的特殊组织。1702 年英国东印度公司改组，形成了具有现代特征的公司体系。这样专门开展殖民统治的公司，是国家的白手套，既拥有军队又拥有类似领土的“领地”。

英国东印度公司在 18 世纪从亚洲进口的大宗物品中，茶叶是最为突出的。茶叶在英国乃至欧洲都没有出产。一般认为，英国人爱喝红茶的习惯是从 1662 年葡萄牙公主凯瑟琳嫁给英国国王查理二世开始的。宫廷的习惯逐渐传到民间，茶在 18 世纪成为英国的大宗大众消费品。

蓝诗玲在《鸦片战争》中写道：“到 1780 年代，英国正在积欠严重的贸易逆差，而与此同时，中国政府则很乐意满足英国日益增长的茶叶需求，除了银子外，它对英国没什么需求。由于东印度公司的盈利不能抵消英国统治印度需要付出的成本，英国的茶叶消费者就进一步加剧了英国对亚洲贸易的逆差。从 1780 年到 1790 年，英国对印度和中国贸易的利润共 200 万英镑，在为了征服印度而留下的 2800 万英镑的债务中，这只是个小零头。”①

这时，英国人发现了解决他们困难的“办法”，那就是鸦片贸易。大英帝国一位总督——沃伦·黑斯廷斯在盛产罂粟的孟加拉地区任职时，了解到鸦片这种毒品。他将这种毒品作为毒害并且榨干中国人民的“吸管”。这种非法毒品取得的效果超乎想象，它吸走了中国11%的货币供应量。随之而来的是毒瘾泛滥，还撕裂了中国的社会结构。

英国政府得到了鸦片贸易的绝大部分利润，东印度公司是英国政府的代理人。不过，东印度公司并没有直接把毒品运往中国。“它只是委托、安排印度数以千万英亩的罂粟种植，监管鸦片的制造过程……，最后，监督着把鸦片打包装进芒果木制成的箱子，运往加尔各答拍卖。从这一刻起，东印度公司就洗手了，剩下的事是任由鸦片走私贩子把鸦片运到中国海岸……”②

数据表明，鸦片战争之后，中国的白银开始外流，东西方贸易开始逆转。印度鸦片的种植，不仅导致中国国内政治与外贸上出现了重大问题，而且削弱了中国的国际竞争力。

19世纪50年代以后，中国的茶叶遇到了印度与日本出产茶叶的激烈竞争。而更为严重的一个后果是，茶叶的结算开始集中到伦敦。“由于进口中国茶叶的缘故，通过以伦敦为中心的国际结算机构，各国的负债都集中到了英国，美国和澳大利亚通过付出棉花和黄金而得以对自己进口的茶叶进行结算。而英国则因为掌握中国贸易结算机构权利的缘故，通过中国对外出口贸易的结算，不仅确保了本国棉纺织工业的原料，而且为着更加容易贩卖棉织品扩大信用的缘故集中了金银。在这个意义上可以说，假如中国茶叶的出口越来越广且出口量逐渐加大，不仅是中国，整个世界都将被开拓成英国棉纺织品的市场。”③

---

① ［英］蓝诗玲．鸦片战争［M］．刘悦斌，译．北京：新星出版社，2015：4-5.

② ［英］蓝诗玲．鸦片战争［M］．刘悦斌，译．北京：新星出版社，2015：5.

③ ［日］滨下武志．近代中国的国际契机［M］．朱荫贵，欧阳菲，译．北京：中国社会科学出版社，1999：185.

英国通过集中双边与多边贸易结算奠定了世界工厂与世界银行的坚实基础。从另一面来讲，中国沦为世界体系边缘地位已经开始确立。而对这一点，当时的清政府是浑然不觉的。也就是说，中国在1840年之前就已经被深深裹挟进体系中，1840年鸦片战争后，在英国霸权体系之下，中国的边缘地位最终确定了。这一地位，直到中华人民共和国成立以后才得以彻底扭转。

清朝的白银流出从1808年一直持续到1856年，在这将近半个世纪的时间里，外流约3.68亿银元。当年清政府一年的财政收入是几千万两白银。施行银本位制，铸币权掌握在银矿所有者手中，而这些银矿主要在美洲。对于白银缺乏的清朝来说，是吃大亏的。货币主导权的丧失是中国衰落的一个重要原因。然而，清政府当时并未认识到这一点或者说即便认识到，转换币制也需要巨大的成本。日本也曾长期受制于银本位制，在甲午战争之后获得了清政府的巨额赔款，这笔赔款中很大一部分就是用来将银本位制转换为金本位制，由此获得了工业化的巨大动力。

1816年，英国立法确定了金本位制。黄金价格比较稳定，保障了英国逐步成为世界第一强国。其他国家也纷纷效仿，到1914年第一次世界大战之前，当时世界上的主要资本主义国家都实行了金本位制。而中国直到1935年，国民党政府实行法币制度，才废除了银本位制。①

白银流失使得清朝通货紧缩加剧。因为政府税收要收白银，老百姓要把铜钱换成白银，银价上涨，同等的银子，要付出更多的铜钱。这加重了税负，酝酿着巨大的社会危机。

---

① “废两改元”的政策才实行不到一年，当时的美国新任总统罗斯福就颁布了白银收购法案，授权美国财政部在国内外市场上大量购买白银，白银价格相对黄金价格大幅上涨，这就等于当时中国的货币汇率相对于美元汇率大幅升值，结果造成了灾难性的后果。1935年11月3日，国民政府为形势所迫，颁布了《法币政策实施法》以及《收兑金银通则》，开始实施法定货币本位制。

2. 鸦片战争及其影响

鸦片给中国人民造成了巨大的祸患，英国政府用战争来压制清政府的禁烟行动，鸦片战争爆发。清政府战争失败后，中英签订了第一个不平等条约《南京条约》，割让香港岛，被迫开放五个口岸通商。这是中国沦为半殖民地社会的开端。

战争失败，鸦片大量输入，流毒全国，对中国社会的政治和经济造成了严重的危害。据估计，1835 年全国吸食人数为 200 万，鸦片战争后，很快增加到 300 万以上。地主、官僚、军阀常常以鸦片款待客人，茶坊酒店也常设烟榻，许多地方变成了吞云吐雾的世界。

白银的大量外流，使银贵钱贱的情况比鸦片战争前更为严重。中国此前几百年积累的财富也在这种“对外贸易”与多次的战争赔款中渐渐消无，中国的大国地位当时已经到了没落的边缘。

鸦片大量输入中国，给英、美资产阶级及其政府带来了巨大的利润。英印殖民政府在 1850 年到 1856 年，每年从鸦片贸易中所获得的收入，占印度全国总收入的 1/6。对于当时另一个殖民国家——美国来说，也是如此。鸦片贸易满足了新生的美国工业化的资本需求。中国人民的血汗，喂养了英、美资产阶级。

19 世纪初，英国人控制了清朝绝大多数的鸦片贸易，其余部分多数由美国人把持。位于美国麻省首府波士顿的珀金斯公司是当时的鸦片巨头。珀金斯公司和其他几家鸦片贸易公司通过走私鸦片获得了巨大的利润，公司很多人都摇身变为百万富翁，成为社会精英。美国很多大家族都是靠着鸦片跻身豪门的。

而美国的一些大学和不少的公共机构也是依靠鸦片发展起来的。2017 年，美国国家公共广播电台波士顿新闻台发表的《鸦片利润如何塑造了 19 世纪的波士顿》一文指出：“鸦片家族通过慷慨的捐赠直接资助了哈佛大学、耶鲁大学、普林斯顿大学、哥伦比亚大学、纽约大学等美国名校，以及麻省总医院（美国排名第一的综合医院）、波士顿图书馆、邦克山纪念碑等公众机构和市政项目。”①

纪录片《即将到来的对华战争》指出：“十九世纪，对于美国精英的上层而言，中国是一个毒品的大金矿……美国东海岸的许多地区，比如哥伦比亚、哈佛、耶鲁、普林斯顿，都是用倒卖鸦片的毒资所建立起来的。美国的工业革命需要一笔巨大的资金，那么这笔资金从何而来？来自全世界最大的非法毒品交易市场——中国。”②

鸦片贸易是英美等国工业革命的一种原始积累，通过卖毒品进行残酷掠夺，直到将古老的中国从世界上最富庶的国家榨得一贫如洗，民不聊生。

《学习时报》曾刊发过一篇影响力很大的文章《落日的辉煌》，文章这样写道：“乾隆末年，中国经济总量居世界第一位，人口占世界三分之一，对外贸易长期出超。也正是在这一时期，西方发生了工业革命，科学技术和生产力加速发展。但是，当时的清朝统治者却不看这个世界的大变化，夜郎自大，闭关自守，拒绝学习先进的科学技术。最后，在短短一百多年的时间里，就大大落后于西方国家，直至在西方列强的坚船利炮面前不堪一击。”③

对中国素有好感的李约瑟，对中国没有继续领先于世界感到疑惑，后来被人们称为“李约瑟之谜”。康第将“李约瑟之谜”归纳为两个问

---

① 文章指出：“普林斯顿大学最大的捐赠者，约翰·克利夫·格林（John Cleve Green，旗昌洋行的合伙人，靠对中国的鸦片贸易发了大财）所捐的钱也是来自鸦片贸易，普林斯顿的理学院即以他的名字命名。约翰·格林还向劳伦斯维尔学院（Lawrenceville School）捐赠过巨款，他的遗嘱受益方包括纽约大学和纽约地区的医院。旗昌洋行是19世纪远东最著名的美资公司，1818年由塞缪尔·罗素创办。早期主要的经营项目是茶叶、生丝和鸦片，主要贸易伙伴是广州十三行富商伍秉鉴。富兰克林·罗斯福总统的外祖父小沃伦·德拉诺（Warren Delano Jr.），1830年起为旗昌洋行之高级合伙人。伍秉鉴的义子约翰·默里·福布斯（John Murray Forbes）也是公司的主要合伙人之一，1845年在美国兴建中西部横贯铁路。”参见：鸦片之城：波士顿财富溯源，https：//www. sohu. com/a/255903637_ 669860。

② “这笔巨款造就了美国的第一座工业城市群——马塞诸塞州，这笔巨款还造就了美国首批建造的五条铁路。倒卖鸦片而来的财富遍布整个东海岸，但是这些从来没有被人提起，人们管这些叫作中国贸易，如果你去大大小小的纪念馆参观，你会发现被展示出来的茶叶、丝绸，但他们对倒卖鸦片得来的财富缄默不言。”参见：鸦片之城：波士顿财富溯源，https：//www. sohu. com/a/255903637_ 669860。

③ 《学习时报》编辑部．落日的辉煌［N］．学习时报，2000-06-19.

题："一是为何中国在前现代时期，科学和技术发展水平遥遥领先于世界其他文明；二是为什么现代中国科学和技术不再领先。"①

这两个问题被无数人回答过。很多人对这两个问题的回答都是从中国自身找原因，实际上这是有问题的。如果对全世界其他文明进行考察，我们会发现工业革命只是西方文明的特例。

彭慕兰在《大分流：中国、欧洲与现代世界经济的形成》一书中分析了美洲殖民地的作用，但是将解释的重点放在了生态上，显然这仅仅是一个不那么重要的方面。②

道格拉斯·诺斯则是从制度角度考虑的，他认为，有的国家保障了私有产权是其兴起的重要原因。诺斯的观点实际上是为某些国家以及私有产权者辩护，是因果倒置的。诺斯考虑的这种国家本身就是在漫长的战争以及经济发展的过程中形成的。③

布罗代尔也指出："这一革命决定性的、纯属英国本土的特征是煤的应用越来越广，烧煤成为英国经济的主要特征。这倒不是深思熟虑后做出的选择，而是因为煤弥补了英国一个明显的弱点。大不列颠的林木逐渐变得稀少，十六世纪中叶木材的价格已极其昂贵，这两个原因迫使英国求助于煤。无独有偶，英国江河的流速太慢，必须修建很长的水渠才能引水推动水轮，以致成本太大，高于欧洲大陆。这一不利条件后来激发人们去研究蒸汽动力……"④ 布罗代尔的细致分析让人叹服，但是他没有将英国置于世界体系顶端进行深入的考察。

思考世界经济的"中心"和"边陲"是非常重要的，中心对于边陲具有支配性。欧洲国家之间激烈竞争"中心"的地位，就是对殖民地的支配

---

① 康第．解析李约瑟之谜——明朝白银、海洋贸易与制度内卷［M］．重庆：重庆出版社，2018：6.

② ［美］彭慕兰．大分流：中国、欧洲与现代世界经济的形成［M］．黄中宪，译．北京：北京日报出版社，2021.

③ ［美］道格拉斯·诺斯．经济史中的结构与变迁［M］．陈郁，罗华平，等译．上海：上海三联书店，1991.

④ ［法］布罗代尔．15 至 18 世纪的物质文明、经济和资本主义（第三卷）［M］．施康强，顾良，译．北京：生活·读书·新知三联书店，1993：640.

地位，这种竞争既有军事的、政治的，也有产业的、制度的。这样的竞争以及市场的大规模需求，刺激了英国国内的生产，以至于不得不采取更有效的生产方式，也就是机器生产，并使用煤炭作为燃料。这就是工业革命的大背景。

先有工业革命，后来才有科学革命，科学革命在工业革命晚期才起到加速作用。所以说，工业革命是西方文明的特例。在所有的文明中，只有西方近代以来大规模奴役包括美洲、非洲在内的全世界，加之欧洲破碎的政治结构、国家之间激烈的竞争才让工业革命在一个时间段上突然爆发出来。而当时，中国没有参加西方瓜分全球的竞争，也缺乏急速发展科技的动力。

在世界各个文明在重压之下凋落的同时，西方近代形成了越来越“精致”的殖民体系。

殖民体系 1.0 时代，以西班牙等为主，主要是一种商业殖民主义，通过占领土地，奴役土著人，获取资源，开展商业贸易。殖民体系 2.0 时代，主要以英国等为主，是一种工业殖民主义，主要占领殖民地，获取资源，倾销商品，占领或者征服市场与原料产地来构建排他性贸易圈。后殖民时代，主要以美国为主，西方发达国家通过跨国公司的全球性运作来构建国家对全球经济的控制力，通过把控产业链高端、控制全球金融等方式，利用政治、经济、军事、文化手段，实现对其他国家的控制。

霸权一代比一代“精致”，隐藏越来越深，并越来越依靠技术、意识形态以及对其他国家的政治、知识和财富等精英阶层的收买来获取利益。而且，西方在二战后形成了以美国为主的控制协调机制，西方内部基本不再发生战争，这也就是西方学者总结出来的所谓“民主和平论”，也就是“民主国家”之间不打仗。实际上，西方国家之间已经完成了内部整合并控制世界，不需要通过战争来解决问题，而是经常作为一个团伙，针对非西方国家采取行动。

3.《共产党宣言》

西方对全球的统治，遭到了其他民族的反抗，但是来自内部的反抗才是真正发挥作用的。因为，其他民族的反抗在西方的降维打击之下都遭到了碾压式的失败，而西方工人阶级的斗争不仅造成了现实的冲击，从长远历史来看，更重要的是提供了符合时代需要的理论武器，这一武器不仅是西方工人阶级的，更是全人类的。

1848 年 2 月 18 日至 19 日，在英国伦敦瓦伦街 19 号的哈里逊印刷所，印出了几百册绿色封面、只有 23 页的德文小册子，这就是《共产党宣言》。当时很少人能够想到这将成为世界被压迫人民强大的思想武器，将在那个不公平的世界里掀起惊涛骇浪。

《共产党宣言》是无产阶级政党的第一个党纲，马克思、恩格斯通过科学分析指出，资本主义必然灭亡，共产主义必然胜利。“无产者在这个革命中失去的只是锁链。他们获得的将是整个世界！”自 1516 年莫尔的《乌托邦》之后长达 332 年的时间里，无数人思考如何摆脱这个羊吃人、人吃人的社会，如何实现一个理想社会，直到 1848 年的《共产党宣言》才找到了科学的答案。《共产党宣言》是社会主义从空想到科学的重要标志，它的问世标志着马克思主义的正式诞生。社会主义思想是伴随着西方资本主义的压迫、掠夺、屠杀而出现的，首先是对资本主义的道德审判，其次是科学的分析，最后才有了实践与探索。这是西方殖民体系内部破裂而出现的一道巨大的思想光芒。

70 多年后，这一思想才真正为中国人所知。1920 年，马克思和恩格斯著作的第一个中文单行本问世，这就是由陈望道翻译的《共产党宣言》。马克思主义照亮了人类探索历史规律和寻求自身解放的道路，一经与中国革命实际相结合，就爆发出了巨大的能量。

三、救亡与失败

从 1803—1815 年的拿破仑战争到 1914—1918 年第一次世界大战之前的 100 年，被西方称为“百年和平”。其间，西方国家内部没有发生过大规模的战争，保持了相对和平。而这种和平是在对全世界的瓜分基础上实现的，是欧洲内部的暂时休战，用来消化之前对殖民地的战果。而这“百年和平”对于中国来说却是“百年危机”。1840 年鸦片战争以后，清政府面对外部入侵，一次又一次战败，一次又一次救亡失败，已经到崩溃的边缘。

1. 救亡运动

为了摆脱危机，清王朝先后动员了三种力量进行变革，“动员官僚，进行洋务运动，试图实现经济与社会转型；动员士人，进行戊戌变法，试图改变传统的政治体系；动员乡绅，镇压太平天国运动，试图保证王朝的地位。这些努力最终都无果而终”①。可以说，清王朝几乎动用了所有的方法与资源，但仍不能应对这种危机。

1856 年，英国、法国、俄国等为争夺奥斯曼帝国而进行的克里米亚战争结束。这场战争重创了急欲向西亚、东欧方向扩张的俄国。英国、法国获得了重大战略利益，欧洲取得了暂时的和平。英国、法国和俄国在西亚和东欧方向上有所收敛，而将扩张方向瞄准了远东。

因此这一年，作为老对手的英国和法国才可以联手发动对清朝的战争，这就是第二次鸦片战争。1840 年鸦片战争之后，清政府又昏昏欲睡了十几年。第二次鸦片战争，英法联军直接攻入北京，抢掠和焚烧了圆明园。咸丰皇帝仓皇逃到热河。这一次战争使清政府认识到，这些所谓蛮夷与中国历史上面对的蛮夷有很大不同，不自强则无法应对。

在镇压太平天国运动中，清朝统治者认识到了洋枪洋炮的巨大威力。在内外的压力之下，洋务运动由此开始。洋务运动是中国近代第一次由国家主导的救亡探索，以军事工业为主导，并以国家安全为内涵，谋求“自强”。

“洋务”成为开明地主阶级的一时之盛。洋务派创办了江南制造总局、福州船政局、天津机械制造厂等一系列军用工业生产厂，还兴办轮

---

① 林尚立．中国共产党与国家建设［M］．天津：天津人民出版社，2009：21.

船、铁路、电报、邮政、采矿、纺织等各种新式民用工业；选送留学生出国深造，培养翻译人才、军事人才和科技人才。

洋务运动是中国向西方学习而进行的一场“器物革命”，主要着眼于工具性的用途。然而，没有全社会观念的深层改变，难以达到其目的。就拿铁路建设来说，1865 年，美商在北京宣武门外修建了一条一里多长的铁路，但不久就被步军统领衙门拆掉。有的地方修建的铁路，还被当地人买下后予以拆除。有的地方修建的铁路，还不允许使用火车头，而用驴马拉着车厢走。

1895 年，甲午海战以李鸿章经营多年的北洋海军全军覆没而告终，洋务运动作为一场运动就此终结。1895 年《马关条约》，割让我辽东半岛（在俄、法、德三国干涉下，清政府以 3000 万两白银的代价，“赎回”辽东半岛）、台湾及附属岛屿和澎湖列岛，赔款 2 亿两白银。签订条约的马关（今下关）春帆楼前，立着一块石碑，日本人在上面刻着“今之国威之隆，实滥觞于甲午之役”。依靠着巨额赔款，日本改造了金融体系，进入国际主流的金本位制，普及义务教育，开始了高速工业化进程，而中国由此跌入无尽苦难的深渊。

中日甲午战争战败之后，光绪皇帝深受刺激，允许以康有为为首的改良主义者发动戊戌变法。但变法仅仅进行了 103 天就被慈禧太后发动政变镇压。此后，慈禧太后企图利用义和团来对抗西方，却遭遇了八国联军入侵中国的羞辱。洋务运动失败、戊戌变法失败、义和团运动失败，中国又一次站到了十字路口上。

1905 年，日本继打败中国后，又打败俄国。日本作为君主立宪国连续击败大清和俄国这两个君主制国家，当时很多人感觉其政治制度起了决定性作用，晚清的立宪运动由此开始。1908 年 8 月，清政府颁布了《钦定宪法大纲》，准备立宪。当年 11 月，光绪皇帝、慈禧太后接连去世。清廷立醇亲王载沣之子溥仪为帝，载沣摄政。

1911 年 5 月 8 日，皇族内阁粉墨登场，内阁成员 13 人，满族占了 9 人，只有 4 个汉人。这实际上也宣告了清朝政府立宪努力的失败，民主革命的高潮随之到来。几个月后，武昌起义爆发，清朝覆亡。

清政府现代化的努力无果而终。当时很少有人意识到中国已经陷入资本主义世界体系的铁屋之中，条约体系更是囚禁中国的“囚笼”。打破这个囚笼不仅需要自身形成强大的内在力量，在当时的情况下，一个农业社会想突破工业社会的降维打击，也必然需要合适的国际契机。不过即便有这种潜在的契机，也被中国身边崛起的日本打破。日本的崛起不仅由于其内部反应较为迅速，也因为当时的世界霸主英国需要在远东扶植一个国家来看守东方。

回顾这段历史，我们可以看到，洋务运动等救亡运动都难以完成中国现代化的使命，这些运动的局限性是明显的。因为，在那样的国际与国内权力结构之下，中国国家权力被大大削弱的同时，国内市场也被大大压缩。洋务运动结束之时，就是维新运动开始之时，维新派认识到国家机器的重要作用，变革从经济领域转移到政治领域。但是，在当时的世界政治经济权力结构之下，帝国主义不会允许中国建立强固的国家机器。

2. 世界体系与现代国家体系形成

在资本主义世界体系之中的边缘地位是中国近代陷入苦难的重要原因。在殖民结构之中，中国是汲取对象，也是倾销市场。帝国主义不会让中国掌握自己的命运，因而也不会让中国形成能掌握自身命运的现代国家。

1912 年之前，“中国”这个词的意义与今天的有很大区别，中国的传统政治形态不同于现代的民族主权国家，是一种独特的体系。

在与西方相遇之前，中国古代的国家组织方式主要是拟家族式的。自隋朝开始，逐步通过科考来吸纳精英人才治理国家，而基层实际上高度自治。这种治理方式对于农业社会来说，是一种成本很低、效果相对较好的制度设计。但是，相对于民族国家来说，这种制度的组织化程度低，国家能力弱，民众与国家的关系是松散的。“宋代以来的政策，反而是将组织社会的任务一概交由商人和地方土豪，国家更从商业、运输乃至军需供应中全盘退出……"[①]"县以上是国家按照一定的地域结构和人员构成将疆土划分为层级分明的各种区域，并通过委派职官的形式进行管理。县以下的区划则基本缺少直接委派的职官，亦缺少制度性安排，故显凌乱而随意，各种组织兼而并存，层级也较混乱，在清代表现得尤为明显。"[②]

在对外关系上，秉持天下秩序的观念，中国采取宗藩关系的朝贡体系，这是一种承认尊卑地位的礼仪性外交关系，后来逐渐注入经济功能。如果我们按照现代理念来说，朝贡体制好像并不那么平等，但并不是剥削性和压迫性的。如果我们在当时的历史条件下来审视这种体制，则其无疑是非常先进和有效的。这种体制避免了国家之间的征战，在实际中也维持了长久的和平。

自鸦片战争开始，清朝在对外战争中接连遭遇失败，从某种意义上说，是一种"国家组织方式"的失败。因为清朝所面对的不再是"蛮夷"，而是一种崭新的国家体系——民族主权国家体系，无论从政治、经济、军事还是文化上，传统的王朝都难以应对这种新型国家组织方式的挑战。

相对于传统的国家组织方式，现代国家具有强组织性，也就是对于国家的人口、资源等的强动员能力。"当强制资源的积累和集中一起增长时，它们就产生了国家；它们在非常明确的领土上产生明显的组织，这些组织控制着强制集中的主要资源，而且在某些方面行使着超过在那些领土上的所有其他组织的优先权。"[③]

"在西方现代兴衰的过程中起支配作用的，从根本上说是现代民族国家这种组织形式的奠定。"[④] 现代民族国家是一种高度组织化的制度，这种组织形式形成了完全不同于其他国家形式的强大国家能力。"主权

---

① 韩毓海．五百年来谁著史——1500 年以来的中国和世界［M］. 北京：九州出版社，2009：2.

② 胡恒．皇权不下县？——清代县辖政区与基层社会治理［M］. 北京：北京师范大学出版社，2015：10.

③ ［美］查尔斯·蒂利．强制、资本和欧洲国家（公元 990—1992 年）［M］. 魏洪钟，译．上海：上海世纪出版集团，2007：22.

④ 韩毓海．五百年来谁著史——1500 年以来的中国和世界［M］. 北京：九州出版社，2011：23.

势必促成国家在内部空间管理上的空前深入发展。主权使一个国家有充分合法性和积极性去最大限度看护和管理作为永久合法排他性财产的国家，因此主权国家必定强化内政能力、国防能力和社会动员能力，其结果是使主权国家变得比传统国家更强大，也使现代政府变得比传统政府更强大。"① "主权国家发明并且发展了与全民利益一致并且为全民所承认的整体利益，即所谓国家利益。这种属于整个国家和全体人民的国家利益拥有了超越各个集体或个人利益的至高地位。"② 这种整体利益在传统国家，即便不是不存在的，也不是全民都熟知的。正如梁启超所言，那时很多人"知有朝廷而不知有国家"。③ 陈独秀说，他直到八国联军侵华战争之后，"才知道有个国家，才知道国家乃是全国人民的大家，才知道人人有应当尽力于这大家的大义"。④

民族国家强化的国家能力，实际上是一种战争动员体制。而传统中国的政治体系，按照家族的形式组织社会以及政权，国家依靠乡绅治理基层，社会由大量分散的自治人群构成，国家的资源动员能力受到极大的束缚。这一体系在民族主权国家体系的挑战下走向崩溃。

从传统到现代，依靠什么样的力量才能实现这种转型？在中国的传统体系中，所有的重要力量都依附王权，没有像欧洲、日本封建制度中分散的主导性力量。中国的国家建设，必须进行重构，其力量必须来自对全社会的广泛动员，而这种动员需要从社会之中崛起一支强大的领导力量。而这种力量的出现，需要漫长的历史过程。

殖民主义势力的侵入，使得中国的农村处于饥饿的边缘。因为在传统中国的农村中，人均占有的土地极少。"仅占世界可耕地中极小一部分的中国土地资源，竟然向世界 1/3 的人口提供了似乎基本上还算令人满

---

① 赵汀阳．坏世界研究——作为第一哲学的政治哲学［M］．北京：中国人民大学出版社，2009：312.

② 赵汀阳．坏世界研究——作为第一哲学的政治哲学［M］．北京：中国人民大学出版社，2009：312.

③ 夏晓虹．梁启超文选（上集）［M］．北京：中国广播电视出版社，1992：517.

④ 陈独秀．我们断然有救［M］．北京：东方出版社，1998：12.

意的食物。”① 农民仅仅靠种地无法维持生计，手工业品是弥补亏空的重要手段。鸦片战争后，大量白银外流，白银的短缺以及由此产生的通货紧缩，摧毁了农村社会，而且工业国家的产品进入，中国农村的手工业被挤占了空间。“一旦农民被迫放弃了家庭手工业，变成了一名世界市场的消费者后，为了获取货币收入，只好在农业上扩大商品生产的比重，而且必然会去迎合外国侵略者的需要，扩大他们所需的原料的生产。这样，中国农民又不自觉地成为世界市场的原料供给者，他们的生产和消费都直接或间接与世界市场联系起来，并受其控制。”②

菲利普·A. 库恩在解释 1851 年至 1864 年的太平天国运动时指出：“十九世纪四十年代充斥于广西省的社会混乱，部分地肇端于与外国接触所产生的破坏性后果，部分地为该地区独有的社会复杂性所使然。”③ 在广西、广东等地，大量的海盗迫于英国海军力量而退入河网之中，新的通商口岸的开放使得很多人失去了工作，同时，秘密结社与民族矛盾结合在一起，这些在 1849 年饥荒的激发之下，演变为巨大的毁灭性的力量。太平天国运动是对世界市场施加的中国社会内部压力的一种反应，随后的白莲教以及捻军、穆斯林起义席卷了中国东部、中部、南部以及西部。“鸦片战争之后，中国金融体系的崩溃与军事的失败接踵而至，此后，中国再无内政之独立，国家财政亦完全沦为虚名，它对内被排斥在本国金融服务之外，对外是不能设防的——即中国无法将自己的剩余资本投资于国家的军事自卫的建设。……与之相伴随的是：中国内战之所以不能停止，中国人自相残杀之所以不能停止，其中一个原因就是：中国人之间的内战持续的时间越长，对于西方金融机构放债乃至卖军火就越有好处。”④

---

① ［美］吉尔伯特·罗兹曼．中国的现代化［M］．国家社会科学基金“比较现代化”课题组，译．南京：江苏人民出版社，1995：191.

② 宋子良，等．通向工业化之路［M］．北京：中国经济出版社，1993：244-245.

③ ［美］费正清．剑桥中国晚清史（上卷）［M］．中国社会科学院历史所编译室，译．北京：中国社会科学出版社，1983：292.

④ 韩毓海．五百年来谁著史——1500 年以来的中国和世界［M］．北京：九州出版社，2011：244-245.

中华民国的建立，并没有缓解这种状况。沿海新兴资本家阶级与地主阶级勾结在一起形成的民国政权，在当时的国际权力结构之下，难以完成对中国进行社会革命的历史使命。“听凭金融依赖外国，这是1567年（隆庆元年）以来中国国家能力持续衰败的最为根本的原因。……近代以来，帝国主义更通过中国的买办资产阶级，以借款和贷款的方式控制了中国，而由于中国的财政经济不能独立自主，中国的工农业也就不能独立自主发展，国防就根本谈不上了。”①

亚当·斯密所称的看不见的“手”，是在国家强大、永久和平的假设之下的，没有国家力量，市场也无法发挥作用。“‘国民财富’看起来并不可能自动转化为‘国家能力’，农村的积累和剩余，亦不可能自动转化为城市制造业的资本和动力，因为这其间必须有强有力的组织和支配框架。具体说，就是必须有强有力的中央财政指导、必须有以金融方式向新的生产领域投资的动力、必须有严格有效的财政管理制度和会计制度——而这一切又都需要贯穿中央和基层的严密的行政体系来支持，换句话说：经济的发展并非一个自动、自发的过程，它一定需要有组织的政治的支持、推动和保障。”②

其间，中国处于殖民地经济的阴影之下，没有发展的自主性，也没有发展的规划。直到两次世界大战后，世界政治经济体系的权力中心从英国转移到美国，世界从列强争霸变为两极格局，在体系调整的间隙中，中国获得了重构国家的机遇，才开始了自主发展的历史进程。

---

① 韩毓海．五百年来谁著史——1500年以来的中国和世界［M］．北京：九州出版社，2011：237.

② 韩毓海．五百年来谁著史——1500年以来的中国和世界［M］．北京：九州出版社，2011：241.

第二章

政党缔造国家

——历史选择中国共产党

近代以来，当中国受到西方侵略并遭受巨大的挫折时，建立适应时代要求的国家制度就成为极其迫切的要求。

在向现代国家的转型过程中，中国的资产阶级共和国道路为什么走不通？因为资本主义的世界体系已经形成，中国得不到国际分工的较好地位，资本主义国家要对中国进行无穷无尽的榨取，通过战争赔款、割让土地、倾销商品等不断进行搜刮，让中国逐渐衰弱甚至灭亡。

当时，中国人尝试了君主立宪制、总统制、议会制等多种方式，最终都以失败告终。学习西方的道路无法走通，因为在各方势力的干涉之下，议会政治必然成为列强操纵的利益集团政治。中国是以一种文明整体崩溃的方式进入现代的，无法保留以前的上层政治架构，也就难以形成好的议会政治，只会形成列强绑架之下的坏的议会政治。因此，必须从社会中崛起新的力量对政治和社会进行革命性重塑。

中国近代的历程是由政党缔造现代意义上的国家，而不是像西方发达国家那样从议会中产生政党，其中的关键在于向现代转换的方式，以及政党所承担的历史功能。世界上最早的政党雏形产生于 1679 年的英国。因王位继承权问题，议会分裂成“辉格”与“托利”两派。政党产生于民族国家的框架之内，并在 19 世纪随着选举的需要逐步向社会扩展，形成现代意义上的政党。而在中国，政党要在对社会进行广泛动员与重组的基础上重建一个国家。

中国共产党以新的意识形态、新的组织方式成为凝聚社会、构建国家的核心力量。马克思列宁主义政党的统合能力远远超过了一般的政府、议会与政党等，中国共产党以自身的组织体系为中轴，整合其他外围社会力量，如妇女组织、青年组织等，统合军队、政府、企业、村社、大学、社团等，形成了一个有着广泛社会基础的纵向组织系统、稳定系统、协调系统以及贤能选拔系统，成为国家与社会之间的强大支柱，进而形成了一个稳固的，并有强大动员能力的政治结构。正如美国学者李侃如指出的，“由于有了中国共产党，中国保持了对于一个有着如此规模和如此多样的发展中国家来说确是令人惊叹的强大的行政能力”。①

1840年到1949年，中国向现代国家转变耗时近百年，经历极为坎坷，充满血泪。根本原因：一方面在于中国是由外部挑战造成的被迫的现代化；另一方面在于中国的传统制度是一种独特的封建专制制度，自秦汉以来，文官系统以及士人阶层都依赖王权，一旦王权失效，他们也就失去了领导社会的基础。因而变革的力量取决于体制外部力量的崛起，取决于这种力量对底层民众的广泛组织与动员。这就造成了中国独特的政治景观：由一个不同于西方政党的强大政党，在长期的革命过程中实行自下而上的广泛的动员与组织，同时对民众实行自上而下的新理念、新价值的教育，并由政党领导人民建立现代国家。

一、共和与分裂

1. 天下与国家

正如列文森指出的，“近代中国思想史的大部分时期，是一个使‘天下’成为‘国家’的过程”。② 现代国家的构建有几个问题纠缠在一起——主权问题、民权问题、民族问题。主权问题，涉及中国与西方

① ［美］李侃如．治理中国：从革命到改革［M］．胡国成，赵梅，译．北京：中国社会科学出版社，2010：246.

② ［美］列文森．儒教中国及其现代命运［M］．郑大华，任菁，译．北京：中国社会科学出版社，2000：87.

列强的关系，也涉及中国与藩属国的关系。民权问题主要涉及民众与国家的关系。民族问题，在当时主要是清政府与占人口多数的汉族的关系以及汉族与其他少数民族的关系。这是三个密切关联的问题，解决主权问题需要动员人民、通过民权将国家与社会结合起来，而发动民权必然要调和国家内部的族群矛盾，使之成为主权国家的权利主体。

主权的基本意识，只要是在相对平等的外交关系中就可以出现。在中俄《尼布楚条约》中，大清朝廷使用的名称是“中国”。“在这个国际条约的文本中，第一次将‘中国’作为主权国家的专称。‘中国’一称，更适合表述一个多民族国家的整体性……，更适合在‘国际化’的场合显示中国的主权。”① 而在清朝与西方接触之初，视西方国家为蛮夷是普遍的做法。“英国商人在同中国的交往中，逐渐觉察‘夷’的贬义并表示极为不满。早在嘉庆十九年（1814 年），英商便对中国官方文书中称英国为‘蛮夷’提出异议。”② 直到 1858 年 6 月签订的中英《天津条约》专条规定：“嗣后各式公文，无论京外，内叙大英国官民，自不得提书‘夷’字。”③ 第二次鸦片战争后，“夷”在公文中逐渐变为“洋”字，这暗示了传统华夷秩序观念的动摇。而同时相伴的就是，中国主导的朝贡体系逐渐瓦解，朝鲜、越南等藩属国逐渐被帝国主义国家侵略占领，甲午战争更是标志着中国主导的天下秩序的崩溃。

因为清政府的统治，彼时中国民权问题与民族问题交织在一起。欧洲国家的族群多数都相对单一、国家规模不大，因而民族国家的构建可以激发社会力量，形成“想象的共同体”，而较少产生大的负面效应。而对于中国这种多民族长期共生交融、地域复杂广大的国家来说，过于强调单个民族的独立性则会产生巨大的内部裂变力量。

---

① 刘禾．世界秩序与文明等级［M］．北京：生活·读书·新知三联书店，2016：33.

② 李华兴，等．索我理想之中华——中国近代国家观念的形成与发展［M］．合肥：安徽教育出版社，2005：140.

③ 李华兴，等．索我理想之中华——中国近代国家观念的形成与发展［M］．合肥：安徽教育出版社，2005：141.

天下中国如何转变为现代民族国家？从理论上初步解决这个问题的是梁启超。1901 年，梁启超在《中国史叙论》一文中认为，我国一直只有朝代名，没有国名，而国名应该是中国，并提出“中国民族”的概念。不过这里提的“中国民族”，主要还是指中原地带的各个民族。① 但是，他在与世界各个文明的比较中来审视中国自身，必然会沿着这个线路思考国族问题。

1902 年，梁启超在《论中国学术思想变迁之大势》一书中，对世界文明古国中唯独中华传承不息感到自豪，“而我中华者，屹然独立，继继绳绳，增长光大，以迄今日；此后且将汇万流而剂之，合一炉而冶之”。② 接着，梁启超在论述战国时期齐国的学术思想地位时，开始使用“中华民族”一词，“齐，海国也。上古时代，我中华民族之有海思想者厥惟齐。故于其间产出两种观念焉：一曰国家观；二曰世界观”。③ 不过这里，其所指主要还是汉族。1905 年，梁启超在《历史上中国民族之观察》中开始深入思考，指出“中华民族自始本非一族，实由多数民族混合而成”④，并在 1922 年的《中国历史上民族之研究》中指出，“凡遇一他族而立刻有‘我中国人’之一观念浮于其脑际者，此人即中华民族一员也”。⑤ 由此，梁启超真正认识到，中华民族虽然“由同一祖宗血胤衍生”，但长期都不是一种血统的民族，而是主要经历史融汇而成的文化识别群体。因而他结合这种历史与现状，提出“中华民族”一词，并给西方意义上的民族赋予适合国情的内涵，也就是多元混合的民族大家庭。

梁启超提出“中华民族”，是对中国历史与现状的一种概括，并非无中生有的“创造”。这种概括最为关键的是将西方的民族概念，置换成为中国传统的文化和文明概念。这实际上是对司马迁《史记》以来

① 梁启超．饮冰室合集文集（第三册）［M］．北京：中华书局，2015：463，469.
② 梁启超．论中国学术思想变迁之大势［M］．上海：上海古籍出版社，2001：5.
③ 梁启超．论中国学术思想变迁之大势［M］．上海：上海古籍出版社，2001：29.
④ 梁启超．饮冰室合集专集（第十一册）［M］．北京：中华书局，2015：7300.
⑤ 梁启超．饮冰室合集专集（第十一册）［M］．北京：中华书局，2015：7331-7332.

的多民族大一统叙事的继承，又在整个中华文明受到巨大挑战之时进行了时代性的概念创新。后来，革命党人、中国国民党和中国共产党都沿用了这个概念。

不过这种创建还是理论上的，中华民族这一政治文化理念直到抗日战争时期才进行了全民普及，成为中国现代国家精神的支柱性概念。在抵御外辱的大背景下，民权问题也是在上下一心、发动民众的语境下展开的。而这些都需要在马克思主义传入中国之后，才能逐渐统一起来。

2. 政体实验

1911 年，辛亥革命之后，当时的中国人选择了美式的政治制度，建立了现代国家的外壳。革命党人空怀理想，并没有因为新的民国政府而获得广泛的号召力。1912 年 1 月 1 日，临时大总统孙中山宣告中华民国成立。当时被清政府派来镇压革命的袁世凯握有重兵，最终，袁世凯答应迫使清帝退位，而孙中山让出临时大总统一职。

革命党人为了防止袁世凯篡权，1912 年制定《临时约法》，将总统制改为责任内阁制。前者仿照美国，总统有较大的权力，而责任内阁制仿照法国，权力主要在内阁。袁世凯当然不甘于此，斗争由此展开。

1912 年 8 月 25 日，国民党在北京召开成立大会。大会以 1130 票选举孙中山为理事长，孙中山忙于铁路建设，于是委托 30 岁的宋教仁代理此职。

1913 年 2 月，民国国会举行参、众两院大选，国民党以总计获得 392 席大获全胜，占到两院席位总数的 45%。宋教仁马上就可以组织国民党政党内阁，总理之位似乎胜券在握。3 月 20 日晚 10 点，宋教仁遭到暗杀。此时，孙中山还在日本为吸引外商投资铁路而奔波。突发的变故使孙中山认识到，不使用武力，无法遏制袁世凯的野心。随后，孙中山发动“二次革命”，讨伐袁世凯。而袁世凯则一步一步将国会边缘化。1915 年 12 月，袁世凯撕下伪装，号称要搞君主立宪，开始称帝，定年号为“洪宪”。1916 年 6 月 6 日，袁世凯在全国一片声讨中撒手人寰。

短短几年的时间，美国模式、法国模式、日本模式纷纷登场，却都转瞬失败。袁世凯之后，国会再开，国家好像有希望步入正轨。但是，一场接一场的变故，使得士绅精英们所构想的宪政蓝图迅速灰飞烟灭。

1916 年 6 月，段祺瑞任国务总理，以责任内阁制的名义控制了中央政权，副总统黎元洪继任袁世凯的大总统职位。黎元洪参加过武昌起义，是民国元老，在国会很有影响力。而段祺瑞实际掌握北洋军权与政府的行政权。这两人不久就爆发了公开的冲突。

1917 年，这两派因为中国是否加入第一次世界大战而公开摊牌。以段祺瑞为首的内阁主张参战，以黎元洪为首并获得国会大多数议员支持的一派则反对参战。两派冲突的混乱之中，张勋带着辫子军进京，从故宫中请出前清皇帝溥仪要复辟。最后，段祺瑞出兵才得以摆平。

掌握了主动权的段祺瑞，开始安排自己的党羽，重开国会，将很多以前的议员排挤出去。这时，孙中山在南方成立非常国会，号召议员南下，组织军政府，南北就此分裂。

在段祺瑞的皖系统治 4 年后，直系军阀、奉系军阀接连过场。权力就是军队，选举就是大洋。军阀混战、武力决定一切的时代开始了。军阀为了保住自己的地盘和权力，纷纷对外出卖国家权益，人们生活愈加困苦。

民国初年议会政治的失败，表面上看是人的问题，或者是制度本身的问题，其实，根本原因在于当时的国际国内环境难以达成构建现代国家的条件。在西方列强的侵略掠夺之下，中国成为一个半殖民地半封建国家。半殖民地半封建国家的特点之一就是，政治上的头面人物多是国内外各种势力的代言人。资产阶级政党的组织结构以及资本主义国家的运行方式为这种代言提供了绝佳的条件。依靠资产阶级无法建立一个独立富强的现代国家，资产阶级民主主义革命道路根本走不通。

从 1840 年鸦片战争开始，在长达 70 多年的时间里，中国几乎试遍了所有传统的方法和西方“先进的方式”，结果却是在外部的入侵与内部的动乱中越陷越深。

二、马克思主义的传播与共产党的创立发展

1914 年到 1918 年的第一次世界大战是西方内部的第一次大分化、大分裂。新老帝国主义的矛盾加剧，西方国家为了争夺奥斯曼帝国，加上其他种种矛盾，而发生了卷入 30 多个国家的世界大战。一战的结果是，以英法俄为首的协约国集团获胜，以德奥为首的同盟国集团失败，且均受到不同程度的削弱。俄国则发生了革命。

西方作为全球的统治者，在对外掠夺过程中内部竞争加剧，出现了反噬。而俄国在革命后退出了西方压迫者的小圈子，成为当时世界秩序的颠覆者，全世界被压迫国家看到了希望，这使得西方的统治秩序出现了巨大的裂痕。

中国作为“战胜国”，外交上“意外”的失败激起了民众的愤怒。1919 年 5 月 4 日下午，3000 余名学生举行抗议集会，五四运动爆发。这标志着中国新民主主义革命的开端。五四运动发生在十月革命之后，马克思主义广泛传播并成为热潮。在所有路径都试过之后，中国内部的力量被激发出来，时代呼唤一种凝聚全民的领导力量出现，带领中国探索新路。

1. 十月革命与共产国际

第一次世界大战爆发后，第二国际的多个政党因为是否支持本国参战而发生分裂。1914 年 8 月 4 日，德国社会民主党在议会投票中，支持对战争拨款，实际上就是支持德国参战。德国社会民主党在第二国际中影响力很大。此后，第二国际多个政党都开始支持本国政府参战。以“全世界无产者联合起来”为奋斗目标的第二国际已经濒临死亡。

在这种情况下，1914 年 10 月，俄国社会民主工党中央委员会发表

由列宁起草的《战争和俄国社会民主党》声明，率先提出了建立新国际的任务。这一任务在十月革命后取得了巨大的效果。十月革命胜利后，1918 年 12 月 24 日，俄共（布）中央委员会发出电报，建议成立共产国际，得到各国共产党响应。

1919 年 3 月 2 日至 6 日，共产国际的成立大会召开，有来自欧洲、美洲、亚洲 21 个国家的 35 个政党和组织的 52 名代表出席。会议通过了《共产国际行动纲领》等重要文件，成立了共产国际执行委员会，并选举列宁等 5 人组成执行局。刘绍周和张永奎两位中国人出席了成立大会。

1920 年 7 月 19 日至 8 月 7 日，共产国际第二次代表大会在苏联莫斯科召开，大会通过《共产国际章程》，提出了加入共产国际的 21 个条件，特别强调，必须服从共产国际领导，必须按照民主集中制建党，必须改名为共产党，必须作为共产国际的一个支部，必须承认无产阶级专政，等等。

十月革命以及后来共产国际的成立等一系列举措具有重要意义，其作用在于将东方被压迫民族的解放斗争这一潮流，同西方无产阶级的革命斗争这一潮流结合了起来，形成了足以震撼西方统治秩序的力量。

1920 年 9 月，来自中国、印度、土耳其等国的 30 多个民族的代表出席了东方民族代表大会，开幕词中提出的口号流传至今："全世界无产者和全世界被压迫民族联合起来！"

毛泽东指出："十月革命一声炮响，给我们送来了马克思列宁主义。十月革命帮助了全世界的也帮助了中国的先进分子，用无产阶级的宇宙观作为观察国家命运的工具，重新考虑自己的问题。走俄国人的路——这就是结论。"① 共产国际成立以后，帮助中国在内的很多国家建立了共产党组织，指导各国共产党的成长。这恰如一个历史的分水岭，"正是因为有了第一次世界大战，中国人才第一次理直气壮地认定自己应该可以和列强各国平起平坐，并会对公理和正义不能惠临中国，

① 毛泽东．毛泽东选集（第四卷）[M]．北京：人民出版社，1991：1471.

而表现出强烈的民族情绪。正是因为俄国十月革命的成功，诞生了一个前所未有的平民政权，中国众多激进的小知识分子才意外发现，原来国家和民族的命运并非只有那些官僚政客才能左右，社会的改造其实更需要从下层做起，即使是青年学生，也能组织起来，动员民众起来革命”。[①] 国际共产主义运动由此突破了欧洲和北美的范围，迅速扩展到了非西方世界，成为具有世界规模的运动浪潮。

2. 马克思主义与中国共产党建立

1899 年，国内就有媒体提及马克思。广学会主办的《万国公报》中，刊登了英国传教士李提摩太节译、蔡尔康撰文的《大同学》第一章《今世景象》，文中提到了马克思并意译了《共产党宣言》的部分内容。《大同学》，也就是寻求大同的学问，这个译名似乎暗示了马克思主义与中国传统理想的微妙联系。

20 世纪初，中国留日学生开始翻译日文版社会主义著作。戊戌变法失败后，梁启超流亡日本，开始接触到马克思著作。此后，梁启超相继在《新民丛报》上发表了一系列介绍马克思主义的文章，其中 1904 年发表的《中国之社会主义》一文联系中国历史与现实，简略介绍科学社会主义学说。

十月革命之后的俄国，给中国人做了一个示范。李大钊热情歌颂和宣传俄国十月革命，撰写《庶民的胜利》《布尔什维主义的胜利》《新纪元》等大量文章。他指出，十月革命的胜利是世界革命的新纪元，是人类觉醒的新纪元，是 20 世纪革命的先声。他坚信：“由今以后，到处所见的，都是布尔什维主义战胜的旗，到处所闻的，都是布尔什维主义凯歌声”“人道的警钟响了！自由的曙光现了！试看将来的环球，必是赤旗的世界！”[②]

1918 年 2 月，李大钊先后在北京大学、女高师、师范大学讲授“唯

---

① 杨奎松．中间地带的革命［M］．太原：山西人民出版社，2010：53.

② 李大钊．布尔什维主义的胜利［J］．新青年，1919（1）.

物史观”“马克思的历史”“马克思主义经济学”“社会发展史”“社会学”等课程，还参加《新青年》杂志的编辑工作，主编《每周评论》。1919年5月，李大钊在《新青年》第六卷第五期“马克思主义专号”上发表了全面系统地介绍马克思主义的文章《我的马克思主义观》。

1920年8月，在俄共（布）和共产国际的帮助下，上海共产党早期组织成立，陈独秀任书记，李大钊在北京策应。这就是“南陈北李，相约建党”。1920年秋至1921年春，董必武、陈潭秋、包惠僧等在武汉，王尽美、邓恩铭等在济南，谭平山、谭植棠等在广州，相继建立起党的组织。

1921年7月，中国共产党第一次全国代表大会召开，这标志着中国共产党的诞生。会议讨论通过《中国共产党第一个纲领》，共十五条。明确党的纲领是：“革命军队必须与无产阶级一起推翻资本家阶级的政权，必须援助工人阶级，直到社会阶级区分消除的时候；直至阶级斗争结束为止，即直到社会的阶级区分消灭为止，承认无产阶级专政；消灭资本家私有制，没收机器、土地、厂房和半成品等生产资料；联合第三国际。”① 这些基本明确了党的性质和奋斗方向。

中国共产党的建立，是开天辟地的大事变，是近代中国革命历史上划时代的里程碑。从此以后，中国人民在中国共产党的领导下，以马列主义为指导，展开了反对帝国主义、封建主义和官僚资本主义的新民主主义革命，为中华民族的伟大复兴展现了前所未有的光明前景。正如毛泽东所说，“自从有了中国共产党，中国革命的面貌就焕然一新了”。②

马克思主义对于资本主义的批判，满足了中国人民对于帝国主义的抵抗需要。马克思主义对于未来社会的设想，也与中国的传统以及清末思想家们对于更加公平公正美好社会的设想相吻合。马克思主义对无产者作用的描述则成为民众争取正当权益的强大思想武器。苏联建立社会

---

① 中国共产党纲领（俄文译稿）［EB/OL］. http：//cpc. people. com. cn/GB/64162/64168/64553/4427945. html.

② 毛泽东 . 毛泽东选集（第四卷）［M］. 北京：人民出版社，1991：1357.

主义政权的现实示范则给了中国人民极大的鼓舞。马克思主义与中国工人运动相结合，产生了中国共产党。而中国共产党则汇聚了中国近代以来的文明转型和国家转型的关键因素，将主权、民族、民权问题都纳入了党的纲领。党可以联通政治与社会，将国家重新组织起来。这种组织将让一个贫弱落后的国家，成为谁都不能忽视的大国。

1922 年 7 月 16 日至 23 日，中国共产党第二次全国代表大会在上海南成都路辅德里 625 号召开。大会通过了《中国共产党第二次全国代表大会宣言》《中国共产党章程》等 9 个决议案。

《中国共产党第二次全国代表大会宣言》分析了中国面临的形势和中国共产党的历史任务，第一次明确提出党在现阶段的主要任务就是进行反帝反封建的民主革命。“欧美资本主义的发展，多半是靠掠取非洲和亚洲做大市场和大掠夺场。”“帝国主义的列强在这八十年侵略中国时期之内，中国已是事实上变成他们共同的殖民地了，中国人民是倒悬于他们欲壑无底的巨吻中间。”“中国的反帝国主义的运动也一定要并入全世界被压迫的民族革命潮流中，再与世界无产阶级革命运动联合起来，才能迅速地打倒共同的压迫者——国际资本帝国主义。中国劳苦群众要从帝国主义的压迫中把自己解放出来，只有走这条唯一的道路。”“帝国主义的列强既然在中国政治经济上具有支配的实力，因此中国一切重要的政治经济，没有不是受他们操纵的。又因现尚停留在半原始的家庭农业和手工业的经济基础上面，工业资本主义化的时期还是很远，所以在政治方面还是处于军阀官僚的封建制度把持之下。”“中国三万万的农民，乃是革命运动中的最大要素。”“无产阶级去帮助民主主义革命，不是无产阶级降服资产阶级的意义，这是不使封建制度延长生命和养成无产阶级真实力量的必要步骤。”“中国共产党为工人和贫农的目前利益计，引导工人们帮助民主主义的革命运动，使工人和贫农与小资产阶级建立民主主义的联合战线。”①

① 中国共产党第二次全国代表大会宣言［EB/OL］. http//cpc. people. com. cn/GB/64162/64168/64554/4428164. html.

会议还通过了中国共产党第一个党章，对党员、组织、会议、纪律、经费等进行了规定。大会正式决定加入共产国际，成为共产国际的一个支部。

1923年中共三大后，国共第一次合作开始。《中国共产党第三次全国代表大会宣言》在解释这一原因时指出："中国共产党鉴于国际及中国之经济的政治的状况，鉴于中国社会的阶级（工人、农民、工商业家）之苦痛及要求，都急需一个国民革命。……我们的使命是以国民革命来解放被压迫的中国民族，更进而谋世界革命，解放全世界的被压迫的民族和被压迫的阶级。"① 孙中山也在第二年改组国民党，实行"联俄、联共、扶助工农"的政策，形成了国民革命热潮。1926年，国民革命军从广州出发，开始了"打倒列强、除军阀"的北伐战争。

1923年，在苏联的帮助下，孙中山也开始按照苏联的方式改组国民党。在一次又一次的失败面前，孙中山认识到，只有以新的组织方式，以拥有暴力的政党重塑国民精神才能建立一个新中国。受到苏联的启发，他提出了"以党建国""以党治国"的思想。

可惜，国民党无法完成动员民众实现"以党建国"的目标。国民党是多种力量的联合，尤其在北伐之后，国民党吸收了很多军阀势力，军阀与传统的势力有着千丝万缕的联系。国民党不愿意将工人与农民动员起来，在国家政权中，沿海新兴资本家阶级与地主阶级勾结在一起，它们并没有决心彻底斩断与国际资本之间的联系，彻底改变封建的土地制度。

民国的土改在实际推行中受到推行者的阻碍，国民政府用"保甲制度"重建农村基层组织的努力失败。

土地、基层政权、国际势力等从根本上都涉及一个问题，那就是对工农群众的动员。在中国这样一个处于帝国主义的压迫之下，又在内部受到变革的重重阻力的国家，只有广泛动员起最广大的人民群众才能打

① 中国共产党第三次全国代表大会宣言［EB/OL］. http//cpc. people. com. cn/GB/64162/64168/64555/4428211. html.

破内部与外部的枷锁。

毛泽东指出："领导中国民主主义革命和中国社会主义革命这样两个伟大的革命到达彻底的完成……没有一个全国范围的、广大群众性的、思想上政治上组织上完全巩固的、布尔什维克化的中国共产党，这样的任务是不能完成的。"[①] 孙中山后来深刻认识到了这一点，不仅向苏共学习，提出"党国""党军"，还将早期倡导的"民族、民权、民生"的三民主义进行了新的阐发，明确表示：民生主义就是社会主义，又名共产主义。

中国共产党的建立，是时代的呼唤，也是历史和人民的选择。中国社会矛盾的发展客观上需要有一个先进的领导力量带领人民建立现代国家。历史已经反复试错并最终证明，这一历史任务与责任依靠其他力量无法完成，只有中国共产党能够承担这样的历史使命。

3. 中国化的马克思主义

中国共产党是一个以马克思主义为指导思想的党。探寻马克思主义的基本原理同中国的具体实际结合，探寻马克思主义的中国化、民族化过程也是探寻中国道路的过程。这个过程是无比艰辛、复杂和曲折的。然而，正是这种艰辛、复杂和曲折才使得中国共产党对于任何外来思想理论与中国国情结合的认识更加深刻，与人民群众的联系才更加深厚。

国共合作的局面，因 1925 年 3 月 12 日孙中山的突然逝世而逐渐改变。1927 年 4 月 12 日，以蒋介石为首的国民党新右派在上海发动武装政变，大肆屠杀共产党员、国民党左派及革命群众，大革命受到严重的摧残。

1927 年 4 月 27 日至 5 月 9 日召开的党的五大虽然批评了陈独秀的错误，但对中国共产主义运动的路径等问题并未能给出切实可行的回

---

① 毛泽东．毛泽东选集（第二卷）[M]．北京：人民出版社，1991：652.

答。确实，这种路径问题并不是能在讨论中解决的，而是必须在实践中探寻出来的。

当年 8 月 7 日，中共中央政治局在汉口召开紧急会议，史称八七会议。会议批判和纠正了陈独秀右倾机会主义错误，撤销了他在党内的职务，选出了新的临时中央政治局，确定了土地革命和武装斗争的总方针。毛泽东出席了这次会议，提出了著名的“枪杆子里出政权”的论断。会后，毛泽东受中共中央委派，以中共中央特派员的身份前往长沙，领导湘赣边界的秋收起义。

秋收起义攻打城市失败，当年 9 月，湘赣边界秋收起义部队在三湾改编时，毛泽东创造性地提出“支部建在连上”的原则，在军队各级建立党的组织，为实现党对军队的领导奠定了重要的组织基础。之后，毛泽东带领队伍到了井冈山。1927 年 8 月 1 日，南昌起义爆发，同样在攻打大城市失败后，一部分队伍转到井冈山，两支队伍实现会师。

井冈山的斗争探索出了革命的新路。学习俄国革命做法，直接攻打中心城市，当时被视为中国革命唯一正确的道路。然而，在实行过程中，城市武装起义却屡遭挫败。而革命力量首先需要生存下来，才能积蓄力量，这需要找到敌人统治的薄弱地带。

毛泽东这个时期先后撰写了《中国的红色政权为什么能够存在?》《井冈山的斗争》《星星之火，可以燎原》等著作，分析了在农村创建革命根据地的重要意义。在《中国的红色政权为什么能够存在?》一文中，他指出：“一国之内，在四周的白色政权的包围中，有一小块或若干小块红色政权的区域长期地存在，这是世界各国从来没有的事。”①

1929 年的古田会议明确了党对军队绝对领导的原则。古田会议的重要成果《中国共产党红军第四军第九次代表大会决议案》明确指出，“中国的红军是一个执行革命的政治任务的武装集团”，这从根本上划清了新型人民军队同一切旧式军队的界限，阐明了军队同党的关系，指

① 毛泽东．毛泽东选集（第一卷）［M］. 北京：人民出版社，1991：48.

出军队必须绝对服从党的领导，必须全心全意地为着党的纲领、路线和政策而奋斗。在不断实践中，中国共产党开始探索出了一条适合中国实际的农村包围城市、武装夺取政权的革命新路。

1928年6月18日至7月11日，中国共产党第六次全国代表大会在莫斯科近郊兹维尼果罗德镇“银色别墅”召开，会议总结了大革命失败以来的经验教训，通过了《苏维埃政权的组织问题决议案》，对苏维埃政权基本框架进行了规定。会议通过的《对国内工作指示的电稿》也指出，“必须扩大苏维埃的根据地及加紧组织红军”。①

在这样的大背景下，由于总暴动方针的破产，加之朱毛红军的出色表现和根据地的巩固，1931年，中华苏维埃共和国临时中央政府在江西瑞金成立。由赣南、闽西根据地发展起来的中央苏区，使得中国共产党在20世纪30年代中期，“成了东方各国共产党中唯一拥有实际上执政经验的党，拥有绝无仅有的农村工作经验以及军政骨干的党”。“作为中共首次独立领导的革命运动，苏维埃革命基本奠定了中共武装革命的思想和逻辑基础，建立了中国共产革命的第一个中央政权，通过对苏区的独立控制，显现出中共的政治理念、动员能力和控制艺术……由苏维埃革命开始，中共走上了武装夺取政权、革命建国的道路。”②

这是中共的第一次建政尝试，体现出马克思列宁主义思想理论在实践中的具体运用，反映出党执政的诸多特点。“贯穿中央苏区之始终，苏维埃政权和军队、党的关系大体处于这样的框架中：军队是基础、政党是灵魂、政权是手足。”③

“苏维埃政权十分强调人民性和民主监督。”④“苏维埃”一词是

① 对国内工作指示的电稿［EB/OL］. http：//cpc. people. com. cn/GB/64162/64168/64558/4428365. html.

② 黄道炫 . 张力与限界——中央苏区的革命（1933—1934）［M］. 北京：社会科学文献出版社，2011：2.

③ 黄道炫 . 张力与限界——中央苏区的革命（1933—1934）［M］. 北京：社会科学文献出版社，2011：111.

④ 黄道炫 . 张力与限界——中央苏区的革命（1933—1934）［M］. 北京：社会科学文献出版社，2011：111.

1905年俄国革命高潮时期出现的工人代表会议的简称，最初是一种罢工委员会，后来随着革命的发展，成为一种事实上的政府，采用议行合一、民主集中制度。①

中华苏维埃制度传承了苏维埃的基本特点，运行的组织架构主要如下。“中华苏维埃工农兵代表大会及其中央执行委员会是中华苏维埃共和国的最高政权机关。”“苏维埃政府基层政权分县、区、乡三级，通过选举产生。”② 这是延伸到村的政权体系，“村代表制度使苏维埃政权的触角有效深入到村一级，虽然传统的保甲制度也具有这一功能，但村代表制度网罗的人员、领域、层级都远较保甲宽广，加上中共基层党组织的领导，使政权效能发挥相当充分”。③

中央苏维埃政权建立了严格的权力监督体系。各级党组织设立监察委员会，各级政府设立工农检查部和工农控告局，对干部进行监督。后又设立中央审计委员会，进行财政审核。同时，还组织青年团领导下的青年群众组织“轻骑队”参与对干部的监督举发。

临时中央政府高度重视宣传教育，设立马克思共产主义学校、苏维埃大学、红军大学、彭杨军政学校、中央农业学校、中央列宁师范学校、中央教育干部学院、高尔基戏剧学校、中央红色护士学校、无线电通讯学校、工农红军特科学校、游击干部学校等。开创义务教育，创办大量“列宁小学”，让工农劳苦群众及其子弟，有享受国家免费教育之权。临时中央政府还颁布《小学教员优待条例》，规定小学教员生活费与当地政府工作人员同等。创办夜校，进行扫盲运动。推进社会革命，建立妇女生活改善委员会，规定妇女独立经济地位，推动妇女解放，提倡男女平等，实行社会救济等。

中央苏区是中国共产党执政的伟大尝试，尽管时间不长，却使得

---

① 何俊志．从苏维埃到人民代表大会制［M］．上海：复旦大学出版社，2011：5.

② 黄道炫．张力与限界——中央苏区的革命（1933—1934）［M］．北京：社会科学文献出版社，2011：112.

③ 黄道炫．张力与限界——中央苏区的革命（1933—1934）［M］．北京：社会科学文献出版社，2011：112-113.

"以党建国"从理念成为实践，在党政关系、人民民主、党对军队的绝对领导、社会解放等各个层面都有着非同寻常的意义，而且在继承苏维埃基础上亦有中国的创造，体现了鲜明的人民性，体现了一种区别于西方政治体制的新型国家制度。"'党国体制'不是民主体制的反动，相反，是民主体制中党国关系的一种表现形式，其之所以能够在现代化过程中持久地存续，是因为它也在以自己的方式实践和推进着民主。"① 同时，这种体制也体现了一种新型的政治发展道路。"在中国的逻辑中，'党建国家'实际上是以人民共和的方式建立现代国家的一种战略模式，这种战略模式之所以能够成立，是因为人民通过这个'党'实现有机聚合，从而能够在整体上成为掌握国家权力、当家作主的力量；这种战略模式之所以有效，是因为将人民凝聚一体的党能够成为社会核心力量，从而为现代国家制度体系的成长提供有力的依靠和支撑。"②

在毛泽东正确的军事战略指导下，中央苏区四次反围剿都取得了胜利。然而，第五次反围剿，由于"左"倾错误思想的指导以及多种原因，红军陷于极端危险境地，中央红军被迫开始长征。

早期中国共产党遇到挫折的原因是多方面的，作为新生的党，党的力量与经验不足，领导层整体上尚不够成熟。共产国际的指挥与指导基于苏联革命的模式，对中国的实际情况缺乏深入的了解，生搬硬套等经验主义情况不断出现，甚至还有根据苏联自身国家利益或者有关考虑而做出的一些决定。同时，中国斗争形势极为复杂，敌对势力相对强大。胡乔木指出，"在第一次国内革命战争失败以后，中国共产党进入了一个困难的时期。但是，正是在这个困难时期中，党达到了政治上和军事上的成熟"。③

1935 年 1 月，遵义会议确立了毛泽东在中共中央和红军的领导地

① 何俊志．从苏维埃到人民代表大会制［M］．上海：复旦大学出版社，2011：序言 10-11.
② 何俊志．从苏维埃到人民代表大会制［M］．上海：复旦大学出版社，2011：序言 9.
③ 胡乔木．中国共产党的三十年［M］．北京：人民出版社，2008：20-21.

位。1935 年 10 月，中共中央和中央红军经过二万五千里长征，胜利到达陕北。1936 年 10 月，红军三大主力在陕北会师。从 1935 年 10 月到 1948 年 3 月，党中央在延安战斗和生活了 13 年。1936 年 12 月 12 日，西安事变爆发，后来得以和平解决，抗日民族统一战线形成。

1938 年，毛泽东在党的六届六中全会上做的题为《论新阶段》的政治报告中最先提出“马克思主义中国化”这个命题。他指出：“没有抽象的马克思主义，只有具体的马克思主义。所谓具体的马克思主义，就是通过民族形式的马克思主义，就是把马克思主义应用到中国具体环境的具体斗争中去，而不是抽象地应用它。成为伟大中华民族之一部分而与这个民族血肉相关的共产党员，离开中国特点来谈马克思主义，只是抽象的空洞的马克思主义。因为马克思主义的中国化，使之在其每一表现中带着中国的特性，即是说，按照中国的特点去应用它，成为全党亟待了解并亟须解决的问题。”[①] 经过延安整风，全党加深了对马克思主义中国化的思想认识。整风运动“既是一次全党范围内的马克思主义的思想教育运动，也是破除党内把马克思主义教条化，把共产国际决议和苏联经验神圣化错误倾向的伟大思想解放运动”。[②] 这标志着我们党对马克思主义基本原理与中国实际相结合从自发到自觉的真正转变。

抗日战争时期，毛泽东在延安进行了大量的理论研究，深入思考中国的前途命运。1939 年 10 月到 1940 年初，毛泽东先后发表了《〈共产党人〉发刊词》《中国革命和中国共产党》和《新民主主义论》等重要著作，对中国革命的若干重大问题进行了深入的思考。

毛泽东指出，因为中国社会的半殖民地半封建性质，“中国革命的历史进程，必须分为两步，其第一步是民主主义的革命，其第二步是社

① 毛泽东．论新阶段——中共六中全会文件［M］．新华日报馆，1939：81-82.

② 中共中央党史研究室．中国共产党历史（第一卷）（1921—1949）下册［M］．北京：中共党史出版社，2011：621-622. 1943 年 5 月 15 日，共产国际执行委员会主席团为适应反法西斯战争的发展，并考虑各国斗争情况具有复杂性，需要各国共产党独立自主地处理面临的问题，因此做出《关于提议解散共产国际的决定》。同年 5 月 22 日，向全世界公布了这个决定。同年 6 月 10 日，鉴于共产国际在某种程度上是为了反对协约国而创，而美国此时成为苏联拉拢以反对法西斯德国的非常重要对象，共产国际执行委员会决定共产国际正式宣告解散。

会主义的革命，这是性质不同的两个革命过程。而所谓民主主义，现在已不是旧范畴的民主主义，已不是旧民主主义，而是新范畴的民主主义，而是新民主主义”。[①] 新民主主义革命的领导者是无产阶级。建立“无产阶级领导下的一切反帝反封建的人民联合专政的民主共和国，这就是新民主主义的共和国”。[②]“在中国建立这样的共和国，它在政治上必须是新民主主义的，在经济上也必须是新民主主义的。”[③]“新民主主义的文化，就是人民大众反帝反封建的文化。”[④]

新民主主义理论回答了一直没有解决的重大问题，那就是中国共产党领导的革命的性质以及实现路径、步骤，新民主主义国家的构建，政治、经济和文化建设等。新民主主义理论“标志着马克思列宁主义基本原理同中国革命具体实践相结合的毛泽东思想，有了进一步的发展”。[⑤]

1945 年 4 月 23 日，党的七大召开。毛泽东做了《论联合政府》的书面报告。党的七大确定了党的政治路线：“放手发动群众，壮大人民力量，在我党的领导下，打败日本侵略者，解放全国人民，建立一个新民主主义的中国。”刘少奇代表党中央在党的七大上做的关于修改党章的报告中，对“马克思主义中国化”从理论上做了进一步的阐述。党的七大通过的《中国共产党章程》在总纲中确定，以马克思列宁主义的理论与中国革命的实践之统一的思想——毛泽东思想，作为我们党一切工作的指针。毛泽东思想，是马克思主义中国化的第一个重大理论成果，是“中国化的马克思主义”。

恩格斯曾明确指出：“马克思的整个世界观不是教义，而是方法。它提供的不是现成的教条，而是进一步研究的出发点和供这种研究使用

---

① 毛泽东．毛泽东选集（第二卷）［M］．北京：人民出版社，1991：665.
② 毛泽东．毛泽东选集（第二卷）［M］．北京：人民出版社，1991：675.
③ 毛泽东．毛泽东选集（第二卷）［M］．北京：人民出版社，1991：678.
④ 毛泽东．毛泽东选集（第二卷）［M］．北京：人民出版社，1991：698.
⑤ 中共中央党史研究室．中国共产党历史（第一卷）（1921—1949）下册［M］．北京：中共党史出版社，2011：559.

的方法。”[①] 方法必须同具体实际相结合，才能开辟自身的前进道路。

新民主主义革命的目标是推翻帝国主义、封建主义、官僚资本主义三座大山，最终走向社会主义。通过 28 年的新民主主义革命，党夺取了全国性的革命胜利，一个全新的政府、一个全新的国家，即将诞生。

4. 历史为什么选择了中国共产党

中国人经过 80 多年的探索，直到中国共产党的诞生才开启了中国道路。这并不是说党诞生之前无数次的尝试没有实际的价值，而是说，中国共产党的诞生本身就是这无数次尝试的一个伟大的结果。自从中国共产党成立之后，中国从此有了核心的领导力量，有了明确的奋斗方向，这个落后的东方古国将从任人宰割的羔羊一变而成为反对殖民主义和帝国主义的闯将。19 世纪上半叶，中国命运的转折乃至整个东亚命运之转折，盖与此有关。

相对于派系纷呈的国民党来说，中国共产党是一个崭新的组织，是按照民主集中制原则组织起来的党，并在战争中形成了较为稳固的领导核心。高度组织化的马克思列宁主义政党成为既能动员群众又能组织国家，介于国家与社会之间的中坚力量与领导力量。“这样的政党完全区别于西方那些基于现代国家制度运行需要而产生的政党，它是为建设一个新社会、新国家而产生的政党，其使命是要构建一套新的国家制度体系。因而，它首先是作为领导人民建设国家和治理国家的领导力量而存在的，其次才是作为代表人民运行国家和治理国家的执政力量而存在的。”[②] 在战争与革命的过程中，中国共产党九死一生、逐步壮大，开辟了中国革命道路，打败了各种反动势力，最终建立了新中国。

中国共产党为什么能够成功？因为党与各种旧势力没有利益瓜葛，一开始就旗帜鲜明地与一切旧势力划清了界限，完全、彻底地为人民利

---

① 马克思，恩格斯．马克思恩格斯文集（第 10 卷）［M］．中共中央马克思恩格斯列宁斯大林著作编译局，译．北京：人民出版社，2009：691.

② 何俊志．从苏维埃到人民代表大会制［M］．上海：复旦大学出版社，2011：序言 9.

益而奋斗。因为党在革命斗争的过程中产生了坚强的领导核心，能够领导全党，带领人民与敌人进行最坚决的斗争。因为党掌握了马克思主义这一先进的理论，并且将之与中国革命相结合，形成了有力的思想武器。因为党在革命过程中形成了新型的组织方式，严密的组织性让党形成了强大的组织力。因为党彻底地与人民群众融为一体，彻底地为人民群众服务，生于人民、服务人民，始终保持深厚的群众基础。

林尚立在分析中国共产党之所以能够成为领导中国社会发展的中坚力量时，总结了五个方面的原因。“高举起解放劳动大众、建设社会主义中国的大旗，其目标和理想符合中国社会发展的内在要求。”“承担起领导中国资产阶级民主革命，开辟了既符合世界革命的发展潮流，又符合中国革命历史任务的新民主主义革命。”“以民主集中制为组织原则的政党，具有强大的组织性和纪律性。”“将党的建设与军队建设、与社会的动员和组织有机统一起来。”“找到了既能生存发展，又能削敌强我的革命战争战略。”①

现代化是一个充满暴力的过程，几乎所有的大国在这一过程中都承受了社会动荡、内战、革命、暴动，或者是战争等重大挫折。巴林顿·摩尔总结了三种不同的现代化道路——英美道路、德日道路和中俄道路，认为其差别在于农业的商业化程度，以及由此形成的地主、农民与资产阶级的关系结构。在农业商业化程度高的英国，内战以后地主阶级和资产阶级达成了政治上的妥协，建立了英国的代议制。而在德国和日本，国家和地主贵族联合推进工业化，这种阶级关系最终导致了法西斯主义的兴起。在俄国和中国，数量巨大的农民受到资本的侵袭，走上了革命道路。②

实际上，摩尔没有考察这些国家在国际分工中的地位，处于分工最高端的英美，资产阶级力量强大，有能力领导一场资产阶级革命；处于

---

① 林尚立，等．政治建设与国家成长［M］．北京：中国大百科全书出版社，2008：32-33.

② ［美］巴林顿·摩尔．民主和专制的社会起源［M］．拓夫，等译．北京：华夏出版社，1987.

次级分工地位的德日，资产阶级与地主势均力敌，形成专制统治下的现代化的共识，通过战争和奴役等方式从外部获取资源；而在国际分工中居于边缘地位的中俄，资产阶级力量弱小，封建势力无法有效应对外部挑战，为挽救民族危亡，只能由觉悟者起来动员、领导工农群众进行革命，彻底重建国家和社会秩序。

中国共产党的成立是对百年历史的归纳，是人民意志的结晶。百年屈辱史和中国近现代史充分证明，器物层面的改革行不通，照搬西方的政治制度走不通，资本主义的道路走不通，自由主义在中国行不通。

能领导中国重归伟大辉煌的唯一力量就是中国共产党，能指导中国的唯一正确思想就是中国化的马克思主义，中国唯一的正确道路就是社会主义的道路。

第三章

计划推动发展

——自我积累的工业化

中国的发展没有殖民地、没有奴隶贸易、没有对外战争与掠夺，这是有史以来唯一大国通过和平方式实现的工业化，对于人类有着巨大的启迪。在与老牌资本主义国家以及发展中国家工业化的比较中，审视中国自我积累的工业化会更加凸显其意义。我们今天回顾历史，可以较为清晰地看到中国实现工业化的重要政治前提，就是国家的独立和人民的解放。

在资本主义世界体系的边缘国家，由于在全球工业体系中的分工地位，工商业被约束在特定的地域与特定的规模之内。而社会主义体制的建立，使得中国在至少五个方面发生了巨大变化：一是建立了以中国共产党领导为本质特征的政治制度，实现了对全社会的政治整合；二是从资本主义世界体系脱钩，摆脱了对发达国家的依附；三是解决了自然垄断资源尤其是土地问题，扫平了国内现代化的障碍；四是初步建立了完整的工业体系，自身的努力加上苏联以及其他社会主义国家的支援使得中国具备了初步工业化的基础；五是极大地促进了社会公平，普及教育、改善医疗条件等，提高了全民素质。这五个方面为中国的深度发展提供了可能。

亚历山大·格申克龙在其后发展理论中指出，随着开始发展时间向后推移，以强组织力的机构指导发展的趋势越来越强；随着开始发展时间向后推移，企业的组织形式也由分散到集中、由小到大；随着开始发展时间向后推移，后发展国家的政治形态就越容易是集权制度。因为制度要弥补工业竞争力的不足，制度要促进资源向工业集中。①

在发达国家已经形成了强大的工业体系时，如果没有国家的力量，完全依靠市场机制，那么中国也许永远都不会产生钢铁、石油、石化等行业的巨型企业，这就意味着中国的有关产业一定会受到国际资本的支配。历史上，美国、德国、日本以及苏联都采用了国家干预工业的方式，没有国家的力量，就无法抵御世界市场对于国内市场的压制或者控制，没有国家的力量就无法动员国内的资源用于现代化建设。计划经济使得中国能够摆脱市场看不见的手，用政府看得见的手迅速组建起规模庞大的战略性企业。

无论从经济指标还是社会指标来看，改革开放之前的中国都获得了较大的发展。但是这种发展模式的局限性也是明显的。计划经济的优点在于有利于资源在极端稀缺的情况下向工业部门集中，其明显缺点在于，计划经济的执行单位普遍缺乏自主性与活力。

计划经济运用组织的力量实行工业化，也必然受制于组织演化的普遍规律，那就是：在一个组织中，随着时间的推移，权力逐渐上移；同时在一个组织中，随着时间的推移，其权力越来越部门化。因为这两种趋势，上层的权力越来越大，而执行力越来越弱；下层的权力越来越小，而滥用权力的概率越来越大。以计划经济为特征将全社会组织成为超大型组织，这种组织具有超强的动员能力，但是也会同时缺乏活力与灵活性。这种组织权力的演化规律最终摧毁了苏联。因为这种组织的演化规律，苏共日益僵化，苏联的计划经济越来越缺乏活力。无论是戈尔巴乔夫的经济改革还是后来叶利钦推行的“休克疗法”，都急于将上层建筑作为改革的核心，这更将这个大国推入了深渊。

中国在新中国成立之前是资本主义世界经济的一部分，在新中国成立之后加入社会主义阵营，改革开放之后，重新向世界市场开放。中国为什么要从新民主主义走向社会主义？社会主义在推进中国发展中起到了什么作用？计划经济起到了什么作用？中国在两个体系之间转换得失如何？

---

① Alexander Gerschenkron. Economic Backwardness in Historical Perspective [M]. Cambridge, Massachusetts: Belknap Press of Harvard University Press, 1962: 353-354.

一、大萧条与经济发展模式

1929年10月24日，美国股市暴跌，股票价格“自由落体”般下降，该日共交易1300万股股票，超出每天正常交易量10多倍。许多人顷刻破产，当天就有多人自杀。这一天，后来被称为“黑色星期四”。

此前，美国经济已是连续十多年高速增长，楼市股价狂飙突进。这一猝然而至的股灾让美国经济如雄鹰坠地，各生产部门相继被波及，生产消费全面崩盘，并迅速蔓延到整个西方社会。1929—1933年的全球经济危机全面爆发。

出现经济危机后，美、英、法等西方强国相互“甩锅”，各自保命，加速了危机的蔓延。美国率先提高了89种商品关税，英法也纷纷跟风打起“关税战”。货币战接踵而来，英国从1931年起放弃金本位制，贬值英镑。美元也跟着贬值。全球经济更加动荡。

有人统计，这场危机使得西方列国的经济损失高达2500亿美元，比一战损失还要高。英国每年工业减产24%，法国每年工业减产1/3。美国工业生产每年下降46%，四年里1万多家银行破产，1300万人完全失业，另有500万人半失业。美国发生了遍及全国的大饥荒和普遍营养不良，导致大量人口非正常死亡。最保守估计，至少有700万人死亡，约占当时美国人口的7%。

这场危机是二战的催化剂。西方世界最强大的美国尚且如此，其他西方国家则更是无法自救。民众对政府极端失望，在德国，法西斯势力迅速膨胀并夺取政权，形成了二战策源地之一；日本加速侵华步伐，将屠刀转向中国，试图转嫁危机，缓解国内的尖锐矛盾。

正当大萧条席卷整个西方资本主义世界时，苏联的经济发展却非常迅猛。“1928年至1937年间，工业生产增长3倍，从不足国民生产的

1/3 发展到接近 1/2。”[①]

当时，苏联实行的是计划经济。这种经济体制当时被很多人看成社会主义的组成部分。计划经济理论渊源是马克思、恩格斯对未来社会的设想。在《资本论》中，马克思设想了一个没有商品生产和商品交换的“自由人联合体”，一方面，“劳动时间的社会的有计划的分配，调节着各种劳动职能同各种需要的适当的比例。另一方面，劳动时间又是计量生产者在共同劳动中个人所占份额的尺度，因而也是计量生产者在共同产品的个人可消费部分中所占份额的尺度”。[②] 恩格斯在《反杜林论》中指出：“一旦社会占有了生产资料，商品生产就将被消除，而产品对生产者的统治也将随之消除。社会生产内部的无政府状态将为有计划的自觉的组织所代替。”[③]

在这里，马克思、恩格斯实际上已经明确地提出了未来社会即社会主义和共产主义社会的经济特征——生产资料共同占有、有计划组织劳动生产以及公平合理分配劳动成果和社会财富。

当然，马克思、恩格斯所指的社会主义和共产主义社会是建立在资本主义高度发达基础之上的，根本上是要解决分配问题以及密切相关的人的解放问题。而俄国革命者在现实中建设社会主义之时，面对的最迫切问题却是如何将落后的国家改造为工业国的问题。

同时，我们也要注意到马克思、恩格斯对于这种设想的保留。马克思曾经说过，未来社会主义社会的具体情况，“完全取决于人们将不得不在其中活动的那个既定的历史环境。而现在提出这个问题是不着边际的，因而这实际上是一个幻想的问题”。[④] 恩格斯 1893 年 5 月在与一个

---

① ［英］M. C. 霍尔德，等．马克思主义经济学史［M］．顾海良，等译．北京：中央编译出版社，2003：23.

② 马克思，恩格斯．马克思恩格斯全集（第 44 卷）［M］．中共中央马克思恩格斯列宁斯大林著作编译局，译．北京：人民出版社，2001：96.

③ 马克思，恩格斯．马克思恩格斯文集（第 9 卷）［M］．中共中央马克思恩格斯列宁斯大林著作编译局，译．北京：人民出版社，2009：300.

④ 马克思，恩格斯．马克思恩格斯文集（第 10 卷）［M］．中共中央马克思恩格斯列宁斯大林著作编译局，译．北京：人民出版社，2009：458.

法国记者的谈话中也说："我们是不断发展论者，我们不打算把什么最终规律强加给人类。关于未来社会组织方面的详细情况的预定看法吗？您在我们这里连它们的影子也找不到。"①

在苏联，首先明确提出计划经济的是列宁。

1906 年，列宁在《土地问题和争取自由的斗争》一文中首先使用了"计划经济"这个词，指出："只要还存在着市场经济，只要还保持着货币权力和资本力量，世界上任何法律都无法消灭不平等和剥削。只有建立起大规模的社会化的计划经济，一切土地、工厂、工具都转归工人阶级所有，才可能消灭一切剥削。"② 而且这里列宁第一次将商品经济和计划经济作为相对立的范畴提出来。

列宁的设想是"剥夺资本家，把全体公民变成一个大'辛迪加'即整个国家的工作者和职员，并使这整个辛迪加的全部工作完全服从真正民主的国家，即工兵代表苏维埃国家"。③"在这种经济前提下，完全有可能在推翻了资本家和官吏之后，在一天之内立刻着手由武装的工人、普遍武装的人民代替他们去监督生产和分配，计算劳动和产品。"④

列宁的这种设想既有马克思主义的理论渊源，又受到德国一战期间战时计划经济的启发，正如任晓伟指出的，一战期间德国的战时计划经济在苏联计划经济模式源起的过程中具有历史原点的意义。⑤

十月革命刚取得胜利时，新生的苏维埃政权危机四伏。1918 年春到 1921 年初，英、法、美等国政府采取策动内乱、经济封锁、武装干涉等一系列手段，企图将新生的苏维埃政权扼杀在摇篮中。在极度危机

① 马克思，恩格斯．马克思恩格斯文集（第 4 卷）［M］．中共中央马克思恩格斯列宁斯大林著作编译局，译．北京：人民出版社，2009：561-562.

② 列宁．列宁全集（第 13 卷）［M］．中共中央马克思恩格斯列宁斯大林著作编译局，译．北京：人民出版社，2017：124.

③ 列宁．论社会主义//列宁专题文集［M］．中共中央马克思恩格斯列宁斯大林著作编译局，译．北京：人民出版社，2009：37.

④ 列宁．论社会主义//列宁专题文集［M］．中共中央马克思恩格斯列宁斯大林著作编译局，译．北京：人民出版社，2009：40.

⑤ 任晓伟．苏联计划经济模式的历史原点——论德国"一战"期间的计划经济及其对列宁的影响［J］．当代世界社会主义问题，2007（3）.

之下，苏联形成了战时共产主义经济体制。

苏联施行余粮征集制，将全部余粮集中并有计划地分配给城市居民。这在实行过程中，一度走向过激。西伯利亚辛集列耶夫乡的征粮队报告称："向农民收粮进站糟透了。我们所去的那个乡已被征集了5次，粮食全没有了。"消灭商品和货币，经济关系逐渐被实物替代。加速对除农业外的全部经济实行全面国有化。列宁后来说，"当时所处的战争条件下，这种政策基本上是正确的"。① 但是在战争基本结束以后继续强化这些政策，"现实生活说明我们错了"。② "我们没有掌握好分寸，也不知道如何掌握这个分寸。"③ 1920年底到1921年初，战争结束，苏维埃政权取得了战争的胜利，但是整个国民经济遭到严重破坏。

1921年3月，俄共（布）第十次代表大会通过了由军事共产主义过渡到新经济政策的决议。新经济政策有以下一些重大举措：取消余粮征集制，改为征收粮食税。缴税后的剩余，农民可以自由支配和买卖。可以实行商品交换，允许私人开办一定规模的工厂。允许外国资本在苏维埃俄国开办工厂和开采自然资源。正如陆南泉指出的，"国家在掌握国民经济中居重要地位的大企业的同时，允许多种经济成分的存在，正确对待国家资本主义、私人资本主义与小生产者的关系，通过利用商品货币关系，以迂回方式向社会主义过渡，这就是新经济政策"。采取这些措施的新经济政策很快就取得了积极的效果。"苏维埃俄国转入了在整个苏联时期最符合客观实际与富有成效的新的经济体制。"④

当时谁也没有想到，苏联的新经济政策给一个中国留学生留下了深刻印象。1926年，邓小平在苏联留学一年，见证了新经济政策带来的新气象，给他在今后社会主义道路探索上很大启迪。1985年8月28日，

---

① 列宁．列宁全集（第41卷）[M]．中共中央马克思恩格斯列宁斯大林著作编译局，译．北京：人民出版社，2017：71.

② 列宁．列宁全集（第42卷）[M]．中共中央马克思恩格斯列宁斯大林著作编译局，译．北京：人民出版社，2017：187.

③ 列宁．列宁全集（第41卷）[M]．中共中央马克思恩格斯列宁斯大林著作编译局，译．北京：人民出版社，2017：56.

④ 陆南泉．苏联经济体制改革史论（从列宁到普京）[M]．北京：人民出版社，2007：16.

邓小平在会见津巴布韦总理穆加贝时，这样评价列宁的新经济政策："社会主义究竟是个什么样子，苏联搞了很多年，也并没有完全搞清楚。可能列宁的思路比较好，搞了个新经济政策，但是后来苏联的模式僵化了。"①

新经济政策由于列宁的逝世很快终止了。斯大林在 1929 年全面停止了新经济政策，推行斯大林模式。尽管很多人批评斯大林的这种转向，但是如果分析当时的历史环境，我们也会有新的理解。当时，苏联仍然是个农业国，发展成为工业国家是极为迫切的任务。"根据 1926 年的统计资料，苏联 82.1%的人口居住在农村，1925—1926 年度农业产值占国民经济总产值的 56.6%。农业生产以手工劳动为主。"② 苏联当时面对的是极为恶劣的国际环境。在 1929—1933 年经济危机的大背景下，希特勒纳粹党在德国上台执政，意大利法西斯势力和日本军国主义势力也迅速发展起来。英、法等西方主要国家采取种种方法，企图将法西斯的"祸水"引向社会主义苏联。这就使苏联面临十分严峻的国际环境和巨大外部威胁，必须采取非常措施加速经济发展，优先发展重工业，建立独立自主的完整的工业体系。

新经济政策要推行的话，按照市场的规律，一定是投资少、见效快的轻工业成为优选，而苏联当时却需要将关系国家安危的重工业作为首选。因而斯大林模式最主要的特征就是采用国家计划的方式，集中经济资源，采取剥夺农民等非常方式优先发展重工业。

在影响全世界的经济危机中，苏联的表现显得更加突出，提前实现第一个五年计划，首次建立了拖拉机、汽车、航空、化工和机床制造等新的工业部门，建设了一批大型机械制造厂、冶金工厂和发电厂等。1937 年，第二个五年计划也超前完成，从 1928 年到 1940 年，苏联共建成 9000 个企业，整个工业产值增长了 9 倍。苏联在短短 12 年的时间内，完成了资本主义国家几十年甚至上百年才完成的工业化。这为苏联

① 邓小平．邓小平文选（第三卷）［M］．北京：人民出版社，1993：139.
② 陆南泉．苏联经济体制改革史论（从列宁到普京）［M］．北京：人民出版社，2007：26.

战胜德国法西斯奠定了物质基础。后来，苏联成为世界第二大经济体，并以经互会为依托实行国际分工，苏联的计划经济模式扩展到其他社会主义国家。这一模式取得的成效是显著的，但是其弊病也是巨大的，付出的代价也是极为惨重的，这一点，我们后来可以更加清晰地看到。

而美国则在大萧条期间发展了“罗斯福新政”，推出了很多类似计划经济的措施。[①] 英国经济学家凯恩斯写出了《货币论》等著作，明确提出政府干预的合理性。

20 世纪 30 年代，以路德维希·冯·米塞斯和哈耶克为代表的一批奥地利经济学家，与以奥斯卡·兰格为代表的拥护“市场社会主义”的经济学家之间，围绕凯恩斯的《货币论》和正在蓬勃兴起的苏联经济模式，爆发了激烈的论战。

这次论战在经济学界激起了巨大的反响与深入的思考，这些理论的争论并不为普通人所熟知，但是其对于历史进程的影响却是深远的。今天我们回顾这段历史时会清晰地看到，思想、实践以及外部世界对中国的巨大影响。

二、“两个平行市场”与中国

1949 年 10 月 1 日，毛泽东主席在天安门城楼上庄严宣告“中华人民共和国中央人民政府今天成立了”。中国共产党领导全国各族人民，推翻了压在人民头上的帝国主义、封建主义和官僚资本主义三座大山，取得了新民主主义革命的胜利并建立了中华人民共和国。从 1840 年到 1949 年，这是在 100 多年历史中，中国人民一代又一代接踵奋斗的最伟大的成果。这是中国历史的新纪元，终结了中华民族的百年危机，建

① 针对美国的经济危机，1932 年，美国哥伦比亚大学教授雷克斯福德·特格韦尔说，要想避免革命，必须实行计划经济。这位早在 1927 年就访问过苏联的学者，在成为美国总统罗斯福的智囊之后，将计划经济的思想带进了内阁。美国制定了《全国产业复兴法》，成立全国工业复兴局，由国家监督生产。很大程度上是这些带有一定计划色彩的新政措施，拯救了美国。

立了真正独立自主的现代国家，中国人民从此站起来了，成为国家的主人。

当时，国际上冷战已经开始。1946 年 3 月 5 日，英国时任首相温斯顿·丘吉尔发表“铁幕演说”，向苏联发起了猛烈的抨击，他说：“从波罗的海边的什切青到亚得里亚海边的里雅斯特，一幅横贯欧洲大陆的铁幕已经拉下。”

1947 年 3 月 12 日，美国杜鲁门主义的出台，标志着冷战开始。随后 1947 年 10 月 30 日，美国等 23 个国家在日内瓦签订了“关税及贸易总协定”，这是世界贸易组织的前身。1948 年美国推出“马歇尔计划”，援助西欧，防止西欧倒入共产主义的怀抱。1949 年美国组建的北大西洋公约组织，是完全由美国领导和控制的军事组织，主要就是对抗苏联及其东欧盟国，美国由此将西欧防务牢牢掌握在自己手里。1949 年 11 月，美国发起并主导成立巴黎统筹委员会（简称“巴统”）[①]，正式名称为“对共产党国家出口管制统筹委员会”，顾名思义就是对社会主义国家实施技术封锁的组织。当年 12 月，中国被巴统列入受管制国家。这对于社会主义国家，特别是对迫切需要进行现代化建设的新中国产生了重要影响。时至今日，这个组织的继承者《瓦森纳协定》仍然在对中国进行严格的技术封锁。

针对美国的政策，斯大林在理论上明确了“两个阵营和两个平行

① “巴统”由美国牵头成立，总部设在美国驻巴黎大使馆。美国、英国、法国、意大利、比利时、荷兰是“巴统”组织的创始国。在朝鲜战争结束以前，卢森堡、挪威、丹麦、加拿大、联邦德国（西德）、葡萄牙、日本、希腊、土耳其先后加入。1985—1989 年，西班牙和澳大利亚加入“巴统”。至此，“巴统”一共有 17 个正式成员国。北约成员国当中，只有冰岛这一个国家不是“巴统”成员国。“巴统”虽然不是一个正式的国际组织，但其成员国的特殊身份，又使它远非一般的非正式国际机构能够相比。欧美联合对华禁运，对新中国的禁运管制甚于苏联。冷战结束后世界格局发生重大变化，1994 年 4 月 1 日，该组织宣布正式解散。1995 年 9 月，包括“巴统”17 国在内的 28 个国家在荷兰瓦森纳召开高官会议，决定加快建立常规武器和双用途物资及技术出口控制机制，弥补现行大规模杀伤性武器及其运载工作控制机制的不足。在美国的操纵下，1996 年 7 月，以西方国家为主的 33 个国家在奥地利维也纳签署了《瓦森纳协定》（简称“瓦协”），决定从 1996 年 11 月 1 日起实施新的控制清单和信息交换规则。与“巴统”一样，“瓦协”同样包含两份控制清单：一份是军民两用商品和技术清单；另一份是军品清单。中国同样在被禁运国家之列。

市场”概念，加强了对东欧的控制，优先和高速发展重工业，突出国防工业建设，并且在中国解放战争的过程中实际加强了对中国共产党的援助。为了安抚东欧，加强东欧与苏联的政治经济联系，苏联推出了一系列计划。1947 年 7—8 月，苏联同东欧国家签订了双边贸易协定，即莫洛托夫计划，来对抗马歇尔计划。1947 年 9 月，苏联成立了共产党和工人党情报局。1949 年 1 月，苏联成立了经互会，对抗关贸总协定。苏联的这些措施，既强化了苏联和东欧之间的关系，也限制了东欧和西方的经济往来。东西方走上全面对抗。

在这样的国际大形势下，1949 年上半年，毛泽东先后提出了三条外交基本方针，“另起炉灶”“打扫干净屋子再请客”和“一边倒”。也就是不承认旧中国与其他国家建立的外交关系，彻底清除帝国主义在华特权，将屋子打扫干净再请客人进来，坚定站在以苏联为首的社会主义阵营一边。

这样的选择，当时内部是有争议的。最典型的不同观点就是，要在美苏之间搞平衡，不明确选边和站队。这样的观点有很大的迷惑性，但只要复盘当时的实际情况，我们就会理解实行“一边倒”政策的重大战略意义。

平衡的基础条件是国家实力。当时，两大阵营逐渐形成，斗争日益激烈。当时新中国刚刚成立，新生的政权还面临着迫切的生存问题，百废待兴，国力衰弱。中国在两大阵营之间，没有选择的余地，不是倒向这一边就是倒向另一边，根据意识形态、我们党和苏共的传统关系以及解放战争中苏联的实际支持，只能选择倒向社会主义阵营。只有倒向社会主义阵营才能得到最大的支持，才能最大化地实现国家利益。

实现这三条外交基本方针，一是可以得到苏联以及其他社会主义国家的支持；二是可以彻底肃清帝国主义在华的利益，取消帝国主义在华的种种特权；三是与世界各国建立新的外交关系。

新中国很快得到社会主义国家的承认，并得到苏联的支持，同时摆脱了近代以来形成的“条约体系”。近代以来，西方列强逼迫中国签订了一系列不平等条约。这些条约是强加在中国人民头上的枷锁。新中国全部取消了外国在中国大陆的军事特权和经济特权，维护了国家的独立主权和经济利益，彻底结束了鸦片战争以来我国主权被外国肆意践踏、外国人在中华大地上耀武扬威的百年屈辱史。经过这一时期各方面的工作，新中国在国际上站稳了脚跟。到 1956 年，同中国建交的国家已有 25 个，为中国外交的进一步发展奠定了坚实的基础。

独立自主是新中国外交的根本方针，是区别于旧中国外交的最主要特征，它贯穿于新中国外交的各个领域。我国在实行“一边倒”战略的同时，始终坚持这一方针。毛泽东明确指出，要用自己的脑袋思考，要用自己的腿走路，不能一切照抄，机械搬运。周恩来强调，为了抵抗美国的侵略和威胁，同苏联结盟是必要的，但“不能把自己的党和国家的独立性丢掉”。①

在中苏“蜜月期”，中国也没有加入经互会，只是在 1956—1961 年，以观察员的身份列席经互会的例行会议。新中国成立初期，苏联曾提出了一种设想，中国的工业化可以考虑采取经互会的方式，即在社会主义阵营的一定范围内分工合作实行一体化生产。但是，新中国领导人立足中国具体实际，做出了建设“完整的工业体系”的决定。今天看来，这是一个多么英明的决定，没有这个决定，今天的中国就不可能成为世界上工业门类最齐全的国家，抗击各种风险的能力也不会如此之强大。

建立完整的工业体系是当时领导人深思熟虑的，也是争取过来的结果。1959 年底至 1960 年初，毛泽东在谈苏联《政治经济学教科书》中有关中国建立完整工业体系内容时说：“要知道这是经过我们同他们争论，才这样写下来的。过去，他们和东欧的一些国家都曾经要我们不搞

① 裴坚章．研究周恩来——外交思想与实践［M］．北京：世界知识出版社，1989：5.

完整的工业体系。”[①] 周恩来在说明中国为何要建立完整工业体系时说：“任何一个国家建设社会主义总要有一点独立的能力，更不用说像我们这样一个国家。太小的国家，原料很缺，不可能不靠旁的国家。而我们这样的大国，就必须建立自己的完整的工业体系，不然一旦风吹草动，没有任何一个国家能够支援我们完全解决问题。”[②]

经互会实际上是为苏联服务的计划经济组织，后来，完全落后于美国所主导的关贸总协定组织。特别明显的就是民主德国和联邦德国。民主德国是社会主义阵营里比较发达的，直到20世纪80年代还排在世界前十大工业国之列。但即便如此，民主德国的经济质量远远比不上市场经济体系下的联邦德国。这里也有计划和市场两种模式不同功能的体现。

新中国成立后，自1840年以来旧中国与帝国主义列强签订的1100多项不平等条约被彻底废除；被帝国主义官僚买办控制的铁路、矿山、油田、海关、金融、大型企业被完全收回国有；占人口不到10%却霸占着全国80%以上土地的封建土地所有制被彻底粉碎；半殖民地半封建的社会结构被彻底铲除，人民民主专政全面建立，中国人民当家作主，具备了大规模开展工业化的政治条件。

正如毛泽东1945年4月24日在党的七大上所做的政治报告中指出的：“一八四〇年鸦片战争以来的一百零五年的历史，特别是国民党当政以来的十八年的历史，清楚地把这个要点告诉了中国人民。一个不是贫弱的而是富强的中国，是和一个不是殖民地半殖民地的而是独立的，不是半封建的而是自由的、民主的，不是分裂的而是统一的中国，相联结的。在一个半殖民地的、半封建的、分裂的中国里，要想发展工业，建设国防，福利人民，求得国家的富强，多少年来多少人做过这种梦，但是一概幻灭了。许多好心的教育家、科学家和学生们，他们埋头于自

① 中华人民共和国国史学会．毛泽东读社会主义政治经济学批注和谈话（国史研究资料·清样本）．1997：766.

② 周恩来．周恩来选集（下卷）［M］．北京：人民出版社，1984：232.

己的工作或学习，不问政治，自以为可以所学为国家服务，结果也化成了梦，一概幻灭了。这是好消息，这种幼稚的梦的幻灭，正是中国富强的起点。中国人民在抗日战争中学得了许多东西，知道在日本侵略者被打败以后，有建立一个新民主主义的独立、自由、民主、统一、富强的中国之必要，而这些条件是互相关联的，不可缺一的。果然如此，中国就有希望了。解放中国人民的生产力，使之获得充分发展的可能性，有待于新民主主义的政治条件在全中国境内的实现。这一点，懂得的人已一天一天地多起来了。”“在新民主主义的政治条件获得之后，中国人民及其政府必须采取切实的步骤，在若干年内逐步地建立重工业和轻工业，使中国由农业国变为工业国。”①

三、新中国计划经济体制的确立

中华人民共和国成立后，执政的中国共产党直接面对的是一穷二白的“烂摊子”。毛泽东曾说：“现在我们能造什么？能造桌子椅子，能造茶碗茶壶，能种粮食，还能磨成面粉，还能造纸，但是，一辆汽车、一架飞机、一辆坦克、一辆拖拉机都不能造。”② 马泉山指出：严格地说，中国的工业化是在新中国成立后才真正启动的。自 19 世纪 60 年代洋务派开始创办近代工业，70 年代出现被称为民族资本的商办近代工业，中国开启了自己的近代化历程。但历届政府少有建树，一些爱国实业家尽管有志于此，但困难重重，也难有作为。将近一个世纪，到新中国成立，一般估计现代工业产值在工农业总产值中仅占 10%左右，而且主要是轻工业；少量的重工业多是为外国企业提供原料或进行原料加工、机器修理及装配，基本没有独立制造能力。占 90%的农业经济，耕作技术落后，同中古时期没有多大区别。全国农村绝大部分地区，依然

① 毛泽东 . 毛泽东选集（第三卷）［M］. 北京：人民出版社，1991：1080-1081.
② 毛泽东 . 毛泽东文集（第六卷）［M］. 北京：人民出版社，1999：329.

是封建地主土地所有制，大多数贫苦农户维持简单再生产都很困难，更难以扩大再生产。[①]

实行工业化，是近代中国无数仁人志士的理想。从洪仁玕的《资政新篇》到孙中山的《建国大纲》，无不对中国的工业化有着美好的构想。但是，工业化，特别是后发展国家的工业化是一项极为艰难的课题。

一个工业基础极为薄弱的农业国，如何向工业国转型，如何开辟通往高度发达的社会主义国家的道路，是党很早就面临的重大现实课题，是一个历史任务。1944 年 5 月 22 日，毛泽东在中共中央办公厅招待会上说："日本帝国主义为什么敢于这样地欺负中国，就是因为中国没有强大的工业，它欺负我们落后"，"要打倒日本帝国主义，必需有工业；要中国的民族独立有巩固的保障，就必需工业化"。[②] 1949 年 3 月，党的七届二中全会确定中国革命胜利后将让中国从农业国转变为工业国这一重大战略任务。

按照最初的设想，新民主主义将持续较长时间。新民主主义的经济构成是："（1）国营经济，这是领导的成分；（2）由个体逐步向着集体方向发展的农业经济；（3）独立小工商业者的经济和小的、中等的私人资本经济。这些，就是新民主主义的全部国民经济。"[③]《中国人民政治协商会议共同纲领》也明确："中华人民共和国必须取消帝国主义国家在中国的一切特权，没收官僚资本归人民的国家所有，有步骤地将封建半封建的土地所有制改变为农民的土地所有制，保护国家的公共财产和合作社的财产，保护工人、农民、小资产阶级和民族资产阶级的经济利益及其私有财产，发展新民主主义的人民经济，稳步地变农业国为工

① 马泉山．中华民族的历史性跨越——新中国工业化回望录（1949—1979 年综述）［M］．北京：中国社会科学出版社，2016.

② 毛泽东．毛泽东文集（第三卷）［M］．北京：人民出版社，1996：146-147.

③ 毛泽东．毛泽东选集（第四卷）［M］．北京：人民出版社，1991：1255-1256.

业国。”[①] 新中国成立以后，即开始实行“计划与市场双重调节的新民主主义经济体制”，国家主要通过经济政策和经济手段调控私人企业和手工业。[②]

1952年底，中央提出了以社会主义工业化为主体的过渡时期总路线，要求由新民主主义向社会主义过渡。“过渡时期总路线的提出和实施，使原先设想经过一个相当长的新民主主义工业化建设阶段，变落后的农业国为先进的工业国，之后再向社会主义过渡，改变为从1953年起用三个五年计划的时间进行大规模的社会主义工业化建设，并与生产资料私有制的社会主义改造同时推进，直接建立起社会主义社会的物质基础和基本完成向社会主义的过渡。”[③]

这种改变原因是复杂的，既有政治上的，也有经济上的。林毅夫分析了这一经济过程，他指出：“对于一个发展中国家来说，如果要推行重工业优先发展战略，就不能依靠市场的力量。”[④] 因为重工业属于资本高度密集型产业，建设周期长、投入大，发展中国家大部分以农业为主，剩余资金非常少，要解决这个难题必须依靠行政手段压低利率，压低各种投入资源的价格，包括原材料、工资、生活必需品等，让重工业使用资金相对便宜。发展中国家缺乏关键技术、设备，依靠从国外进口，为了较低价格进口技术、设备等，必须高估本国汇率。

人为压低资金、外汇、原材料的价格，会造成需求增加。因为已经扭曲了市场价格，靠市场配置资源是行不通的。为了把短缺的资金、外汇、原材料配置到国家优先发展的产业上，只能依靠政府看得见的手。“就必须要有国家计划，把所有行业排出一个优先顺序……光有计划还不行，还必须利用行政手段根据计划对这些短缺的资金、外汇和原材料

---

① 中国人民政治协商会议共同纲领［EB/OL］. http：//www.cppcc.gov.cn/2011/12/16/ARTI1513309181327976.shtml.

② 高伯文．中国共产党与中国特色工业化道路［M］．北京：中央编译出版社，2008：28-31.

③ 高伯文．中国共产党与中国特色工业化道路［M］．北京：中央编译出版社，2008：57.

④ 林毅夫．解读中国经济（增订版）［M］．北京：北京大学出版社，2014：76.

进行配给。”①

这个分析是非常有见地的。我们以粮食为例，为什么要实行统购统销呢？陈云在第一届全国人大第二次会议的讲话中指出：“一九五三年十二月开始实行统购统销，是为了解决全国粮食供需之间的矛盾。……土地改革以后，粮食产量是增加了，但是农民的粮食消费也增加了，而且也不急于出卖余粮了，因此，商品率反而下降。在这样的情况下，粮食商人和别的行业的商人就囤积粮食，存有余粮的富农等待高价，不卖粮食。很显然，政府为了掌握必需数量的粮食来保证供应，使私商和富裕农民不能够操纵粮食市场，就必须实行粮食统购统销政策。”② 粮食统购统销政策实际上将农民与市场隔绝了。

这大致也是列宁的新经济政策昙花一现，后来被斯大林计划经济取代的一个重要经济原因。

上文已经说过，计划经济在世界第一个社会主义国家苏联首先实行，当时这种发展模式取得了巨大成功。特别是 20 世纪 30 年代，资本主义世界陷入大萧条之时，苏联经济“一枝独秀”。在第一个五年计划期间，苏联经济增长率年均竟然高达 34.5%，这是一个现在看来难以置信的发展速度。

新中国成立初期生产力状况与 20 世纪 30 年代苏联情况相像，属于工业基础薄弱的小农经济，经历了长期战争浩劫，经济遭受严重破坏。

1950 年 6 月，朝鲜战争爆发；10 月，中国人民志愿军开赴朝鲜战场，抗美援朝战争开始，美国在国际上加大了对我国的封锁，新中国的生存受到极大威胁。以上种种因素，让中国必须选择苏联的社会主义发展模式，优先发展重工业。

1952 年 5 月，抗美援朝战争还在继续进行，党中央确定了“边抗、边稳、边建”的方针。同年 8 月，中财委颁发的《关于编制五年计划轮廓的方针》和《中国经济状况和五年建设的任务及附表》指出，今

---

① 林毅夫. 解读中国经济（增订版）[M]. 北京：北京大学出版社，2014：76-78.

② 陈云. 陈云文选（第二卷）[M]. 北京：人民出版社，1995：275.

后的五年，是我国长期建设的第一阶段，其基本任务是：为国家工业化打下基础，以巩固国防，提高人民的物质与文化生活，并保证我国经济向社会主义前进。同时，积极组织力量着手第一个五年计划的编制工作。

1952年8月15日，以周恩来为团长，陈云、李富春为副团长的中国政府代表团前往莫斯科，此行带着《一九五三年至一九五七年计划轮廓（草案）》，征询苏方意见，与苏联商谈援助中国问题。到莫斯科后，斯大林在克里姆林宫设晚宴招待了以周恩来为首的中国代表团。9月3日，斯大林会见周恩来、陈云和李富春，就援助中国的“一五”计划问题，谈了三点意见：经过第一个五年计划，中国应当能够制造汽车、飞机、军舰；中国工业的发展速度一定很快，但是做计划应留有余地，要有后备；苏联对中国的援助，价格便宜，技术也是头等的。

斯大林的意见后来切实体现在苏联对中国的援助之中。新中国制定的第一个五年计划中，最重要的部分就是苏联帮助设计和建设的“156项工程”，这些工程几乎涉及了国民经济的所有重要领域。

“一五”计划从1951年开始编制，一边编制，一边修改，一边实施，1955年7月在一届全国人大二次会议上正式通过，历时4年编写完成。

这是中国近代以来规模空前的工业基本建设。在苏联援助下建设的“156项工程”，是近代以来无数人的梦想。“156项工程”最后实际确定并施工建设的为150项。其中，前“一五”时期即三年经济恢复时期开工13项，“一五”计划期间开工134项，剩下3项在后“一五”时期即“二五”时期施工。实际施工的150项，按产业结构可区分为以下几类：国防工业44项；能源工业52项；冶金工业20项；机械工业24项；化学工业7项；轻工业和医药工业3项。截至1959年底，绝大部分项目都已竣工投产，1962年基本结项。

这些项目对于中国发挥的作用难以想象。例如，1953年7月15日破土动工的中国第一家汽车制造企业——长春第一汽车制造厂，到1956年7月15日生产出第一辆国产“解放牌”汽车，结束了中国不能制造汽车的历史，还有鞍钢、武钢和包钢等大型和特大型项目，今天仍然是国家支柱型产业的重点企业。“156项工程”及其配套项目的建设，建立起我国较为完整的基础工业和国防工业体系框架，奠定了我国社会主义工业化的初步基础。而且，在建设过程中，培养和锻炼了我国工程技术队伍，为实现独立自主的发展奠定了良好的基础。西方学者在《剑桥中华人民共和国史》中写道：“从经济增长的角度来衡量，第一个五年计划是一个令人吃惊的成功。”①

当时，二战结束不久，苏联自身重建工作任务很重，这种大规模的工业项目援助，特别是技术转让和帮助，是非常难能可贵的。但是，这也是政治形势发展的结果。新中国成立以后，在国内经济极端困难的形势下向苏联多次请求援助没有结果。中国在抗美援朝战场上付出了巨大的牺牲，国际格局发生一系列重大变化，中苏建立战略同盟关系，这些复杂的因素，让新中国获得了工业化的起步。

作为落后国家赶超现代化的核心，大工业是无法按照自然的顺序发展起来的。在中东的产油国中，就没有一家石油化工企业市值能够进入全球前十名。在发达工业化国家已经形成了强大的工业体系之时，如果没有国家的力量，而完全依靠市场机制，那么中国也许永远都不会产生中石化、中石油这样的巨型企业，要产生这样的企业，只有通过国家的力量。

林毅夫指出：“1929年以后，苏联推行的计划经济是在一个非常贫穷落后的农业社会里短时间内建立起重工业体系的一个非常有效的办法。中国在建国后的经济情况跟苏联比较类似，所以也提出类似的重工业优先发展的战略。因此，毛泽东主席在革命战争时期提出‘农村包围城市’是实事求是的行为，在社会主义建设时期照搬苏联经验实行

① ［美］R. 麦克法夸尔，费正清. 剑桥中华人民共和国史——革命的中国的兴起［M］. 谢亮生，等译. 北京：中国社会科学出版社，1990：161.

重工业优先发展也是实事求是的行为。”①

社会主义体制的建立，使得土地、矿产等自然垄断资源收归国有，并且在社会主义阵营之中，中苏之间并没有形成类似苏联与东欧之间的分工关系，也没有形成事实上的依附关系。在新中国成立之初，同韩国等一样，中国处于冷战的最前沿，苏联对中国援助的“156项工程”使得中国具备了初步的工业化的基础。围绕着这些项目，中国建立了独立的工业体系。

随着自然资源的国有化以及国内基本工业体系的建立，中国的社会主义政权获得了整体性的社会控制力，这种控制力掌握了国家政治、经济与文化资源。计划经济使得中国能够摆脱市场看不见的手，用政府看得见的手，一方面，在幅员辽阔的中国各地按照行政区划进行工业配置，另一方面，按照国家计划迅速组建起规模巨大的企业。这些企业按照市场的逻辑需要更长的时间才能发展起来，或者如果在开放国门的情况下，根本没有可能建立起来。因为这些企业，虽然在国内是巨大的企业，但是其垄断程度以及经营规模仍然无法很好地参与国际竞争。

四、土地改革与社会革命

工业化最为核心的问题之一是土地。在一个农业国，工业化的资金、原料与市场都来自农业，因而工业化在土地分配较为平均化的情况下可以更加顺畅进行。因为如果土地高度集中，那么强大的地主阶级即便能成为推动工业的力量，也会阻止对农业剩余的抽取，并最终成为工业化的巨大障碍。

正如托克维尔指出的，“不动产的不均使一些家族富足，它使有钱人彼此联系，把几代人之间也联合起来，并在国家中建立一个单独的小民族，他们在自己所在的大民族中，总能获得某种凌驾于大民族之上的

① 林毅夫．解读中国经济（增订版）［M］．北京：北京大学出版社，2014：73.

权力。对民主制政府最为有害的恰恰是这些东西。相反，对民主制统治最为有利的，莫过于将土地划分为小块的产业”。[①]

二战后，亚洲国家中最发达的是日本，其次是菲律宾。但是，后来菲律宾的发展远远落后。这是因为战后日本、韩国和中国台湾地区都进行了较为彻底的土地改革，而菲律宾由于受到土地寡头的阻碍，四次土改都没有真正解决问题。因土地而繁荣的寡头成为发展的障碍，并相应地导致了社会的激进化。菲律宾是战后政变次数较多的亚洲国家之一，至今政局仍有动荡。

依附发展不能完全归咎于国际资本的力量，而是国内部分精英与国际资本勾结的产物。战后美菲的贸易法案让菲律宾多种农产品向美国出口享受长期的优惠，然而这个看似公平的贸易法案却使菲律宾的工业化受到阻碍。大地产以及由此生发的金融、产业、媒体等形成了一个世代相传的垄断性权力，左右着国家经济与政治中的重大决策。[②] 依附是特定利益集团，尤其是土地集团的选择。拉美很多实行大地产制的国家，其命运也与此类似。

印度与菲律宾类似，很早就准备土改，因为政权所依赖的阶级基础本身就是土地改革的对象而无法真正展开。张文木指出：“印度独立革命，使印度在获得了独立的国家主权的同时，也留下了旧时代的庞大的私有产权；而印度的土改不仅没有铲除这寄生于生产流通和分配领域的私有产权反而还变相保留甚至新增了私有产权。这种低成本的革命却使印度在国家现代化之初就面临着几乎是不可承受的制度成本。这种由庞大的私有产权关系结织而成的非生产性巨额成本，是未来印度国家低效

① ［法］托克维尔．旧制度与大革命［M］．冯棠，译．北京：商务印书馆，1992：296. 托克维尔的判断相当深刻，对于自然资源的拥有可以持续数代人的时间，并且形成一些家族的联合，进而发展成以此为基础的文化与制度，这非用暴力相关的手段很难破除。

② 菲律宾报纸《宿务日报》的一次宗谱政治研究发现，菲律宾 14 名总统中至少 12 人沾亲带故。迄今为止，菲律宾国会大部分代表来自 134 个家族，阿基诺、加西亚、拉莫斯、洛佩兹等名字在国会成员名单上反复出现，很多家族都是在西班牙殖民期间形成的大土地所有者，控制着菲律宾的国家命脉。王秋彬．家族政治的困境［EB/OL］．http：//ccszx. changchun. gov. cn/Detail16. jsp？ id＝2865&catalogID＝447.

发展的总根源。”[①]

实际上，印度独立后的经济基础比中国好，“比较 1949 年中印 12 种主要工业品产量及发电量，除原盐、卷烟、纯碱、烧碱 4 项产品中国产量高于印度外，其余产品印度产量均明显高于中国。特别是钢和生铁，印度产量分别为中国产量的 8.67 倍和 6.56 倍之多”。[②]

与中国相比，印度在发展方面最大的劣势在于政治体制和社会革命方面，这是印度难以逾越的鸿沟。

中国的现代化是自我积累的现代化，这决定了工业建设的原始资金只能主要来自农业，并在工业发达之后将工业化的成果回馈到农村。正如薛暮桥指出的，“重工业建设需要大量的资金。资金从哪里来？在当时的情况下，不能不主要来自农民。……轻工业表面上提供的积累比较多，但是它的原料主要来自农业，它的积累有相当大一部分是廉价买进农产原料，再向农民高价卖出成品（例如纺织业），通过不等价交换从农业转移过来的”。[③]

在 1949 年以前，中国共产党已经有 20 多年的农村革命经验，党是依靠在村一级建立新秩序而生存下来的。以前的政权多是依靠农村的地方势力统治，党通过土地改革消除了这些势力，建立了稳固的基层组织。

中华人民共和国成立以前，中国共产党已经在约有 1.19 亿农业人口的老解放区和半老解放区（总人口约 1.34 亿）完成了土地改革。到中华人民共和国成立时，尚有约 2.9 亿农业人口的新解放区（总人口约 3.36 亿）需要进行土地改革。[④] 这使中国共产党在领导人民取得新民主主义革命胜利后，仍要继续完成民主革命的遗留任务，彻底实现新民主

① 张文木．印度“土改”的不彻底性及其后果——与中国比较［EB/OL］. https//www.sohu.com/a/144027810_ 425345.

② 梅新育．中国制造业向何处去［M］. 昆明：云南出版集团，云南教育出版社，2013：23.

③ 薛暮桥．中国社会主义经济问题研究［M］. 北京：人民出版社，2012：18-19.

④ 郑谦，庞松．中华人民共和国通史（第 1 卷）. 1949—1956［M］. 广东：广东人民出版社，2020：199.

主义经济纲领，废除地主阶级封建剥削的土地所有制，实行农民的土地所有制，借以解放农村生产力，发展农业生产，为新中国的工业化开辟道路。

1950 年 6 月 6 日至 9 日，党的七届三中全会在北京召开。其中一项重要内容就是讨论新区的土地改革。毛泽东在会上做了《为争取国家财政经济状况的基本好转而斗争》书面报告，发表了《不要四面出击》重要讲话。刘少奇做了《关于土地改革问题的报告》。毛泽东在会上所做的报告和讲话中，指出党在这一时期的中心任务是为争取国家财政经济状况的基本好转而斗争，而完成新解放区的土地改革是首要的基本条件。

1950 年 6 月 28 日，中央人民政府委员会召开第八次会议。会议根据全国政协第一届委员会第二次会议的建议，通过了《土地改革法（草案）》，明确了全国新解放区开展土地改革运动的法律依据。党和政府还组织了大批工作人员参与土改。在新区实行土地改革的 3 年中，每年的工作队员都在 30 万人以上。党还广泛进行宣传教育，组织大批民主党派人士和知识分子去参加或参观土地改革，形成反封建统一战线。

美国学者韩丁参与观察了中国的土改，并写了《翻身——中国一个村庄的革命纪实》一书。这本书出版于 1966 年，记载了 1948—1953 年山西省一个名叫张庄的小村庄的巨大变化。这部长篇纪实文学生动描写了这个村庄由地主的统治转变成为一个更公正、更民主的新农村的过程。

1948 年，执教于北方大学的韩丁，以土改观察员身份随同学校土改工作队来到山西省潞城县张庄村（今属长治市郊区东厂镇）。韩丁感受到土改给中国农民带来的深刻改变，他在前言中写道：“试图通过张庄这个缩影，揭示中国伟大的反帝反封建革命的本质。这场大革命在 20 世纪上半叶改造了中国，它所迸发出来的巨大的政治、社会力量，不断地震撼着中国以至于全世界。”[1] 韩丁认为，“张庄的历史对今天现实生活的意义，是怎么强调也不会过分的。故事是围绕土地问题展开的。不了解土地问题，就不能了解中国革命，而不了解中国革命，也就不能了解今日的世界”。[2]

《翻身——中国一个村庄的革命纪实》中对土地改革的一段评论，被不少党史著作引用。这句话是：“新发布的《土地法大纲》在1946年至1950年中国内战期间，恰如林肯的《黑奴解放宣言》在1861年至1865年美国南北战争期间的作用。”[3]

从1950年冬到1953年春，在进行抗美援朝战争的同时，全国除一部分少数民族地区及台湾地区外，土地改革都已完成。土改将中国43%的耕地分配给约60%的农村人口。[4] “全国有3亿多无地少地的农民（包括老解放区农民在内）无偿地获得了约7亿亩土地和大量生产材料，免除了过去每年向地主交纳的约700亿斤粮食的苛重地租。”[5] 这不仅是中国历史上，而且是世界历史上规模最大的土地改革运动。

土改确立了党对于农村变革的领导，即便在后来较为激进的农业合作化过程中，也没有出现类似苏联的农民暴动的现象。麦克法夸尔将平稳过渡的原因归结于共产党在农村的存在。“县一级的坚强的党委会有能力组织大批工作队并指导村的根本变革，尤其重要的是中共在村内的存在。到1955年初，全部乡的70%有党支部，到年底则达到了90%。”[6] 土地改革运动的胜利完成，不仅消除了在中国延续了几千年的封建制度的

① ［美］韩丁．翻身——中国一个村庄的革命纪实［M］．韩倞，等译．北京：北京出版社，1980：序言，2.

② ［美］韩丁．翻身——中国一个村庄的革命纪实［M］．韩倞，等译．北京：北京出版社，1980：序言，5.

③ ［美］韩丁．翻身——中国一个村庄的革命纪实［M］．韩倞，等译．北京：北京出版社，1980：7.

④ ［美］R. 麦克法夸尔，费正清．剑桥中华人民共和国史——革命的中国的兴起［M］．谢亮生，等译．北京：中国社会科学出版社，1990：88.

⑤ 胡绳．中国共产党七十年［M］．北京：中共党史出版社，1991：284.

⑥ ［美］R. 麦克法夸尔，费正清．剑桥中华人民共和国史——革命的中国的兴起［M］．谢亮生，等译．北京：中国社会科学出版社，1990：122.

基础——地主阶级的土地所有制，而且在中国历史上第一次真正将政权延伸到农村基层。土地改革以及农业合作化为工业的大规模投入提供了可能，这是实行计划经济的前提。据西方学者测算，“一五”计划期间（1953—1957 年），中国的 GDP 增长估计为 6.5%，而此后从 1957 年到 1978 年间，GDP 平均增长率放缓为 3.92%。[①] 即便如此，这对于当时的中国来说，也是一个了不起的成就。在二战之后的非工业化国家中，只有石油国家的成绩可与中国相比。

与此同时，大规模的社会革命也在如火如荼地展开。

恩格斯在《反杜林论》中，转述过傅立叶的一句名言：“在任何社会中，妇女解放的程度是衡量普遍解放的天然尺度。”[②] 1949 年 9 月，中国人民政治协商会议第一届全体会议通过的《中国人民政治协商会议共同纲领》，赋予妇女全面的社会权利，男女在各方面均享有平等权利。新中国成立后，中央人民政府在政治、经济、婚姻、文化教育等方面，开展了彻底的妇女解放活动，中国妇女的命运在短时间内发生了翻天覆地的变化。毛泽东认为，婚姻法是普遍性仅次于宪法的国家根本大法之一，它是全国范围内实行婚姻家庭制度改革的法律依据，是同封建主义家庭制度作斗争的有力武器，也是建立和发展新婚姻家庭关系、改造旧式婚姻家庭关系的重要工具。[③] 《中华人民共和国婚姻法》早在西柏坡时期就在酝酿，1950 年 4 月 13 日由中央人民政府委员会第七次会议通过，并于当年 5 月 1 日起正式实施。

这是新中国成立后颁布的第一部具有基本法性质的法律，其规定：“废除包办强迫、男尊女卑、漠视子女利益的封建主义婚姻制度。实行男女婚姻自由、一夫一妻、男女权利平等、保护妇女和子女合法权益的

---

① 分别以 2000 年价格计算，参见：［美］劳伦·勃兰特，托马斯·罗斯基．伟大的中国经济转型［M］．方颖，等译．上海：世纪出版集团，2009：714-715.

② 马克思，恩格斯．马克思恩格斯文集（第 9 卷）［M］．中共中央马克思恩格斯列宁斯大林著作编译局，译．北京：人民出版社，2009：276.

③ 汪铁民．毛泽东两次主持联席座谈会讨论婚姻法草案［EB/OL］．http：//dangshi.people.com.cn/n/2014/0303/c85037-24508782.html.

新民主主义婚姻制度。”“禁止重婚、纳妾。禁止童养媳。禁止干涉寡妇婚姻自由。禁止任何人藉婚姻关系问题索取财物。”“结婚须男女双方本人完全自愿，不许任何一方对他方加以强迫或任何第三者加以干涉。”特别需要注意的是，《中华人民共和国婚姻法》第七条规定：“夫妻为共同生活的伴侣，在家庭中地位平等。”第十一条专门规定：“夫妻有各用自己姓名的权利。”[①] 至今在欧美一些地区还有妻随夫姓的所谓习惯，而《中华人民共和国婚姻法》明确予以妇女保留自己姓名的权利。

新中国成立之初，全国总人口 5.5 亿人，“文盲、半文盲占总人口的 80%以上，学前教育毛入园率仅为 0.4%（1950 年），小学净入学率也仅有 20%，初中和高中的毛入学率也处在极低的水平，分别为 3.1%和 1.1%”。[②] 全民文化素质亟待提高，为此，党中央下定决心要迅速改变这一面貌。解放战争尚未结束，解放区的扫盲工作就已经开始了。解放后，在全国范围内展开了大规模的扫盲运动。工厂、乡村、街道、部队都设立了扫盲班，人们怀着极大的兴趣和热情投入识字运动中。扫盲运动持续十多年，掀起了多次扫盲运动高潮，推动提高民众的基本文化素质，后来随着国民教育体系的逐渐完善而退出。

新中国还逐步建立起失业救济、劳保、公费医疗、大学免费入学等社会福利制度。尽管在对个人收入的分配上实际存在平均主义的倾向，但人民群众实际生活水平得到提高，并建立了初步的社会保障制度。

阿马蒂亚·森在《以自由看待发展》中谈到社会领域投入的时候写道：“尽管这种投入的初衷并不是协助市场导向型经济增长，但它却创造了在这个国家转向市场化之后可以投入动态运用的社会机会。”[③]

---

① 中华人民共和国婚姻法（1950 年）[EB/OL]. http://www.law-lib.com/law/law_view1.asp?id=43205.

② 从“文盲大国”到教育大国　新中国最大程度实现了教育公平 [EB/OL]. http://zqb.cyol.com/html/2021-06/21/nw.D110000zgqnb_20210621_1-03.htm.

③ [印] 阿马蒂亚·森. 以自由看待发展 [M]. 任赜，于真，译. 北京：中国人民大学出版社，2013：34.

五、计划经济的弊端以及对中国发展道路的探索

无论从经济指标还是社会指标来看，改革开放之前的中国获得了巨大的发展。从 1970 年开始，第二产业 GDP 占比超过了第一产业。由此，这个拥有 5000 年历史的传统农业国脱胎换骨步入工业国行列。到 1976 年，三次产业占国内生产总值比例变为 32.9%、45.2%和 21.9%，其中工业占比为 40.7%；1978 年，三次产业占国内生产比例依次为 28.2%、47.9%和 23.9%，其中工业占比为 44.1%。①

可以说，在改革开放之前，中国已经是一个工业国，但是多数人口还是从事农业，工业国成色不足。1978 年，工业产值占国民收入已经近 50%。“从产业结构来看，中国非常接近于发达国家。但是从就业上看，中国完全是一个落后的农业经济，超过 70%的劳动力还在农业部门，这代表资源没有得到很好的配置。”②

计划经济既有优点，也有缺点。计划经济的优点在于有利于资源在极端稀缺的情况下向工业部门集中，其明显缺点在于，计划经济的执行单位普遍缺乏自主性与活力，片面发展重工业的做法使得工业受制于农业的购买力。

中央政府权力过大，地方和企业权力很小，特别是省一级的权力太小，直接生产单位的权力几乎微不足道。一般国营企业的厂长在财务方面只有几百元的机动权，公私合营企业的财权就更小。1956 年夏天，上海酷热，有许多公私合营企业没有降温设备，就向上级打报告，通过层层报告审批，设备买到之时，已快到秋天，天气已经转凉了。

在“条条”与“块块”的关系问题上，过分强调“条条”的行政管理，割断了地区内外不同部门和企业之间的经济联系，不利于有效利

---

① 国家统计局. 新中国 60 年［M］. 北京：中国统计出版社，2009：612.

② 林毅夫. 解读中国经济（增订版）［M］. 北京：北京大学出版社，2014：98.

用资源。

计划经济中的“计划”往往是指令性的经济指标和要求。况且，再先进、再高明的计划，也只是一种预见、设想，而一个社会、一个行业的客观经济活动总是千变万化的。

制订计划的人，比如从中央到地方的各级党政机关干部，如果不能努力学习社会经济管理知识和技术，不断提高领导和管理能力，往往就会产生脱离实际的官僚主义。1956 年 1 月 25 日，陈云在第六次最高国务会议上举例说：“北京有个‘东来顺’，涮羊肉很有名，现在不好吃了。为什么呢？就是因为我们轻易地改变了它的规矩。它原来只用三十五斤到四十二斤的小尾巴羊，这种羊，肉相当嫩。我们现在山羊也给它，老绵羊也给它，冻羊肉也给它，涮羊肉怎么能好吃？羊肉价钱原来一斤是一块二角八，合营以后要它和一般铺子一样，统统减到一块零八，说是为人民服务，为消费者服务。这样它就把那些本来不该拿来做涮羊肉的也拿来用了，于是羊肉就老了。本来一个人一天切三十斤羊肉，切得很薄，合营后要求提高劳动效率，规定每天切五十斤，结果只好切得厚一些。羊肉老了厚了，当然就不如原来的好吃了。”① 这种情况必定影响生产效率，也就必然地会严重挫伤劳动者的积极性，阻碍社会生产力的发展。

企业的激励主要依靠政治动员。这种精神激励在创业初期起到了巨大的作用，后来则慢慢不那么有效了，政治动员的方式在短期内可以推进经济的发展，但是无法替代市场的基础性资源配置作用，也无法像市场那样持续调动人的主观能动性。

在没有大规模外部援助的前提下，国家经济政策的制定者在农业、工业与对外贸易之间存在着三重矛盾。如果要实行工业化，必然加大对工业的投资，为此一定会减少对农业的投资，进而减少农村的生产。而工业的效率难以维系大规模的对外贸易，那么工业所需要的外汇必须从

---

① 陈云．陈云文选（第二卷）［M］．北京：人民出版社，1995：296.

农业出口中获得，必须加大对农业剩余的获取。与此同时，工业品必须主要在国内市场上销售，而农业生产的下降会导致对工业品需求的减少，进而导致工业投资效率的下降。这一连串因果效应是中国计划经济发展所遇问题的内在原因。

中国在第一个五年计划期间维持了对工业较高的投资率，“农业投资……，不到总投资的8%。一半以上的投资投入工业，其中几乎90%拨给诸如冶金、机器制造、电力、煤、石油和化工等生产资料的部门”。[①] 这使得农村生产效率下降，粮食供应不足，进而促使决策者设计新的农村组织方式。

随着计划经济在中国的实行，党的主要领导人越来越发现苏联计划经济存在的弊端，中国的国情与苏联有很大的不同，必须探索中国的发展道路。

经过长期调研讨论，1956年4月25日，毛泽东在中央政治局扩大会议上做了关于十大关系的报告，对中国社会主义建设系列重大问题进行了系统阐述。“他们走过的弯路，你还想走？过去我们就是鉴于他们的经验教训，少走了一些弯路，现在当然更要引以为戒。”[②] “我们的方针是，一切民族、一切国家的长处都要学……但是，必须有分析有批判地学，不能盲目地学，不能一切照抄，机械搬用”，“对于苏联和其他社会主义国家的经验，也应当采取这样的态度”。[③]

《论十大关系》的报告，吸取苏联教训，总结中国经验，对重工业和轻工业、农业关系，沿海工业和内地工业关系，经济建设和国防建设的关系，国家、生产单位和生产者个人的关系，中央和地方的关系，汉族和少数民族的关系，党和非党的关系，革命和反革命的关系，是非关系，中国和外国的关系这十大关系进行了探索思考，旨在调动一切积极因素为中国社会主义建设事业服务。通常认为，《论十大关系》是我们

---

① ［美］R. 麦克法夸尔，费正清．剑桥中华人民共和国史——革命的中国的兴起［M］. 谢亮生，等译．北京：中国社会科学出版社，1990：164.

② 毛泽东．毛泽东文集（第七卷）［M］. 北京：人民出版社，1999：23.

③ 毛泽东．毛泽东文集（第七卷）［M］. 北京：人民出版社，1999：41.

党探索符合中国国情的社会主义建设之路的重要开端，从思想理论上为党的八大召开做好了准备。

1956 年 9 月 15 日，党的八大召开。党的八大正确地分析了国内主要矛盾变化，“生产资料私有制的社会主义改造基本完成以后，国内的主要矛盾不再是工人阶级和资产阶级之间的矛盾，而是人民对于建立先进的工业国的要求同落后的农业国的现实之间的矛盾，是人民对于经济文化迅速发展的需要同当前经济文化不能满足人民需要的状况之间的矛盾”。“解决这个矛盾的办法是发展社会生产力，实行大规模的经济建设。”① 要集中力量发展生产力，把中国从一个落后的农业国尽快地建成一个先进的工业国。

党的八大确定的道路方向是正确的，因为国际国内等多种因素，后来并没有按照党的八大确定的路线前进。对于党的八大，后来有一段分析值得注意。1984 年 10 月，中国共产党十二届三中全会通过《中共中央关于经济体制改革的决定》指出：“一九五六年，在党的第八次全国代表大会上和大会前后，党中央特别是中央主持经济工作的同志已经觉察到这个问题，并提出了某些改进措施。但是，由于我们党对于如何进行社会主义建设毕竟经验不足，由于长期以来在对社会主义的理解上形成了若干不适合实际情况的固定观念，特别是由于一九五七年以后党在指导思想上的‘左’倾错误的影响，把搞活企业和发展社会主义商品经济的种种正确措施当成‘资本主义’，结果就使经济体制上过度集中统一的问题不仅长期得不到解决，而且发展得越来越突出。其间多次实行权力下放，但都只限于调整中央和地方、条条和块块的管理权限，没有触及赋予企业自主权这个要害问题，也就不能跳出原有的框框。”②

1956 年，对于社会主义阵营来说是个多事之秋。当年，苏联共产党召开第二十次代表大会。苏共中央第一书记赫鲁晓夫做了《关于个

① 中国共产党第八次全国代表大会［EB/OL］. https：//fuwu. 12371. cn/2012/06/05/ARTI1338864752932126. shtml.

② 《中共中央关于经济体制改革的决定》［EB/OL］. http：//www. gov. cn/test/2008-06/26/content_ 1028140. htm.

人崇拜及其后果》的报告，也就是“秘密报告”，主要批判了对斯大林的个人崇拜，全盘否定斯大林执政时的各种理论，指出斯大林主义的错误，这震惊了世界，特别是社会主义阵营。“秘密报告”很快被泄露出去，在东欧社会主义国家引起了极大的思想混乱。

此后，波兰、匈牙利、捷克斯洛伐克几个社会主义国家都出现了政治危机，并且在处理危机的时候与苏联产生了政治裂痕。后来，这些国家都开始了对苏联模式不同程度的反思，进行了一些改革，探索具有各自特色的社会主义道路。这些探索大多数以失败而告终，但很多理论和实践为后来者提供了有益的参考。

从 1958 年开始，中国搞大跃进以及人民公社，并造成了巨大的灾难。“大跃进之后，粮食产量下降了 26%，棉花产量也与 1958 年的最高产量相差 38%。1961 年，私人农业活动事实上被消灭之后，生猪的头数仅是 1957 年最高水平的 52%。”① 而与此同时，“工业产量在 1961 年和 1962 年急剧下降”。② 在几乎整个计划经济时期，中国投资方向主要在重工业领域。这种工业化政策一方面使得中国建立了比较完备的工业基础，另一方面造成了国民经济的严重失衡、人均消费水平长期无法提高以及城乡失业的加剧。麦克法夸尔在分析“文革”的社会基础时指出，热烈参加“文革”的主要是底层的工人以及学生，他们在经济发展中遇到阻碍，并为新的经济调整政策阻挡在外的时候，成为拥护激烈变革的激进主义者。③

正如胡绳所指出的，“对‘文化大革命’要完全否定。但对‘文革’时期的党和国家也要分析。不是只有武斗、混乱，农业发展得还好，建设了重要的企业”，“这不是‘文革’造成的，如果没有‘文

---

① ［美］R. 麦克法夸尔，费正清 . 剑桥中华人民共和国史——中国革命内部的革命［M］. 谢亮生，等译 . 北京：中国社会科学出版社，1992：504.

② ［美］R. 麦克法夸尔，费正清 . 剑桥中华人民共和国史——中国革命内部的革命［M］. 谢亮生，等译 . 北京：中国社会科学出版社，1992：504.

③ ［美］R. 麦克法夸尔，费正清 . 剑桥中华人民共和国史——中国革命内部的革命［M］. 谢亮生，等译 . 北京：中国社会科学出版社，1992：504.

革'，成就会更多"。[①] 20世纪60—70年代，除"两弹一星"之外，还有很多重要突破性成就，如新型抗疟药青蒿素、杂交水稻以及1973年研制成功的中国第一台每秒百万次集成电路电子计算机等。这些重大突破，为国家安全和现代化建设提供了重要保障。正如1988年邓小平同志所说："如果六十年代以来中国没有原子弹、氢弹，没有发射卫星，中国就不能叫有重要影响的大国，就没有现在这样的国际地位。"[②]

六、两个"三十年"的关系

习近平总书记在新进中央委员会的委员、候补委员学习贯彻党的十八大精神研讨班上的讲话中指出："我们党领导人民进行社会主义建设，有改革开放前和改革开放后两个历史时期，这是两个相互联系又有重大区别的时期，但本质上都是我们党领导人民进行社会主义建设的实践探索。……改革开放前的社会主义实践探索为改革开放后的社会主义实践积累了条件，改革开放后的社会主义实践探索是对前一个时期的坚持、改革、发展。"[③]

新中国成立之后的第一个30年，是党带领全国各族人民艰苦奋斗、积极探索，取得社会主义革命和建设伟大成就的阶段。尽管这一时期充满艰难曲折，甚至遇到重大挫折，但总体上是在探索中前进、在曲折中发展，取得的成就令人瞩目，全面确立了社会主义的基本制度，开始全面建设社会主义并取得历史性巨大进展，逐步探索适合中国国情的社会主义建设道路并取得重要积极成果，创造了有利于社会主义建设的国际

① 金冲及．一本书的历史——胡乔木、胡绳谈《中国共产党70年》[M]．北京：中央文献出版社，2014：18.

② 邓小平．邓小平文选（第三卷）[M]．北京：人民出版社，1993：279.

③ 习近平在新进中央委员会的委员、候补委员学习贯彻党的十八大精神研讨班开班式上发表重要讲话强调　毫不动摇坚持和发展中国特色社会主义　在实践中不断有所发现有所创造有所前进 [EB/OL]. http：//piccache. cnki. net/kns/images2009/2014XiTalk/buchong/3-1. html.

和平环境，为新的历史时期开创中国特色社会主义提供了宝贵经验、理论准备、物质基础。“有理由把新中国 1949—1978 年的将近 30 年，定格为特殊条件下的创业年代，那一代人则是创业的一代。他们担负的任务，是双重的：既要完成现今发达国家早已完成的工业革命任务，又要努力赶超他们，因而新中国前 30 年的工业化现代化历程，是尽可能采用现代技术成果的工业革命。这是异常繁重的任务，没有一代人的忘我劳动和巨大牺牲精神，是不可想象的。抚今思昔，应该铭记他们，理解并感谢他们。”①

① 马泉山．中华民族的历史性跨越——新中国工业化回望录（1949—1979 年综述）［M］．北京：中国社会科学出版社，2016：11-12.

第四章

国家孵化市场

——开辟中国特色社会主义道路

新中国经过近30年的发展，基本建立了完整的国民经济体系，基本具备了在国际经济体系中进行发展的战略能力。社会主义的本质是什么？计划经济、市场经济与社会主义是什么关系？围绕这一重大问题，党从理论和实践上进行了不懈的探索。改革开放后，从计划经济为主、市场调节为辅，到有计划的商品经济，再到社会主义市场经济；从允许发展商品生产和商品交换，到发挥市场对资源配置的基础性作用。这一改革过程，是中国共产党为了中华民族伟大复兴而不断探寻正确发展道路的过程，反映了中国共产党实事求是、追求真理的彻底唯物主义精神。

中国在“文革”结束之后逐步开启了改革开放，经受了后来国际大气候变化的冲击，并且在危机中实现了伟大的理论创造和实践创造，将市场与社会主义结合起来，使得社会主义逐步走出低谷，开创了中国特色社会主义道路。当中国开始改革开放时，东欧也在开始准备转型，苏联也在谋求变化。从计划到市场是极为惊险的一步，当时西方世界普遍看好的是苏联、东欧的转型，而对中国持怀疑态度。最后的结果，我们都很清楚了，那么中国做对了什么？苏联、东欧做错了什么？

将中国与苏东转型国家相比较，我们发现：在将计划经济转变为市场经济的过程中，中国始终没有放弃国家发展的主体性，始终没有对社会主义基本制度有犹疑，而是在立足发展和完善社会主义的目标下进行改革。这条道路时而渐进、时而激进，但是在根本上从未偏离中国发展的大方向。

一、改革开放的起步

1. 世界体系的深刻变化

20 世纪 60 年代，在中西方都爆发了大规模的青年运动，美洲、欧洲、中国都发生了狂飙突进的青年反文化运动。1968 年 5 月，法国爆发大规模左翼学生运动，中国工农兵学游行支持法国学生运动。美国则从 20 世纪 60 年代初期至 70 年代中期，发生了“嬉皮”运动。文化革命、性解放、反权威、青年革命、学生反抗、解放运动、代际冲突、小资产阶级革命等纷纷涌出，一时震荡全球。

大国关系开始重组，中苏裂痕增大，中美关系解冻，中、美、苏大三角开始形成。1971 年 10 月 25 日，联合国第 1976 次会议，以 76 票赞成、35 票反对、17 票弃权，通过由阿尔巴尼亚、阿尔及利亚等 23 个提案国提议的 2758 号决议，决议驱逐台湾当局驻联大的代表，恢复中华人民共和国在联合国的合法席位。

1972 年 2 月 21—28 日，时任美国总统尼克松应周恩来总理邀请访华。毛泽东主席会见尼克松总统。1972 年 2 月 28 日，中美在上海发表《联合公报》；1978 年 12 月 16 日（华盛顿时间 12 月 15 日晚），中美两国公布建交公报，决定自 1979 年 1 月 1 日起，中华人民共和国和美利坚合众国相互承认并建立大使级外交关系，美国承认只有一个中国，台湾是中国的一部分。

20 世纪 80 年代末和 90 年代初，东欧剧变、苏联解体和冷战的结束曾一度使社会主义运动遭受巨大冲击，处于低潮。社会主义国家在政治、经济上遭受到巨大打击，处于极端困难之中。林毅夫指出：“最开始，中国大陆的人均收入水平与周边国家和地区，包括韩国、新加坡、中国的台湾地区和香港地区等，都是差不多的。但是到了 70 年代末，当‘亚洲四小龙’迅速腾飞跻身发达经济行列的时候，中国与发达国家的差距却越拉越远。希望赶上和超过发达国家，这是所有的发展中国家的一个共同愿望，也是一个合理的愿望。但是，最后发现所有实行计划经济体系的社会主义国家都不成功，而且与社会主义国家一样推行计划经济的非社会主义国家，也普遍不成功。"①

20 世纪六七十年代，世界经济发生了重大的变化。美国的经济重心从新英格兰-五大湖区转向了美国的西部与南部，即从"霜冻地带"转向了"阳光地带"。"从 1968 年到 1978 年，大多数新的工作职位，约占 2/3 是在阳光地带或西部各州创造的。根据美国劳工部的计算，美国全国增加了 1840 万个新的工作职位，而南部和西部却增加了 1230 万个职位。与此同时，随着我们从工业时代摆脱出来，北部丧失了几十万个工作职位。"② 在这种转移中诞生的三个经济大州是加利福尼亚州、佛罗里达州与得克萨斯州。其中加州人口接近于加拿大，拥有世界上高新企业最密集的硅谷，同时拥有具有巨大影响力的好莱坞。

美国国内经济地理的变迁与世界体系的发展不可分离。20 世纪 70 年代，太平洋西岸获得了巨大的发展，即便我们不能完全分清其中的因与果，但是毫无疑问的是美国西南部的发展与此联系密切。何芳川指出："从大约 1971 年起，美国同东亚的贸易就超过美国同欧洲的贸易，而且这种差距呈逐年扩大趋势。"③ "加利福尼亚等太平洋沿岸各州承担着美国经济与西太平洋地区的交往的中介作用。1991 年，通过加州的对外贸易占美国对外贸易总额的近 20%，达 1750 亿美元。而其中绝大部分是与亚洲国家和墨西哥之间的贸易。当年该州 62%的出口是向亚洲国家，近 81%的进口来自亚洲国家。加州最大的 10 个贸易伙伴依次为日本、中国台湾地区、韩国、新加坡、中国大陆、墨西哥、中国香港地区、德国、马来西亚、澳大利亚，其中 9 个是太平洋国家（地区）。"④

---

① 林毅夫．解读中国经济（增订版）［M］．北京：北京大学出版社，2014：101.

② ［美］约翰·斯奈比特．大趋势——改变我们生活的十个新方向［M］．梅艳，译．北京：中国社会科学出版社，1984：213.

③ 何芳川．太平洋贸易网 500 年［M］．郑州：河南人民出版社，1998：236.

④ 何芳川．太平洋贸易网 500 年［M］．郑州：河南人民出版社，1998：244.

解释20世纪70年代东亚飞速发展的核心命题在于，为什么那个时期其他地区没有获得发展而东亚获得了发展？世界体系论者将其归结于冷战。何芳川也认为："从'东亚新工业带'的地域划分不难看出，基本是沿着冷战时代美国西太平洋'新月形防御地带'和苏联的势力扩展'前哨线'的交汇地区为基本走向的，在太平洋贸易网内则是冷战时代两个并行存在的内向制度性贸易圈的结合部地区。东亚的工业化从某种意义上讲是东亚地区在冷战格局环境下从'地缘政治'中得到的'回报'，东亚发展中民族主义国家利用冷战对峙中自己所处的特殊位置在特定条件下获得发展的机会。"①

冷战以及美国在20世纪70年代大规模的经济变迁为改革开放后的中国发展准备了前提。首先，在冷战的卵翼之下，韩国、中国台湾、中国香港、新加坡四小龙经济体在70年代之前基本经过了进口替代与出口导向阶段，它们与日本在70年代以后都面临着产业升级、产业转型的压力。其次，美国内部尤其是西南部发展使得大批的产业需要转移，并同时为低附加值产品提供了一个巨大的国内市场。最后，在20世纪70年代，整个太平洋沿岸都因为东亚的发展而出现了内太平洋化的趋向，这为中国的经济发展准备好了经济、贸易与资本的网络。中国的大门一旦打开，急切的资本必然随着海外华人网络的绝佳中介作用滚滚涌入，这就是中国改革开放的历史机遇。

1971年8月15日，美国尼克松政府宣布，停止履行外国政府或中央银行可用美元向美国兑换黄金的义务。就此，二战后建立的布雷顿森林体系解体。

布雷顿森林体系以美国的超强国力为后盾，以黄金为基础，美元作为最主要的国际储备货币。美元直接与黄金挂钩，各国货币则与美元挂钩。20世纪六七十年代，美国深陷越南战场，国力下降，已经无法支撑这一体系的运转，被迫宣告这一体系的终结。有人说，表面上看美元

---

① 何芳川．太平洋贸易网500年［M］．郑州：河南人民出版社，1998：360.

失去了黄金的依托，但实际上美元偷走了黄金的灵魂，从此，美元有了黄金的性质。我们可以看到，此后美国几乎彻底获得了世界的铸币权，开启印钞模式，大量美元流出，美元资本需要寻找新的增值空间。

从政治上看，中美关系解冻，中、美、苏大三角关系建立，为中国实行改革开放提供了条件。中国敏锐地抓住了这次历史性的机遇。

2. 党的工作重心转移

1978 年 12 月，党的十一届三中全会召开。之前，中共中央先行召开了 36 天的中央工作会议，邓小平是在会议召开 5 天后，才从国外出访回来参会的。12 月 13 日，邓小平在中央工作会议闭幕会上做题为《解放思想，实事求是，团结一致向前看》的重要讲话，提出了一系列重要观点，为党的十一届三中全会明确了指导思想，实际上成为党的十一届三中全会的主题报告。

“今天我主要讲一个问题，就是解放思想，开动脑筋，实事求是，团结一致向前看。”“只有思想解放了，我们才能正确地以马列主义、毛泽东思想为指导，解决过去遗留的问题，解决新出现的一系列问题。”“一个党，一个国家，一个民族，如果一切从本本出发，思想僵化，迷信盛行，那它就不能前进，它的生机就停止了，就要亡党亡国。”①

中央工作会议结束 3 天后，12 月 18 日，党的十一届三中全会开幕。由于已经有了中央工作会议的充分准备，这次全会只开了 5 天，于 12 月 22 日结束。全会冲破了长期“左”的错误的严重束缚，重新确立解放思想、实事求是的马克思主义思想路线，要求把全党工作的着重点和全国人民的注意力转移到社会主义现代化建设上来，实现了政治路线的拨乱反正。

会议认为，毛泽东同志 1956 年总结我国经济建设经验的《论十大关系》报告中提出的基本方针，既是经济规律的客观反映，也是社会

① 邓小平．邓小平文选（第二卷）[M]．北京：人民出版社，1994：141-143.

政治安定的重要保证，仍然具有重要的指导意义。

会议指出，现在我国经济管理体制的一个严重缺点是权力过于集中，应该有领导地大胆下放，让地方和工农业企业在国家统一计划的指导下有更多的经营管理自主权；应该着手大力精简各级经济行政机构，把它们的大部分职权转交给企业性的专业公司或联合公司；应该坚决实行按经济规律办事，重视价值规律的作用，注意把思想政治工作和经济手段结合起来，充分调动干部和劳动者的生产积极性；应该在党的一元化领导之下，认真解决党政企不分、以党代政、以政代企的问题，实行分级分工分人负责，加强管理机构和管理人员的权限和责任，减少会议公文，提高工作效率，认真实行考核、奖惩、升降等制度。

会议特别强调了农业问题，要求全党目前必须集中主要精力把农业尽快搞上去，必须首先调动我国几亿农民的社会主义积极性，必须在经济上充分关心他们的物质利益，在政治上切实保障他们的民主权利。全会提出了当前发展农业生产的一系列政策措施和经济措施。

会议认真地讨论了“文化大革命”中发生的一些重大政治事件，也讨论了“文化大革命”前遗留下来的某些历史问题。会议强调，在人民内部的思想政治生活中，只能实行民主方法，不能采取压制、打击手段，重申不抓辫子、不扣帽子、不打棍子。

会议强调了马克思主义学风问题，指出，只有全党同志和全国人民在马列主义、毛泽东思想的指导下，解放思想，努力研究新情况新事物新问题，坚持实事求是、一切从实际出发、理论联系实际的原则，我们党才能顺利地实现工作重心的转移，才能正确解决实现四个现代化的具体道路、方针、方法和措施，正确改革同生产力迅速发展不相适应的生产关系和上层建筑。

改革开放以 1978 年党的十一届三中全会为标志。但需要注意的是，如果认真阅读会议的公报，并不能发现“改革开放”这个词。会议主旨还是拨乱反正，延续党的八大的路线的思路非常清晰，其中蕴含了实事求是的思想路线、奋进的改革精神和开明的治理思路。这次全会提出的一系列思想和举措，如春风浩荡，温暖人心，给中华大地带来了勃勃生机。

1977年9月，已经停止了11年的高考开始恢复，这为我国进行大规模现代化建设培育储备了大批人才。党的十一届三中全会后，平反冤假错案的工作全面推开。300多万名干部的冤假错案得到平反，一大批党员恢复党籍。还对错划的“右派分子”进行了甄别改正。这一系列举措，大大调动了全社会积极性。

1981年6月，中共十一届六中全会通过了《关于建国以来若干历史问题的决议》，对毛泽东的历史地位进行了实事求是的评价；对毛泽东思想做了全面阐述，最重要的是把毛泽东思想定义为全党智慧的结晶；总结了新中国成立以来的历史，彻底否定“文化大革命”。这个决议的通过，标志着党在指导思想上的拨乱反正胜利完成。

党的十一届三中全会之前，调整实际上已经开始。在城市，某些地区对国营企业扩大自主权、增加补贴，考虑激励措施，给职工发放奖金等，并且采取各种措施扩大城市就业；在农村，提高了农产品收购价格，对贫困地区免税，加大了对农业的投入等措施。“结合当时的政治背景还可以认为，这些政策也都有第一、二代领导权交接的过渡期中为维持基本稳定，通过降低全社会积累率来换取全社会最大多数支持的政治考虑。”①

早在计划经济时期，党实际上已经深刻认识到苏联计划经济模式的弊端，不断对中国的计划经济进行调整。中国并没有形成像苏联那样高度集中的计划经济体系，而是通过行政放权等方式形成了对国营经济分层管理的模式。分层管理导致这样一个结果：相对于苏联来说，中国国家直接管理的规模大的企业较少，而地方管理的企业数量巨大，也就是说比较散。这个特点实际上为后来各个地方进行经济竞争提供了条件。

党的十一届三中全会之后，企业改革是经济体制改革的重点。从微

---

① 温铁军，等．八次危机［M］．北京：东方出版社，2013：89.

观主体上进行改革探索，这是稳健又务实的路子。

1979 年 5 月，首都钢铁公司、天津自行车厂、上海柴油机厂等 8 家大型企业开始进行改革试点。到 1980 年 6 月，参与改革的企业增至 6600 个。扩大企业自主权实际上就是给计划经济体制打开了一个口子。因为按照计划经济体制，所有的生产指标都是按照指令确定的，物资等也是按照这种指标来相应配给的。给予企业自主权，允许企业计划外的生产，这会带来一系列复杂的效果。计划外的生产必然带来计划外的需求，也会带来计划外的销售，市场就必然会起到作用，并与计划之间产生矛盾。这种矛盾催生了后来的“双轨制”的出现。“‘双轨制’是中国经济体制改革的特殊产物，是中央计划与市场一同协调国营部门生产的共生物。”①

在扩大企业自主权的基础上，改革逐步推向经济责任制方面。1981 年春，改革首先在山东省的企业中试行。试行经济责任制的改革，就是要把企业和职工的责权利结合起来，调动人的积极性。此后，经济责任制很快推行到全国 3.6 万个工业企业。

开展商业流通体制改革。从 1979 年起，国家对农副产品的统购和派购范围进行了重新限定，放宽了以前管得过紧的农副产品的购销政策，规定供销合作社基层社可在本县、本省之外购销，集体所有制商业、个体商贩和农民也可以进行长途贩运，而这以前都被视作“投机倒把”。这些政策实际上给商品流转放开了“紧箍咒”。

进行所有制改革。1979 年，大批知青返城，就业压力巨大。在这种情况下，国家开始支持城镇集体经济和个体经济发展。“个体户”开始出现。在安徽芜湖，年广久开始了“傻子瓜子”的规模经营。1981 年 10 月，中共中央、国务院在《关于广开门路，搞活经济，解决城镇就业问题的若干决定》中指出：“在社会主义公有制经济占优势的根本前提下，实行多种经济形式和多种经营方式长期共存，是我党的一项战

① ［美］罗纳德·哈里·科斯，王宁. 变革中国——市场经济的中国之路［M］. 徐尧，李哲民，译. 北京：中信出版社，2013：69.

略决策，决不是一种权宜之计。”[①] 问题导向之下，实际开启了以公有制为主体、多种经济形式并存的改革。

改革，在传统的计划经济体制上打开一个缺口，初步改变了过去只按国家指令性计划生产，不了解市场需要、不关心产品销路、不关心盈利亏损的状况，增强了企业的自主经营意识和市场意识。

这一起步产生的后续效应以及连锁反应，是当时任何人也想象不到的。因为有了产品，就需要市场，因为有了市场，就需要完整的价格体系，还需要一系列法律法规等制度保障，这在后来形成了滚雪球效应，雪球越滚越大，形成了社会主义市场经济的潮流。

德尼·狄德罗是18世纪法国哲学家，写过一篇《旧袍叹，或对趣味多于财产的人们的忠告》的文章。[②] 该文章写的是，朋友送他一件非常华贵的睡袍，为了与睡袍配套，狄德罗将家里的旧东西先后更新。后来，美国哈佛大学经济学家朱丽叶·施罗尔在《过度消费的美国人》一书中，提出了一个新概念——“狄德罗效应”或“配套效应”，专指人们在拥有了一件新的物品后，不断配置与其相适应的物品，以达到心理上平衡的现象。

我们排除这种心理解释，回到故事本身，由这个现象可以理解市场化在中国的启动，也与“配套效应”有着密切的关系。这种改革是基于当时现实的需求，从微观主体的激励入手，并不是从产权等入手，实际上主要基于社会主义的传统思路。其效果正如罗纳德·哈里·科斯和王宁指出的，“虽然国营企业继续占据着主导地位，也没有尝试私有化，但市场机制仍然能在中国经济中破土而出”。[③]

不过后来我们可以看到，当时的经济体制改革的突出效果却落在了农村，并且由农村改革形成新的思路后，再回到国营经济的改革上。

---

① 关于广开门路，搞活经济，解决城镇就业问题的若干决定［EB/OL］. https：//china. findlaw. cn/laodongfa/laodongfa/laodongjiuye/3321. html.

② ［法］德尼·狄德罗．狄德罗作品集［M］. 罗芃，译．上海：上海译文出版社，2021.

③ ［美］罗纳德·哈里·科斯，王宁．变革中国——市场经济的中国之路［M］. 徐尧，李哲民，译．北京：中信出版社，2013：69.

全党工作重心从以阶级斗争为纲转到以经济建设为中心，逐步确立“一个中心、两个基本点”的基本路线，从根本上扭转了党和国家在政治和经济上的困难局面，由此启动了20世纪80年代的中国大发展。

3. 对外开放

1978年10月，邓小平在会见联邦德国新闻代表团时，第一次明确使用了“开放”一词，他说：“你们问我们实行开放政策是否同过去的传统相违背。我们的作法是，好的传统必须保留，但要根据新的情况来确定新的政策。”① 邓小平的谈话，后来被媒体解读为“下定了对外开放的决心”。

改革开放之前，我国主要向社会主义国家开放。中苏关系恶化之后，从1963年至1966年，我国既继续从东欧国家引进技术设备，也开始转向西方资本主义国家。“这一时期，先后与日本、英国、法国等国签订了80多项工程合同，其中成套设备56项。此外，还从东欧引进成套设备和单项设备，合计3亿美元，其中成套设备2.8亿美元，占91%。”② 但是，由于当时我国的外汇储备情况和资本主义国家对我国的各种严格限制，技术引进规模还很小，层次也比较低。

20世纪六七十年代，新一轮科技革命推动发达国家加快产业升级。全球产业从发达国家波次向外进行扩散和重组，形成全球化浪潮。发达国家努力发展微电子、新能源、新材料等高附加值、低能耗的技术密集型和知识密集型产业。在资本推动下，钢铁、造船和化工等重化工业以及汽车、家电等部分资本密集型产业向外转移。“亚洲四小龙”、东盟国家等波次接受这种全球性的产业转移。这是一个巨大的历史机遇。

1978年9月12日，邓小平在同金日成会谈时说：“我们一定要以国际上先进的技术作为我们搞现代化的出发点。最近我们的同志出去看

---

① 邓小平．邓小平文选（第二卷）［M］．北京：人民出版社，1994：133.

② 马泉山．中国的经济起飞实验——新中国工业化回望录（1958—1965）［M］．北京：中国社会科学出版社，2020：404.

了一下，越看越感到我们落后。什么叫现代化？五十年代一个样，六十年代不一样了，七十年代就更不一样了。”① 正是基于发展经济、提高人民生活水平、改变中国落后面貌、实现四个现代化的紧迫感，中共中央决策层在对外开放、加快经济发展的这个问题上达成共识。党的十一届三中全会明确提出“引进技术和设备，与外国进行经济合作”。

1979年4月下旬，担任广东省委主要领导的习仲勋和杨尚昆，代表省委正式提交创办贸易合作区的建议，在广东实行特殊政策和灵活措施。邓小平对此直接表态：“还是叫特区好，陕甘宁开始就叫特区嘛！中央没有钱，可以给些政策，你们自己去搞，杀出一条血路来。”② 这是邓小平第一次正式提出办特区的主张。后来出台《关于大力发展对外贸易增加外汇收入若干问题的规定》，并有“试办出口特区”一节，提出在深圳、珠海、汕头、厦门试办出口特区。

创办特区，这是中国实行对外开放的重要一步。1980年3月，中央正式把出口特区定为“经济特区”。经济特区作为“试验场”，为全国改革开放提供了经验和借鉴，推动了中国经济体制改革的进程。

1984年，进一步开放大连、秦皇岛、天津等14个港口城市。1985年将长江三角洲、珠江三角洲和闽南厦（门）漳（州）泉（州）这三个“三角”地区开辟为沿海经济开放区。我国初步形成由经济特区、沿海开放城市和沿海经济开放区组成的多层次、有重点、点面结合的对外开放格局。

1988年3月18日，国务院发布《关于扩大沿海经济开放区范围的通知》，再次扩大沿海经济开放区，其中包括140个市、县。全国由经济特区、沿海开放城市和沿海经济开放区构成的沿海对外开放前沿地带显著扩大，市、县增加到288个，面积约32万平方公里，人口增加到1.6亿。1988年4月13日，七届全国人大一次会议通过国务院提出的

---

① 中共中央文献研究室．邓小平年谱1975—1997（上）［M］．北京：中央文献出版社，2009：372-373.

② 中共中央文献研究室．邓小平年谱1975—1997（上）［M］．北京：中央文献出版社，2009：510.

关于设立海南省和建立海南经济特区的议案。至此，中国形成从南到北由5个经济特区、14个沿海开放城市、3个沿海经济开放区、2个开放的半岛构成的对外开放格局。

1979年7月1日通过的《中外合资经营企业法》规定："允许外国公司、企业和其它经济组织或个人（以下简称外国合营者），按照平等互利的原则，经中国政府批准，在中华人民共和国境内，同中国的公司、企业或其它经济组织（以下简称中国合营者）共同举办合营企业。"这部法律还规定："国家对合营企业不实行国有化和征收。"①

20世纪70年代末，中国工业化战略从进口替代转变为对外开放，大量引进和利用外资，外资企业纷纷转入中国，在有利的国际贸易环境下，出口导向型企业牵引了快速工业化。中国抓住了这一轮全球化的机遇，将国际国内两个市场和两种资源对接，直接催生了中国奇迹。

4. 边缘革命——农村改革

罗纳德·哈里·科斯和王宁将中国农村的改革称为"边缘革命"。"真正的改革先锋不是拥有各种特权并被奉为社会主义'掌上明珠'的国营企业，而是那些落后的、被边缘化的群体。他们游离在政府机构和中央计划之外，在现有体制下饱受歧视。尽管如此，正是这些处在中国社会边缘的经济力量成就了一系列变革，将私营企业重新带回到经济体制中，为日后的市场转型铺平了道路。在这一系列'边缘革命'的带动之下，中国逐渐步入了现代市场经济。"②

党的十一届三中全会后，中央在对国民经济进行调整的同时，改革也在各个领域迅速开展起来，全面改革的浪潮首先在农村取得突破。

1978年夏，安徽省遭受了百年一遇的特大旱灾。凤阳县梨园公社小岗生产队20位农民开会商量冒险实行大包干。实际上就是农户承包

---

① 2020年1月1日起，《中华人民共和国外商投资法》施行。同时，《中华人民共和国中外合资经营企业法》废止。

② ［美］罗纳德·哈里·科斯，王宁．变革中国——市场经济的中国之路［M］．徐尧，李哲民，译．北京：中信出版社，2013：70.

集体的土地，在保证交够国家公粮和集体提留的前提下，剩下的全部归承包农户所有。小岗生产队实行包干到户后，1979 年的粮食产量比 1978 年有大幅度增长。

小岗村的这种做法迅速传播开来，引起很大争议。1979 年，邓小平在听取万里汇报时说："不要争论，你就这么干下去就行了，就实事求是干下去。"[①] 1980 年 5 月，邓小平发表《关于农村政策问题》的讲话，肯定和支持安徽农村改革经验。1982 年 9 月，中共中央的一号文件批转《全国农村工作会议纪要》，文件明确地肯定包产到户等都是社会主义集体经济的生产责任制，并且对于这种责任制，只要群众不要求改变的，不要变动，而且是长期不变。

1982 年 11 月，全国实行联产承包制的生产队占 92.3%。至此，农业生产以家庭联产承包为主要经营形式的格局确定了下来。家庭联产承包责任制在全国的推广，使农村的改革全面铺开并深入发展，农业发展出现欣欣向荣的景象，农业的发展和农村经济体制的改革又带动了乡镇工业的发展，进而带动了整个国民经济的改革。

温铁军指出，很少有人认识到中国农村改革恰恰不是渐进的，因为它一上来就把农村经济基础中的最重要的资产——土地分了。"那么，为什么会有调整或改革？是因为 1978 年到 1979 年中国遭遇严重的财政赤字危机，而危机的爆发使得政府无暇顾及已经不能产生剩余的农业资源。"[②]

改革开放前的农村还是实行从 1959 年开始的人民公社制度。公社、大队和小队都带有管理性质，大队和小队掌握主要的农业资源及其分配，甚至包括几乎所有生产、经营、居住、迁徙活动。

改革开放后，国家逐步废除人民公社，建立乡政府，家庭联产承包责任制之下的土地归集体所有，由家庭承包，这些做法的意义在于实现了政府与社会的分开。1982 年《中华人民共和国宪法》明确了乡镇政权、村委会群众性自治组织的法律地位。此后，人民公社体制退出，取

① 中共中央文献研究室．邓小平年谱 1975—1997（上）[M]．北京：中央文献出版社，2009：531.
② 温铁军．农民成为产业工人是进步还是倒退？[J]．记者观察，2013（5）.

而代之的是乡村自治制度。1987年通过《村民委员会组织法（试行）》，规定了中国特色乡村自治制度的基本内容。

李罗侯村是华北平原上的一个普通村庄。家庭联产承包责任制实行后，“劳动由以前的‘干活大呼隆’的方式变为一家一户自己劳动，而且，收成直接与自己的劳动挂钩，人们的生产积极性空前地加强。在一个家庭中，不是仅仅劳动力参加生产，而是老弱妇孺全部出动”。“村民们劳动强度比过去加大了。”“但是，劳动的回报很快就体现出来了。分地的当年，粮食问题解决了，结束了长期以来粮食不够吃的状况。随着党的农村政策的放宽，村民外出打工的增加以及从业形式的多样化，村民现金收入逐年增加，生活开始出现比较明显的变化。”“主食方面变化最大。村民们虽然种的主要是小麦、玉米，但是，玉米大部分是出售或者换成大米，改变了历来以玉米、红薯等粗粮为主的状况，变为以白面、大米等细粮为主。”老人们讲，“现在生活条件最差的，吃的也比解放前村里的富农吃得好”。[①]

家庭联产承包责任制不仅在于提高了农民的积极性，还让大量的劳动力从农村集体经济中解放出来，其直接结果就是乡镇企业的大发展。

5. 乡镇企业

乡镇企业的突然崛起是出乎任何人意料的，在一定程度上，这对于世界各国现代化来说也是一个新物种。中国乡镇企业一度发展到了令人难以置信的规模。在1987年，乡镇企业产值首次超过了农业的总产值。不过，除极少数例外，多数乡镇企业在20世纪90年代都突然消失了。乡镇企业问题之所以重要，并不在于乡镇企业本身，而在于“乡镇企业突如其来的崛起以及悄无声息的衰落，很大程度上揭示了中国经济体制转型的本质”。[②]

---

① 朱文强．李罗侯村七十六年的变迁［M］．北京：中国社会科学出版社，2011：387-388.

② ［美］罗纳德·哈里·科斯，王宁．变革中国——市场经济的中国之路［M］．徐尧，李哲民，译．北京：中信出版社，2013：79.

乡镇企业很多来自计划经济时期的社队企业。社队企业是农村工业化的产物，甚至还有一些是“大跃进”期间大炼钢铁的产物。但这并不妨碍它们成为中国市场化的最为积极的推动者。

1958 年 1 月，毛泽东在南宁会议上同意各地发展地方工业的意见。同年 4 月政治局批准的《中共中央关于发展地方工业问题的意见》提出：“打破对于工业化的神秘观点，全党办工业，各级办工业，全面规划，加强领导，走群众路线。”[①] 这掀起了全党办工业、全民办工业的热潮，“各县、乡、镇、社和城市区、街道、学校几乎都自办或联办了中小工业企业”。[②] 1958 年 8 月，毛泽东进而提出，“地方应该想办法建立独立的工业体系。首先是协作区，然后是许多省，只要有条件，都应建立比较独立的但是情况不同的工业体系”。[③]

这个设想，当时主要是为突破苏联模式的高度集中的弊端，充分调动地方的积极性。在计划经济体制之下，这种突破是很难的，结果造成了非常大的损失。不过这让中国的计划经济模式出现了明显不同于苏联模式的地方，那就是苏联计划经济主要是中央垂直管理，而中国则有地方横向管理这一块。而横向管理为改革开放后，放权地方、实行财政包干、调动地方积极性提供了基础条件。大办工业虽然不成功，却为后来的乡镇企业提供了一种思路，以及人才等资源准备。

1966 年，林彪寄给毛泽东一份报告，这是 5 月 2 日总后勤部给中央军委的关于进一步搞好部队农副业生产的报告。5 月 7 日，毛泽东给林彪回信，要求“只要在没有发生世界大战的条件下，军队应该是一个大学校，……这个大学校，学政治、学军事、学文化，又能从事农副业生产，又能办一些中小工厂，生产自己需要的若干产品和与国家等价交换的产品”。[④] 这封信后来被称为“五七指示”。当时因为有这个最高指

---

① 中共中央文献研究室．建国以来重要文献选编（第 11 册）［M］．北京：中央文献出版社，1995：223.

② 高伯文．中国共产党与中国特色工业化道路［M］．北京：中央编译出版社，2008：177.

③ 逄先知，等．毛泽东年谱 1949—1976（第三卷）［M］．北京：中央文献出版社，2013：406.

④ 逄先知，等．毛泽东年谱 1949—1976（第五卷）［M］．北京：中央文献出版社，2013：584-585.

示，加之“文革”发生后，农村很多事情无人管理和干涉，一些地方利用各种条件又办起了队办工业。

1979 年 9 月，党的第十一届中央委员会第四次全体会议通过《中共中央关于加快农业发展若干问题的决定》，明确提出：“尽管单位面积产量和粮食总产量都有了增长，一九七八年全国平均每人占有的粮食大体上还只相当于一九五七年。”该决定提出发展农业生产力的 25 项政策和措施，其中第 20 条明确提出：“社队企业要有一个大发展，逐步提高社队企业的收入占公社三级经济收入的比重。凡是符合经济合理的原则，宜于农村加工的农副产品，要逐步由社队企业加工。城市工厂要把一部分宜于在农村加工的产品或零部件，有计划地扩散给社队企业经营，支援设备，指导技术。对社队企业的产、供、销要采取各种形式，同各级国民经济计划相衔接，以保障供销渠道能畅通无阻。国家对社队企业，分别不同情况，实行低税或免税政策。”①

1979 年 7 月，国务院颁布《关于发展社队企业若干问题的规定》，从重大意义、发展方针、经营范围、企业调整和发展规划、资金来源、所有制、城市工业的产品扩散、加强产供销的计划性、各行各业要积极扶持社队企业、价格政策和奖售补贴、税收政策、劳动制度、劳动报酬和劳动保护等方面几乎是事无巨细地对社队企业发展中可能遇到的问题进行了规范和保障。该规定明确要求：“按照党的十一届三中全会的精神，全国社队企业总收入占人民公社三级经济总收入的比重，要由一九七八年的百分之二十九点七，到一九八五年争取提高至百分之五十左右。各省、市、自治区和各县，要紧密结合本地农林牧渔生产建设、工业交通建设和城镇建设的规划，制订发展社队企业的长期规划，并落实到公社。制订规划要实事求是，统筹安排，合理布局。”②

从这个规定可以看出，社队企业的功能除了我们通常说的增加就

① 中共中央关于加快农业发展若干问题的决定［EB/OL］. http：//www. ce. cn/xwzx/gnsz/szyw/200706/07/t20070607_ 11631290. shtml.

② 国务院关于发展社队企业若干问题的规定（试行草案）［EB/OL］. http：//m. aw-lib. com/llaw/law_ view. asp？ id=1944&page=1.

业、发展生产等，很重要的方面是补充人民公社这一层的收入。

社队企业涉及面非常广，包括种植业，养殖业，农副产品加工工业，农用工业，燃料、原材料工业，动力工业，还有大工业扩散的零部件和部分产品的生产，建筑队伍和运输装卸队伍，缝纫、修理、旅店、饮食等服务行业。“乡镇企业从发展的一开始起，就以转移农村富余劳动力和以工补农、建农、带农为己任，在国家尚未能够大规模支持农业的前提下发挥了捷足先登的作用，每年承担以工补农建农和社会性支出400亿元左右，助推了农村水、电、路、气、房、讯、科、教、卫、文、保等公共性公益性设施的建设；同时大量转移农业富余劳动力，在我国人多地少、资源紧缺的背景下，走出了建设农村必须繁荣城镇、发展农业必须发展非农、富裕农民必须减少农民的成功之路。”①

社队企业甚至还有“当地有资源或有技术条件生产的传统工艺品和出口产品”。“根据对外贸易的需要，逐步建立出口商品基地。有条件的可以开展补偿贸易。”这在当时看起来似乎很可笑，但是后来我们可以看到这非但不是一个不可能的事情，而且正是在这个基础上发展出了中国巨大的外贸出口能力。

曾任农业部乡镇企业局副局长的张毅指出：“当时中央领导认为国营企业在我们计划经济下机制比较死，还适应不了国际市场，认为乡镇企业机制灵活，又与海外广大华人联系密切，所以决定先把乡镇企业推向国际市场，接受锻炼，摸索经验。……乡镇企业外向型经济的发展从‘三来一补’起步，逐步走向了依托外贸公司联合办企业和到国外办企业这样一条路子，可以说是外向型经济的先行者。”②

在计划经济下，一切经济活动都要纳入国家统一计划。《关于发展社队企业若干问题的规定》体现了两层意思：一是对社队企业，直接、间接纳入国家计划的按计划。有这种情况的社队企业当然是少数。二是

① 农业农村部农产品加工局：《历史不会忘记乡镇企业的重要贡献》，中华人民共和国农业部网站。

② 田毅．农业部乡镇企业局：乡镇企业“异军突起”前前后后［EB/OL］．https：//business. sohu. com/20080811/n258742655. shtml.

对未纳入计划的，允许企业“自行采购”“自行销售”，由“买卖双方议定价格”，这是多数。这实质上就使社队企业进入了市场经济。

1987年6月12日，邓小平指出：“农村改革中，我们完全没有预料到的最大收获，就是乡镇企业发展起来了，突然冒出搞多种行业，搞商品经济，搞各种小型企业，异军突起。这不是我们中央的功绩。乡镇企业每年都是百分之二十几的增长率，持续了几年。一直到现在还是这样。”①

社队企业的突然崛起有其必然性。在长期的计划经济下，投资主要偏向于重工业，与人民生活密切相关的物资奇缺。特别是在农村，无论是服务还是产品，那真的是科尔奈所说的那种“短缺经济”。②

同时还有一个重要原因，“在农村改革的最初阶段，家庭联产承包责任制把两亿农户从集体农业中解放了出来。但是，自1984年市场化进程开始之后，工业品的价格不断上扬，农产品市场起伏不定，造成农民的‘绝对贫困化’。同时，市场也促进了农村内部剧烈的贫富分化，造成更严重的‘相对贫困化’。如果不能实现工业化，多数农民将沦为改革的牺牲品。这就迫使农民兴办工业，而且只能靠集体在自己的村庄旁边兴办工业”。③

当时，全国不少地方的农村耕种水平跟古代别无二致，多数农民一贫如洗，看起来根本不具备发展市场经济的条件。但是我们不要忽略以下几个重要因素：

一是巨大的需求。因为“一大二公”等“左”倾错误，以及“文革”中极“左”思潮的影响，农民数千年以来的养鸡养鸭养猪等副业都受到影响，农村交易市场凋敝。全国很多地方的农村都处在产品和服务极度稀缺的状态。

二是丰富的劳动力资源和闲置公地。家庭联产承包责任制实施之

---

① 邓小平．邓小平文选（第三卷）［M］．北京：人民出版社，1993：238.

② ［匈］亚诺什·科尔奈．短缺经济学［M］．张晓光，等译．北京：经济科学出版社，1986.

③ 潘维．农民与市场——中国基层政权与乡镇企业［M］．北京：商务印书馆，2003：18.

后，因为中国多数地区耕地面积很少，大量的劳动力从土地上解放出来，加上农闲之时，劳动力资源可以利用。同时，很多地方农村存在大量的闲置公地。

三是财政开源的需求。当时国家财政非常困难，很多村乡财政更是极为艰难，负债累累，急切需要开拓财政来源。

四是家庭联产承包责任制实行后，村乡两级失去了大量的权力。这些村乡的实际领导者需要寻找新的事业，他们很多成为社队企业的实际组织者、推进者。

最为稀缺的就是资本，几乎可以说，谁得到资本的支持，谁就可以迅速发展起来。为了搞活经济，社队企业广开门路。中央认定社队企业也是合作经济，必须努力办好。为了活跃农村的商品流通，1983 年 2 月，国务院批准国家体改委和商业部的报告，对农村商业流通体制开始改革。1984 年 3 月 1 日，中共中央、国务院转发农牧渔业部《关于开创社队企业新局面的报告》，同意将社队企业改称乡镇企业。乡镇企业异军突起，成为国营企业的重要补充。

农村政社分开是深化改革的一个重要步骤，根据 1983 年 10 月中共中央、国务院发布的《关于实行政社分开建立乡政府的通知》的要求，各地陆续设立乡村政权的工作，到 1985 年 5 月底，全国建立乡、镇人民政府 9 万多个，村民委员会 82 万多个，全部取代了原来的 54000 个人民公社和下层的生产队。经过几年的努力，中国农村的面貌发生了很大的变化，就连商品意识淡薄的乡村，也不再固守传统的经济模式而开始启动了。

在计划经济体制下，全国各地的农村经济在很大程度上被限制在行政的格子里。最初的乡镇企业也是在这些格子里发展，主要面向本地提供生产生活物资和服务，如砖瓦厂、榨油厂等。后来，随着企业规模扩大和产品的丰富，开始走出本乡镇，向当地城市，甚至更远的市场进军。

我们可以看出，中国农村工业之所以能蓬勃发展，农民企业家能轻松在市场中弄潮，乃是由于制度上和思想上都得益于社会主义集体，特别是原有的基层政权组织模式。“乡镇企业的迅速扩张与农村集体的社会主义传统密切相关。”[①] 但是，也要注意，乡镇企业的发展更有赖于当时的发展环境，特别是国家的政治和政策支持。

“在20世纪50年代社会主义转型之前，家庭一直是中国农村地区的基本社会单元和组织形式。尽管在农业方面的表现不尽如人意，但社会主义试验至少为中国农村带来了一次组织革命。生产队、大队和公社，这三者作为一种有别于家庭模式的集体组织形式，第一次在历史悠久的中国农村中露面。虽然这次组织革命主要由国家强制推动而缺乏灵活性和多样性，但它在中国农村中创造了一种全新的，超越了家庭、亲属和氏族关系的基础组织结构。”[②] “农民通过原有的农村集体参与市场竞争，不仅避免了建立新组织机构的高昂成本，还有助于维系社区凝聚力，减少个体农民和企业的风险，增强竞争能力。一个竞争激烈的市场也随之发展起来。……简言之，在数十万农村基层政权的带领下，中国的农民是有组织地进入了工业市场。”[③]

社队企业、乡镇企业是边缘革命的重要主体，也是计划经济向市场经济过渡的重要中介和桥梁。1988年的时候中国乡镇企业的利润总额已经开始超过国有企业。乡镇企业的发展大大提高了我国经济的总体实力。在后来的现代企业制度改革中，乡镇企业基本上转为股份制企业或者民营企业，很多著名的民营企业都是从乡镇企业发展起来的。

在改革的最初阶段，市场经济的突出表现是乡镇企业，其背后是公社（村）的竞赛，随着企业的壮大、资本来源多样化以及市场的发育，逐步转化为张五常所说的“县域竞争”。张五常指出：“县是地区竞争的主角，这种竞争是公司与公司之间的竞争。”“因为中国的经济制度是一连串的承包合约的组合——整个国家的经济制度是一个庞大的合约

---

① 潘维. 农民与市场——中国基层政权与乡镇企业［M］. 北京：商务印书馆，2003：19.

② ［美］罗纳德·哈里·科斯，王宁. 变革中国——市场经济的中国之路［M］. 徐尧，李哲民，译. 北京：中信出版社，2013：76.

③ 潘维. 农民与市场——中国基层政权与乡镇企业［M］. 北京：商务印书馆，2003：43.

组织。"① 当然，他没有太多分析之前的乡村竞争以及后来的省域竞争和更大范围的区域竞争。当这种竞争出现了一系列问题时，国家调整了GDP竞赛方式，用主体功能区等方式更好体现各个地区的功能定位，并着力打造全国大市场。中国的市场发展，除了市场本身的内在动力，还有一种深层的组织动力，那就是巨大的行政体系内部各个区域之间的竞争，这就是中国发展故事的深层逻辑。

1986年12月5日，国务院出台《关于深化企业改革增强企业活力的若干规定》，提出全民所有制小型企业可以积极试行租赁、承包经营，全民所有制大中型企业要实行多种形式的经营责任制。该规定的出台是推动城市经济体制改革的重大步骤，对于简政放权、扩大企业自主经营、促进企业内部机制改革具有重要意义。

6. 双轨制与物价闯关

计划经济是通过扭曲价格体系来推进重工业化的。向市场迈进，一个极其重要的工作就是推进价格体系改革，让市场定价，并且发挥价格的信号作用。经济体制改革，难度最大的是价格改革。

在计划经济体制下，商品价格是由国家定价的，企业向有关部门报批的程序复杂，周期很长，很难适应千变万化的供求关系。商品的价格应该随着商品价值量的变化而变化，但是计划经济没有这种灵活的定价机制。杨继绳指出："从1952年到1977年的25年间，机械工业的全员劳动生产率提高了近3倍，化学工业提高了4倍，而煤炭工业只提高了12%，但是它们的价格还保持在第一个五年计划时的状况。"② 这在微观层面就表现为，生产者干好干差都一样、产品好不好都一样，这样的状况使得企业严重缺乏生产积极性。

改革初期，实际上也是从供给侧开始的，释放生产者的活力。这就

① 张五常．中国的经济制度［M］．北京：中信出版社，2009：18-19.

② 杨继绳．价格改革：经济改革中的一步险棋［EB/OL］．https：//special. caixin. com/2008-08-05/100057727. html.

导致出现了计划之外的产品，有了产品，产品需要交易，就必然产生价格。而这个价格与国家定价不可能保持一致，就产生了两种价格。

一方面，国家在积极调整理顺价格。“1979 年春夏，为缩小工农产品的剪刀差，提高了 18 种农产品的收购价格，提高幅度达 28.3%。同年底，提高了 8 种副食品的销售价格，提高幅度为 30%。1979 年和 1980 年，分别提高了原煤、生铁等能源、原材料的价格，提高幅度在 30%左右。1983 年，全面调整纺织品价格，涤棉布降价 31%，纯棉布提价 19%。1983 年和 1985 年，提高了铁路、水运的价格，提高幅度为 20%左右。”①

另一方面，市场机制逐渐发挥作用。从 1981 年开始，国家允许在完成计划的前提下企业自销部分产品，其价格由市场决定。这样就产生了国家指令性计划的产品按国家规定价格统一调拨、企业自行销售的产品的价格根据市场决定的双轨制。1982 年 9 月，国务院决定将 160 种小商品价格放开，实行市场调节。同年，国务院批准，大庆油田超产的原油可以高于计划定价出售。这些专项措施，成了工业品生产资料实行价格双轨制的源头。

一种商品，两种价格，这就实际形成了价格双轨制。“国企既有一个计划部门，又有一个市场部门，两个部门这种奇怪的共存，是通过一个称为双轨制的正式安排而得以实现的。”② 这种价格制度，使铁板一块的计划经济体制放开了一个大口子，使得那些不在计划之内的乡镇企业能在市场上买到需要的生产资料，很多小商品生产出来以后可以市场价格出售。进出两端的放开，是乡镇企业蓬勃发展的必要条件。

1984 年 10 月，党的十二届三中全会通过《中共中央关于经济体制改革的决定》，总结了新中国成立以来特别是党的十一届三中全会以来经济体制改革的经验，突破了把计划经济同商品经济对立起来的传统观

---

① 杨继绳．价格改革：经济改革中的一步险棋［EB/OL］. https：//special. caixin. com/2008-08-05/100057727. html.

② 郑永年，等．制内市场［M］．杭州：浙江人民出版社，2021：237.

点，确认我国社会主义经济是公有制基础上的有计划的商品经济，明确要求“建立自觉运用价值规律的计划体制，发展社会主义商品经济”。[①]

文件也对价格改革进行了专门部署，“随着企业自主权的进一步扩大，价格对企业生产经营活动的调节作用越来越显著，建立合理的价格体系更为急迫。各项经济体制的改革，包括计划体制和工资制度的改革，它们的成效都在很大程度上取决于价格体系的改革。价格是最有效的调节手段，合理的价格是保证国民经济活而不乱的重要条件，价格体系的改革是整个经济体制改革成败的关键”。同时也指出：“改革价格体系关系国民经济的全局，涉及千家万户，一定要采取十分慎重的态度。”[②]

双轨制的特点是同时存在体制内和体制外两种价格体制。双轨制在计划体制内外建立了一个可以沟通的桥梁，既可以激发体制内的积极性，又为体制之外的市场发育提供了空间。双轨制之下，生产以及相应的商品市场得以发育并壮大，国营经济也在这种发育之中得到发展的动力。但同时，两种定价体系之间如果相差过大，市场与计划之间存在巨大的价差，则必然刺激权钱交易和寻租行为。随着计划体制之外市场价格机制的逐渐发育、壮大，计划价格体制最终要让位于统一的、市场化的价格体系。这也是《中共中央关于经济体制改革的决定》所确定的目标。

在价格双轨制的条件下，作为生产厂家，总会千方百计地少生产价格较低的计划内产品，多生产价格较高的计划外产品，还要想尽办法把计划内产品拿到市场上卖高价，因此，一些计划范围内的合同不能完成；作为用户，就千方百计地多买计划内的商品，少买计划外商品，还会通过各种手段去套购计划内的商品。这样，市场价格冲击了国家计划，常常使计划落空；计划价格的存在，又阻碍了市场正常发挥作用。两种价格都在起作用，又都不能有效地起作用。计划失控了，市场机制也不灵。

---

① 中共中央关于经济体制改革的决定［EB/OL］. http：//www.gov.cn/test/2008-06/26/content_1028140.htm.

② 中共中央关于经济体制改革的决定［EB/OL］. http：//www.gov.cn/test/2008-06/26/content_1028140.htm.

到 1988 年，经济秩序出现了大混乱。在物资短缺的情况下，市场价格大大高于计划价格。1989 年 3 月，市场价高出计划价的幅度分别为：煤炭 149%，原油 213%，钢材 105%，木材 112%，铜 150%，铝 124%。

当时社会把那些将计划价格商品倒到市场上去卖的人称作“倒爷”。群众对“倒爷”深恶痛绝，社会普遍有不满情绪。

1988 年，最高领导层对价格改革下定了最大的决心。4 月 5 日，国务院发出通知，猪肉、鲜蛋、食糖、大路菜 4 种副食品的价格补贴由暗补改为明补。过去，国家财政补贴给商业部门，以保持这 4 种副食品较低的价格。现在补贴给居民，同时把价格放开。结果，猪肉价格上涨了 50%~60%，鲜菜价格上涨了 31.7%。直辖市每个职工补贴 10 元，其他城市补贴相对少一些。就在这一年，国家又对农产品等价格做了调整。粮食、棉花以及煤、原油、电的价格都有较大幅度的提高。物价上涨已经给群众造成了心理预期，通货膨胀压力很大，已呈一触即发之势。

1988 年 8 月 19 日，新闻公布《关于价格、工资改革的初步方案》。不少人认为价格闯关马上就要开始了。当天，各地就出现了疯狂的抢购潮，并由此引发银行挤兑潮。

1988 年 8 月 30 日，国务院发出了《关于做好当前物价工作和稳定市场的紧急通知》。国家采取了一系列措施，加强物价管理，控制货币发行，保证粮、棉、油的市场供应，整顿市场秩序，抢购风潮才慢慢平息。

1988 年 9 月 15 日至 21 日，中共中央政治局召开工作会议，做出治理经济环境、整顿经济秩序、全面深化改革的决定。这次治理整顿实际上是一次经济收缩，通过经济收缩来抑制通货膨胀，通货膨胀终于得到了抑制。在治理整顿期间，国家利用市场疲软的机会，着手调整不合理的价格。

直到 1992 年，鉴于当时条件已经比较成熟，国家开始对 648 种商品放开了价格。年底全国 844 个县（市）放开粮食价格。后来，钢铁产品和大多数机械产品，陆上原油和煤炭价格等都逐渐实现了价格并轨。双轨制逐渐转变为一轨制。

二、改革开放新阶段

1. 南方谈话

从20世纪50年代起，匈牙利、波兰、捷克斯洛伐克等东欧国家就认识到苏联计划经济模式的弊端，开始酝酿改革。改革产生了一些变化，但是并没有取得显著成效。其原因在于，东欧国家在苏联的控制之下，改革的空间有限。

1975年前后，苏联经济开始出现停滞，美苏军备竞赛也极大地加重了苏联的经济负担。1979年，勃列日涅夫又发动了阿富汗战争，使苏联深陷泥潭。苏联共产党的僵化、经济停滞和社会问题纠结在一起，在美国封锁围堵之下，酝酿着极大危机。戈尔巴乔夫的“新思维”使苏联的改革走上了歧途，不仅导致了党内和社会思想混乱，而且引发了社会动荡、国家分裂。在戈尔巴乔夫“新思维”的影响下，加之西方的“和平演变”、苏联和东欧社会主义国家矛盾的加深等多种原因，1989年到1990年，东欧国家出现了多米诺骨牌式剧烈的变化。

东欧剧变主要是因为制度模式长期僵化。苏联、东欧的政治家和经济学家虽然认识到市场对于发展社会主义的重要性，但是并没有找到切实可行的路径，也没有对于社会主义的本质与发展方向的深刻思考。

早在1982年9月1日至11日，邓小平在中国共产党第十二次全国代表大会开幕词中就回顾总结了党的历史经验，指出“把马克思主义的普遍真理同我国的具体实际结合起来，走自己的道路，建设有中国特色的社会主义，这就是我们总结长期历史经验得出的基本结论”。[①] 中国特色社会主义的提出意味着，在农村改革起步并取得令人瞩目的成就，中央决定把改革从农村推向城市的时候，中国共产党的实践经验上升到了理论高度。这一结论，标志着在实践基础上形成了当代中国马克思主义的主题。胡耀邦向大会做了题为《全面开创社会主义现代化建设的新局面》的政治报告，提出了党在新的历史时期的总任务是：“团结全国各族人民，自力更生，艰苦奋斗，逐步实现工业、农业、国防和科学技术现代化，把我国建设成为高度文明、高度民主的社会主义国家。”[②]

党的十二大总结了八大以后社会主义革命和建设 20 多年曲折发展的历史经验，确立了中国特色社会主义这一历史主题，基本谋划了一条具有中国特色社会主义的建设道路。

1987 年，党的十三大召开前，邓小平在与意大利共产党领导人谈话中指出，“十三大要阐述中国社会主义是处在一个什么阶段，就是处在初级阶段，是初级阶段的社会主义”，“一切都要从这个实际出发，根据这个实际来制定规划”。[③] 1987 年 10 月 25 日，党的十三大召开，会议指出，“我国正处在社会主义的初级阶段”。“它不是泛指任何国家进入社会主义都会经历的起始阶段，而是特指我国在生产力落后、商品经济不发达条件下建设社会主义必然要经历的特定阶段。我国从五十年代生产资料私有制的社会主义改造基本完成，到社会主义现代化的基本实现，至少需要上百年时间，都属于社会主义初级阶段。”现阶段面临的主要矛盾是“人民日益增长的物质文化需要同落后的社会生产之间的矛盾”。[④]

---

① 中国共产党十二大开幕词［EB/OL］. http：//fuwu. 12371. cn/2012/09/27/ARTI1348710255841791. shtml.

② 全面开创社会主义现代化建设的新局面［EB/OL］. http：//www. gov. cn/test/2007-08/28/content_ 729792. htm.

③ 中共中央文献研究室 . 邓小平年谱 1975—1997（下）［M］. 北京：中央文献出版社，2004：1203.

④ 沿着有中国特色的社会主义道路前进［EB/OL］. https：//fuwu. 12371. cn/2012/09/25/ARTI1348562562473415. shtml.

大会确立了我国现代化建设三步走的战略："第一步，实现国民生产总值比一九八〇年翻一番，解决人民的温饱问题。这个任务已经基本实现。第二步，到本世纪末，使国民生产总值再增长一倍，人民生活达到小康水平。第三步，到下个世纪中叶，人均国民生产总值达到中等发达国家水平，人民生活比较富裕，基本实现现代化。"①提出初级阶段理论具有重要意义，为在中国这样一个落后的东方大国中建设社会主义提供了理论武器和实践路径。"正因为我们的社会主义是脱胎于半殖民地半封建社会，生产力水平远远落后于发达的资本主义国家，这就决定了我们必须经历一个很长的初级阶段，去实现别的许多国家在资本主义条件下实现的工业化和生产的商品化、社会化、现代化。"②"三步走战略"则对未来的长期发展进行了阶段性目标设定，可以更好地团结动员全国各族人民奋勇前进。

后来的事实证明，"三步走"的战略规划，前两步都已经超预期完成。在这个基础上，我们党又提出了"两个一百年"奋斗目标。

20世纪80年代末、90年代初，中国面临的国际国内大环境是相当严峻的。发生于1989年的政治风波，造成了严重的政治、经济损失。西方势力掀起反共反华的声浪，出现某些抵制和制裁中国的活动。随后发生的多米诺骨牌式的东欧剧变和苏联的突然解体，使国际共产主义运动遭到了有史以来最严重的挫折。

一些深层次或新出现的问题并没有从根本上解决，"左"倾思潮又出现某种程度的回潮。一些人提出，东欧剧变是改革造成的。对党的十一届三中全会以来实行的改革开放政策的种种非难之声四起。正是在这样一个历史性的关键时刻，已经从领导岗位上退下来的88岁高龄的邓小平，于1992年1月18日至2月21日，视察了武昌、深圳、珠海和上海等地，历时35天，行程6000公里，分析了当时的国际国内形势，

---

① 沿着有中国特色的社会主义道路前进［EB/OL］. https://fuwu.12371.cn/2012/09/25/ARTI1348562562473415.shtml.

② 沿着有中国特色的社会主义道路前进［EB/OL］. https://fuwu.12371.cn/2012/09/25/ARTI1348562562473415.shtml.

斩钉截铁地回答了当时争论的问题。

在整个行程中，邓小平发出一系列振聋发聩的重要论断。“不坚持社会主义，不改革开放，不发展经济，不改善人民生活，只能是死路一条。”社会主义的本质是“解放生产力，发展生产力，消灭剥削，消除两极分化，最终达到共同富裕”。“革命是解放生产力，改革也是解放生产力”，“改革开放胆子要大一些，敢于试验”。这些观点深刻而直指问题。[①]

邓小平南方谈话犹如一股强劲的东风，廓清了错误认识，将社会主义理论推向了一个新的境界，推动了中国新一轮的大发展。

2. 社会主义市场经济

1989年6月23日至24日，党的十三届四中全会召开，选举江泽民为中共中央总书记。当时，西方一些势力对华进行严厉“制裁”。以江泽民同志为核心的党的第三代中央领导集体，沉着应对，加大改革开放力度，确定社会主义经济体制改革目标，突破西方封锁。

“建立社会主义市场经济体制目标”，这一提法在1992年以后才明确出现。但是之前，有一个很长的实践和理论探索的过程。前面已经介绍过，改革开放后不久，在实际做法上就已经开始尝试市场导向改革，以促进就业、提升微观主体活力等。但是如何从理论上理解、阐释市场的作用，是邓小平等中国领导人一直观察和思考的问题。

早在1979年11月26日，邓小平在会见加拿大华裔教授林达光等人时就阐发了自己的思考，“说市场经济只存在于资本主义社会，只有资本主义的市场经济，这肯定是不正确的。社会主义为什么不可以搞市场经济，这个不能说是资本主义”。[②] 这一思考已经暗含了巨大的理论突破。

① 邓小平．邓小平文选（第三卷）［M］．北京：人民出版社，1993：370-373.

② 中共中央文献研究室．邓小平年谱1975—1997（上）［M］．北京：中央文献出版社，2004：580-581.

一方面是改革开放取得巨大成就，另一方面是如何在马克思主义理论维度下理解看待这种成就，这涉及当时正在进行的经济体制改革的目标。党的十四大之前，围绕我国经济体制改革目标的提法，进行了广泛讨论和调研。

1991年10月到12月，江泽民先后主持召开了11次（每次半天）与经济学家的座谈会，对一些重大经济问题进行研究和讨论，主要是为次年召开的党的十四大做准备，酝酿经济体制有关提法。经过座谈，形成了“社会主义市场经济”的倾向性提法，为十四大文件中确立社会主义市场经济体制改革的目标做了重要思想准备。[①]

邓小平在南方谈话中提出一系列新思想、新观点，“计划多一点还是市场多一点，不是社会主义与资本主义的本质区别。计划经济不等于社会主义，资本主义也有计划；市场经济不等于资本主义，社会主义也有市场。计划和市场都是经济手段”。“社会主义要赢得与资本主义相比较的优势，就必须大胆吸收和借鉴人类社会创造的一切文明成果，吸收和借鉴当今世界各国包括资本主义发达国家的一切反映现代社会化生产规律的先进经营方式、管理方法。”[②] 这些论断明确了国家的发展方向。

1992年10月12日至18日，中国共产党第十四次全国代表大会在北京举行。江泽民做了《加快改革开放和现代化建设步伐，夺取有中国特色社会主义事业的更大胜利》的报告。报告指出：“我国经济体制改革的目标是建立社会主义市场经济体制，以利于进一步解放和发展生产力。”“我们要建立的社会主义市场经济体制，就是要使市场在社会主义国家宏观调控下对资源配置起基础性作用，使经济活动遵循价值规律的要求，适应供求关系的变化；通过价格杠杆和竞争机制的功能，把资源配置到效益较好的环节中去，并给企业以压力和动力，实现优胜劣

---

① 张卓元．社会主义市场经济体制改革目标确立过程中的重要思想酝酿［EB/OL］. https：//www.dswxyjy.org.cn/n1/2019/0228/c425426-30911589.html.

② 邓小平．邓小平文选（第三卷）［M］．北京：人民出版社，1993：373.

汰；运用市场对各种经济信号反应比较灵敏的优点，促进生产和需求的及时协调。同时也要看到市场有其自身的弱点和消极方面，必须加强和改善国家对经济的宏观调控。我们要大力发展全国的统一市场，进一步扩大市场的作用，并依据客观规律的要求，运用好经济政策、经济法规、计划指导和必要的行政管理，引导市场健康发展。”① 大会确立了建立社会主义市场经济体制的改革目标，并对社会主义市场经济体制的内涵、目标和要求进行了阐述分析，这标志着中国共产党对社会主义以及计划和市场性质和关系的认识，达到了新的高度。

建立社会主义市场经济体制，这是一个伟大创举，是中国共产党人总结了社会主义建设正反两方面的经验，对改革开放十多年的实践进行理论探索实现的思想突破。

这次大会使我国经济体制改革进入了一个目标和方向明确的新阶段。党的十四届三中全会通过的《中共中央关于建立社会主义市场经济体制若干问题的决定》，提出了建立社会主义市场经济体制的50条具体内容，构建了社会主义市场经济体制框架，为20世纪90年代经济改革提供了纲领。文件指出：“社会主义市场经济体制是同社会主义基本制度结合在一起的。建立社会主义市场经济体制，就是要使市场在国家宏观调控下对资源配置起基础性作用。为实现这个目标，必须坚持以公有制为主体、多种经济成分共同发展的方针，进一步转换国有企业经营机制，建立适应市场经济要求，产权清晰、权责明确、政企分开、管理科学的现代企业制度；建立全国统一开放的市场体系，实现城乡市场紧密结合，国内市场与国际市场相互衔接，促进资源的优化配置；转变政府管理经济的职能，建立以间接手段为主的完善的宏观调控体系，保证国民经济的健康运行。”②

我们可以清晰地看出，改革的目标是完善社会主义基本制度，更好

---

① 加快改革开放和现代化建设步伐，夺取有中国特色社会主义事业的更大胜利［EB/OL］. https：//fuwu. 12371. cn/2012/06/11/ARTI1339404174023982_ all. shtml.

② 中共中央关于建立社会主义市场经济体制若干问题的决定［EB/OL］. http：//www. people. com. cn/item/20years/newfiles/b1080. html.

地激发多种所有制主体活力，促进资源优化配置，完善对市场进行规制的宏观调控体系。

国有经济是其中的硬骨头，最引人注目的是国有企业改革。要求建立现代企业制度，建立企业法人制度，这是在边缘革命获得了很大成功之后，要将国有企业改造成为市场主体。

进行分税制改革，调整中央和地方的财税关系。改革开放之后，为调动地方的积极性，我国实行了“分级包干”体制，客观上形成了“藏富于民”的局面，其直接后果就是中央财政占比极低。“客观上存在着较为严重的财政危机。”① 1993 年 12 月 15 日，国务院做出关于实行分税制财政管理体制的决定，这是新中国成立后，涉及范围最广、调整力度最大的一次。1994 年，国家全面推行分税制和转移支付体系，建立增值税、消费税、营业税并立的流转税制格局。分税制改革明确了中央和地方的事权和支出划分等，逐步建立起了新的财政体制框架。分税制改革减少了包干方式的不确定性，厘清了中央和地方的经济权力边界，保证了中央的权力行使。不仅如此，还在事实中形成了地方 GDP 竞争的格局，推动了中国经济的高速增长。

进行金融体制改革，确立中国人民银行作为独立执行货币政策的中央银行的宏观调控体系；实行政策性银行与商业银行分离的金融组织体系。1995 年 3 月，国家颁布了《中国人民银行法》《商业银行法》等法律。加强对金融的监管，先后成立了银监会、保监会和证监会。

进行全国粮食流通体制改革。1993 年开始，中国逐步对粮食流通实行国家宏观调控下的市场调节政策。1993 年 2 月，国务院颁布《关于加快粮食流通体制改革的通知》，提出国家定购的粮食保留定购数量，收购价格随行就市。

实行外贸体制综合配套改革。1994 年 1 月 11 日，国务院出台《关于进一步深化对外贸易体制改革的决定》，提出要建立统一政策、开放

① 王振宇，等．优化分税制财政管理体制研究［M］．北京：经济科学出版社，2019：20.

经营、平等竞争、自负盈亏、工贸结合、推行代理制，并适应国际经济通行规则的运行机制。

实行城镇住房制度改革。1994 年，国务院发布《关于深化城镇住房制度改革的决定》，提出按照国家、企业和个人合理负担的原则进行住房体制改革，将公房实物分配改为货币工资分配，开始城镇住房的全面市场化改革。1998 年，为应对亚洲金融危机的冲击，7 月 3 日，国务院下发《关于进一步深化城镇住房制度改革、加快住房建设的通知》，明确指出从 1998 年下半年开始停止住房实物分配，逐步实行住房分配货币化。这实质上启动了商品房市场。当社会消费从以服装、饮料、家电为主转向房产、汽车等的时候，中国产业经济也由轻工业向重工业发展。

1995 年 9 月 25 日至 28 日，党的十四届五中全会召开，通过了《中共中央关于制定国民经济和社会发展“九五”计划和 2010 年远景目标的建议》，提出了实现“九五”计划和 2010 年远景目标的关键是实行两个具有全局意义的根本性转变：一是经济体制从传统的计划经济体制向社会主义市场经济体制转变；二是经济增长方式从粗放型向集约型转变。两个根本性转变是关系国民经济全局的重大战略任务和重要方针，标志着中国经济建设朝着体制改革进一步深化、发展质量进一步提高的方向前进。

2001 年 7 月 1 日，在庆祝中国共产党成立 80 周年大会上，江泽民全面系统阐述了“三个代表”重要思想。“我们党要始终代表中国先进生产力的发展要求，就是党的理论、路线、纲领、方针、政策和各项工作，必须努力符合生产力发展的规律，体现不断推动社会生产力的解放和发展的要求，尤其要体现推动先进生产力发展的要求，通过发展生产力不断提高人民群众的生活水平。”“我们党要始终代表中国先进文化的前进方向，就是党的理论、路线、纲领、方针、政策和各项工作，必须努力体现发展面向现代化、面向世界、面向未来的，民族的科学的大众的社会主义文化的要求，促进全民族思想道德素质和科学文化素质的不断提高，为我国经济发展和社会进步提供精神动力和智力支持。”

“我们党要始终代表中国最广大人民的根本利益，就是党的理论、路线、纲领、方针、政策和各项工作，必须坚持把人民的根本利益作为出发点和归宿，充分发挥人民群众的积极性主动性创造性，在社会不断发展进步的基础上，使人民群众不断获得切实的经济、政治、文化利益。”①

党的十六大将“三个代表”重要思想作为党的指导思想，指出：“始终做到‘三个代表’，是我们党的立党之本、执政之基、力量之源。”对贯彻“三个代表”重要思想提出明确要求，“关键在坚持与时俱进，核心在坚持党的先进性，本质在坚持执政为民”。“必须使全党始终保持与时俱进的精神状态，不断开拓马克思主义理论发展的新境界；必须把发展作为党执政兴国的第一要务，不断开创现代化建设的新局面；必须最广泛最充分地调动一切积极因素，不断为中华民族的伟大复兴增添新力量；必须以改革的精神推进党的建设，不断为党的肌体注入新活力。”②

2000年，我国国内生产总值首次突破1万亿美元，实现了发展和改革的各项预期目标，全面完成了“九五”计划的主要任务，中国现代化建设的第二步战略目标顺利实现。③

3. 加入WTO

冷战期间，美国主导的关贸总协定与苏联主导的经互会是对抗的国际组织。两者的运作方式不太一样，关贸总协定主要是推动国际贸易“自由化”，经互会中间很长一段时间是推进“社会主义经济一体化”。

经互会的成员主要是在东欧，1962年6月，经互会第16届会议修改章程，规定非欧洲国家也可参加，后来蒙古国、越南、古巴等都加入

① 江泽民在建党80周年庆祝大会上发表重要讲话［EB/OL］. https：//www. cctv. com/special/777/3/52342. html.

② 中国共产党第十六次全国代表大会在京开幕［EB/OL］. http：//cpc. people. com. cn/GB/64162/64168/64569/65444/4429144. html.

③ 中华人民共和国2000年国民经济和社会发展统计公报［EB/OL］. http：//www. gov. cn/gongbao/content/2001/content_ 60684. htm.

了经互会。中国一直没有加入经互会，1956 年开始派观察员列席会议，中苏关系破裂后，1961 年停止列席会议。

1991 年，经互会执行委员会会议认为，经互会的使命已经结束，但可以成立一个以市场原则为基础的开放型国际经济合作组织取代经互会。因没能达成一致意见，当年 6 月 28 日，该组织在布达佩斯正式宣布解散。

20 世纪 80 年代，中国对外出口越来越多。在出口过程中，出现的大量歧视性待遇，以及一些国家不断对中国商品的反倾销等，让中国开始认真思考加入关贸总协定事宜。

1986 年 7 月 10 日，中国常驻日内瓦代表团大使钱嘉东，代表中国政府正式提出申请恢复我国在关贸总协定缔约国地位。1995 年，关贸总协定改为世界贸易组织，此项谈判随之成为加入世界贸易组织谈判。经过 15 年艰难谈判，2001 年 11 月 10 日，在卡塔尔首都多哈举行的世界贸易组织第四届部长级会议最终通过了中国加入世界贸易组织的决定。随后的 12 月 11 日，中国正式成为世界贸易组织第 143 个成员。加入世界贸易组织，使中国能参与制定有关贸易规则，并可以运用世界贸易组织争端解决机制，让中国更好地对接国际和国内市场，对中国发展具有重大意义。

在中国加入世界贸易组织前后，国内的争论是很大的，主要在于担心中国产业和中国企业能否经受自由贸易的冲击和考验。事实证明，加入世界贸易组织之后，我国出口开始了惊人幅度的增长，引进外资的数量、质量也有显著提升。“加入世界贸易组织这 20 年，中国抓住了国际分工体系调整和重构的战略机遇期，积极参与和嵌入全球价值链，成为世界第二大经济体、全球第一大贸易国，在电子商务等新型贸易领域成为全球的引领者。”① 回顾这 20 多年的进程，总体上看，我国的企业经受住了国际经济规则的考验，进一步提升了竞争力和影响力，而且在国际规则的倒逼之下，社会主义市场经济体制得到了进一步的完善，中国

① 范黎波，钱弥纶．我国加入世界贸易组织的历程、成就与展望［N］. 光明日报，2021-11-09.

成为全球自由贸易的重要推动者。

拉美一些国家因为受“依附论”影响，采取进口替代战略，也就是说，用本国的工业品替代那些需要进口的工业品。这个战略从表面上看没什么问题，但是如果仔细分析就会发现，因为后发展国家工业能力很弱，替代进口工业品的这些企业效率以及产品质量等实际上没有国际竞争力，只能通过关税等设置障碍和政府的大量补贴来维持其生存。这个战略造成了巨大的浪费，催生了很多没有效率的企业，后来证明是失败的。

而“亚洲四小龙”的中国台湾、中国香港、韩国、新加坡在发展过程中推行的出口导向战略，却比较成功。出口导向战略是发挥比较优势，加入国际市场竞争，将产品卖到西方发达国家，在此基础上逐步推进产业升级。

改革开放之后，我国极度缺少外汇。因为需要大量外汇来购买机器设备等，自觉或不自觉就走上了出口导向战略。出口导向战略是改革开放后中国经济取得伟大成就的重要引擎。加入世界贸易组织实际上为中国的出口导向战略打开了一个大阀门。商务部及国家外汇管理局数据显示，2001 年中国外贸进出口总额为 0.88 万亿美元，居世界第六位；2010 年，中国外贸进出口总额达 2.97 万亿美元，较 2001 年增长 3.4 倍，居世界第二位。其中，出口规模增长近 4.9 倍，居世界第一位；进口规模增长 5.2 倍，居世界第二位。中国对外贸易的飞速发展成为拉动中国经济腾飞的重要力量，2010 年中国外汇储备已逾 3 万亿美元，居世界第一位。

三、高速工业化

1. 再次重工业化

2000 年，美国纳斯达克科技股市场暴跌。日本的日经指数也跌到了10多年来的最低点。欧洲国家则因为口蹄疫而一片混乱。

2001年9月11日上午（美国东部时间），恐怖分子劫持民航客机撞向美国纽约世界贸易中心和五角大楼。美国政府认定本·拉登是恐怖袭击事件头号嫌犯，遂入侵阿富汗以消灭藏匿基地组织恐怖分子的塔利班，开启了漫长的反恐战争。

在美国风声鹤唳、草木皆兵的时候，中国没有受到各种外部干扰，开始了国内的再次重工业化。从1998年开始，我国的重工业增长速度就一直高于轻工业增长速度，尤其是2003年以后的新一轮经济高速增长，重化工业发展带动作用更加明显。这一趋势被人们称为“重新重工业化”。这与改革开放前的重工业优先发展有很大不同。“是由以居民消费结构升级为主，包括城市化步伐加快和国际产业转移等多种因素共同促成的，是我国工业化发展和改革开放共同促成的一个必然结果，符合一般工业化国家产业发展的一般趋势和规律。”①

二战后，日本因为冷战等因素受到美国的扶持，在朝鲜战争中充当“联合国军”的后勤补给基地，日本国民经济在战争的废墟上得以迅速恢复和发展。

从20世纪60年代开始，特别是七八十年代以来，作为在东亚地区唯一的经济发达国家，日本开始逐步向东亚地区进行直接投资，并建立了所谓“东亚雁行国际分工体系”。

日本学者赤松要最先提出“雁行产业发展形态论”，将战后东亚地区国际分工体系和经济发展过程比喻为“雁行形态”，意为率先实现工业化的日本依次把成熟了的或者具有潜在比较劣势的产业转移到“亚洲四小龙”，后者又将其成熟的产业依次转移到东盟诸国（泰国、马来西亚、菲律宾、印度尼西亚等）以及中国东部沿海地区等。从地图上看，这仿佛一幅以日本为领头雁的东亚经济发展图景。这幅图景的背后是阶梯式产业分工体系，当然每个分工环节的收益也是大相径庭。

---

① 杜传忠．转型、升级与创新——中国特色新型工业化的系统性研究［M］．北京：人民出版社，2013：65.

中国改革开放之初，接受的产业转移主要是华人网络传导来的，以我国港台资本为主，后来逐渐有日韩的投资。制造业最初就是发挥中国劳动力、土地等比较优势，开展“三来一补”。“三来”是指来料加工、来件装配、来样加工；“一补”是指补偿贸易，也就是用产品、劳务等偿还从境外进口的设备和原材料等。据说全国第一家来料加工企业是1978年7月创办的太平手袋厂，这是东莞县第二轻工业局在虎门境内的太平服装厂与港商合作创办的。“三来一补”企业多数属于简单的制造业，处于产业链底端，用人最多，技术含量小，利润也非常微薄。美国、日本等企业保留了高利润和高附加值的产业链环节，然后把产业链的底端——低附加值的制造业外包给了第三国家，其中，中国是一个巨大的承接者。中国积极发挥资源禀赋优势，形成了巨大的生产力。各种产业集群星罗棋布，极大地降低了生产成本，具备了承接大规模产业转移的条件。

20世纪90年代后，特别是美国IT业泡沫破灭后，大量美资直接进入中国，跨国企业纷纷在华布局。20世纪90年代中期开始，中国积极参与国际分工和国际竞争，推进国内市场和国际市场一体化，以不断降低关税和实行有管理的浮动汇率等方式，推进工业经济的国际化。中国与日本逐渐由垂直分工转向水平分工。雁行模式已经在飞翔中消散了。

文一指出，中国的工业化遵循了工业革命同样的“历史逻辑”。改革开放后，中国农村工业化浪潮和乡镇企业繁荣形成了原始积累。20世纪80年代末和90年代初，基于劳动分工原理的规模化生产，或劳动密集型“工厂体制”在全国范围内普遍建立。“1995—2000年对中国真正重要的，是批量生产劳动密集型轻工业产品的能力，以及‘中国制造’在国内外市场上的需求已经变得非常大——如此之大，以至于中国对能源、动力机械、基础设施和巨型机器设备的需求（购买力）大到在中国自己批量生产这些重工业品变得非常有利可图。”①

① 文一．伟大的中国工业革命——“发展政治经济学”一般原理批判纲要［M］．北京：清华大学出版社，2016：35-36.

这就直接导致了中国的再次重工业化。计划经济时代人们梦寐以求的重工业，在市场经济条件下又重新建立了起来。不过，这次建立是在市场的需求之下出现的。“多亏了从1978年到90年代中期逐渐兴起的对能源、动力、运输、材料、化工、通信等重工业品和耐用消费品的巨大需求市场。”① 以前重型的国有企业也只有在这个基础上才能真正生存并取得发展。而这个时候，计划经济时代建立的大量科研机构曾经是无效率的“昂贵品”，这个时候一切都发生了改观。②“中国成功建立了庞大的轻工业基础，增强了国民购买力，来有效支撑这些大规模的重工业。”③

再次重工业化，将新中国成立后所形成的国家工业能力和改革开放后的商业发展、承接国际产业转移结合了起来。其伟大成果在于，在国家的有力指导下，计划经济“倒置的工业化”和市场化改革之后带有依附意味的工业化融合之后，可以成为高质量发展的基础，使得中国有能力在产业链中向上攀升。这种历史的机缘巧合，是任何人都想象不到的。

2. 推进科学发展

党的十六大以后，在以胡锦涛同志为总书记的党中央领导下，改革进一步向纵深发展。改革开放更加统筹兼顾各方面利益，“又好又快”，协调性不断增强；改革开放更加注重民生，“以人为本”，最广大人民的利益成为改革的基点；改革开放更加全面深入，“攻坚克难”，在一些重点领域和关键环节取得了新的突破。

发展中的问题也开始显现。对于我国在发展进程中逐步暴露出来的

---

① 文一．伟大的中国工业革命——“发展政治经济学”一般原理批判纲要［M］．北京：清华大学出版社，2016：166.

② 文一．伟大的中国工业革命——“发展政治经济学”一般原理批判纲要［M］．北京：清华大学出版社，2016：165.

③ 文一．伟大的中国工业革命——“发展政治经济学”一般原理批判纲要［M］．北京：清华大学出版社，2016：166.

不平衡、不协调、不可持续等问题的认识，有一个逐步深化的过程。1998年我国提出可持续发展战略，就是要促进人与自然和谐发展；1999年，提出西部大开发战略，就是要促进区域协调发展。在2001年我国加入世界贸易组织之后，对于国内经济发展与对外开放之间的不平衡的认识更加深刻。2003年通过抗击“非典”的斗争，又对经济社会之间、城乡之间发展的不平衡有了更加深刻的认识。科学发展观正是在对我国发展规律逐步深化认识的基础上，特别是对于新世纪、新阶段，我国在发展中呈现出一系列新的阶段性特征的认识的基础上提出来的。

2002年，党的十六大对新型工业化道路的内容进行了高度概括：“坚持以信息化带动工业化，以工业化促进信息化，走出一条科技含量高、经济效益好、资源消耗低、环境污染少、人力资源优势得到充分发挥的新型工业化路子。”① 2003年10月，胡锦涛在党的十六届三中全会上深刻指出，增长是发展的基础，但增长并不简单地等同于发展。“不重视质量和效益，不重视经济、政治、文化协调发展，不重视人与自然的和谐，就会出现增长失调，从而最终制约发展的局面。”② 党的十六届三中全会通过《中共中央关于完善社会主义市场经济体制若干问题的决定》（简称《决定》），强调要“坚持以人为本，树立全面、协调、可持续的发展观，促进经济社会和人的全面发展”。③《决定》确定的主要任务是：完善公有制为主体、多种所有制经济共同发展的基本经济制度；建立有利于逐步改变城乡二元经济结构的体制；形成促进区域经济协调发展的机制；建设统一开放竞争有序的现代市场体系；完善宏观调控体系、行政管理体制和经济法律制度；健全就业、收入分配和社会保障制度；建立促进经济社会可持续发展的机制。

2004年3月10日，胡锦涛在中央人口资源环境工作座谈会上指出，

① 全面建设小康社会，开创中国特色社会主义事业新局面［EB/OL］. https：//fuwu. 12371. cn/2012/09/27/ARTI1348734708607117. shtml.

② 胡锦涛 . 胡锦涛文选（第二卷）［M］. 北京：人民出版社，2016：105.

③ 中共中央关于完善社会主义市场经济体制若干问题的决定［EB/OL］. http：//jingji. cntv. cn/2012/11/05/ARTI1352087360703188. shtml.

树立和落实科学发展观，首先必须全面准确地把握科学发展观的深刻内涵和基本要求。“坚持以人为本，就是要以实现人的全面发展为目标，从人民群众的根本利益出发谋发展、促发展，不断满足人民群众日益增长的物质文化需要，切实保障人民群众的经济、政治和文化权益，让发展的成果惠及全体人民。全面发展，就是要以经济建设为中心，全面推进经济、政治、文化建设，实现经济发展和社会全面进步。协调发展，就是要统筹城乡发展、统筹区域发展、统筹经济社会发展、统筹人与自然和谐发展、统筹国内发展和对外开放，推进生产力和生产关系、经济基础和上层建筑相协调，推进经济、政治、文化建设的各个环节、各个方面相协调。可持续发展，就是要促进人与自然的和谐，实现经济发展和人口、资源、环境相协调，坚持走生产发展、生活富裕、生态良好的文明发展道路，保证一代接一代地永续发展。”①

中国的改革与发展处于关键时期，改革在广度上已涉及经济、政治、文化等所有领域，在深度上已触及人们具体的经济利益，在发展方面已由单纯追求 GDP 上升到追求实现人口、资源、环境统筹协调发展。国际经验表明，一个国家人均 GDP 进入 1000 美元到 3000 美元的时期，既是黄金发展期，也是矛盾凸显期，若处理得好，能够顺利发展，经济能够很快上一个新台阶；若处理不好，经济将停滞不前甚至倒退。

2004 年 9 月，党的十六届四中全会正式提出了“构建社会主义和谐社会”。和谐社会的主要内容是“民主法治、公平正义、诚信友爱、充满活力、安定有序、人与自然和谐相处”。将“和谐社会”作为执政的战略任务，“和谐”的理念成为建设“中国特色社会主义”的重要价值取向，这是将中华传统价值与现代化的有机结合，为保持现代化过程中的社会稳定发展、可持续发展提供了思想指引。这一时期中国全面免除了农业税，实行“退耕还林”，推动自主创新和产业升级等，适应了时代的要求。

---

① 胡锦涛在中央人口资源环境工作座谈会上的讲话［EB/OL］. http：//www.gov.cn/ldhd/2004-04/04/content_ 11478.htm.

四、中国特色社会主义道路的创造

改革开放后的30年，中国奇迹举世瞩目。1978年到2007年，我国国内生产总值由3645亿元增长到24.95万亿元，年均实际增长9.8%，是同期世界经济年均增长率的3倍多，经济总量上升为世界第四。我国主要农产品和工业品产量居世界第一。1978年到2007年，全国城镇居民人均可支配收入由343元增加到13786元，实际增长6.5倍；农民人均纯收入由134元增加到4140元，实际增长6.3倍；农村贫困人口从2.5亿减少到1400多万。① 城市人均住宅建筑面积和农村人均住房面积成倍增加。群众家庭财产普遍增多，吃穿住行用水平明显提高。短缺经济状况已经从根本上得到改变。②

习近平总书记强调指出："坚持和发展中国特色社会主义是一篇大文章，邓小平同志为它确定了基本思路和基本原则，以江泽民同志为核心的党的第三代中央领导集体、以胡锦涛同志为总书记的党中央在这篇大文章上写下了精彩的篇章。"③"这条道路来之不易，它是在改革开放三十多年的伟大实践中走出来的，是在中华人民共和国成立六十多年的持续探索中走出来的，是在对近代一百七十多年中华民族发展历程的深刻总结中走出来的，是在对中华民族五千多年悠久文明的传承中走出来的，具有深厚的历史渊源和广泛的现实基础。"④

今天我们回顾这一段伟大的历程，不仅会发现极为惊心动魄的历史转折、道路选择，还会对如何建设社会主义有更深的思考。

---

① 在纪念党的十一届三中全会召开30周年大会上的讲话［EB/OL］. https：//news.12371.cn/2012/07/25/ARTI1343192939456366.shtml？from=singlemessage.

② 在纪念党的十一届三中全会召开30周年大会上的讲话［EB/OL］. https：//news.12371.cn/2012/07/25/ARTI1343192939456366.shtml？from=singlemessage.

③ 习近平．在新进中央委员会的委员、候补委员学习贯彻党的十八大精神研讨班上的讲话（2013年1月5日）［N］. 人民日报，2013-01-06.

④ 习近平．在第十二届全国人民代表大会第一次会议上的讲话［M］. 北京：人民出版社，2013：3.

首先，中国改革寻找到了合适的桥梁。中国改革是在农村等体制外直接发起的，并在体制外积累经验和力量之后，再深入推进体制内的改革。苏联的休克疗法，将计划经济突然打掉，只有休克，没有疗法，造成了巨大的灾难。“缺乏自生能力的企业既然在开放、竞争的市场中无法生存，那么，以‘休克疗法’的方式试图一步跳过计划经济和市场经济之间的鸿沟，必然造成大量企业破产、失业、经济崩溃和社会动荡。”① 我们从实际出发，通过乡镇企业、双轨制等一系列过渡性的载体进行过渡，就有了从计划体制到市场体制的中介和桥梁。“像我国这样以渐进的方式实行双轨制，一方面放开政府对资源的严格控制，允许新的企业进入到具有比较优势的部门，改进资源配置的效率，创造新的资源增量，为传统部门的改革创造条件；另一方面继续给予传统部门的企业必要的保护和扶持，使其不会马上面临关门、破产的危险，然后创造条件解决传统企业自生能力的问题。这种方式有可能既维持经济和社会稳定，同时又保持较高的增长速度，使转型有可能在帕累托改进或卡尔多改进的方式下进行。”② 审视这个过程，类似于孵化的过程，从国家的硬壳下一点点孵化出新的因素，然后逐渐让新的因素成长，待新的因素足以支撑的时机成熟时便突然啄破原有束缚，进入了新的状态。

其次，中国改革是有明确的大方向的。无论是计划经济还是市场经济，中国共产党在具体问题上有过各种思考和尝试，但是在保证社会主义前进方向上从来没有犹疑过。特别是对待产权问题，是非常谨慎的。在实际政策中，我们党非常强调激发微观主体的活力。这在实践中非常成功，也符合经济学的一般规律。“即使不搞私有化，也能出现激烈竞争，把单一的所有制分割成若干独立的经济实体就行了。竞争不是私有制的专利。国有变成分割的国有，分割的公有，直至分割的集体所有，就可以促成市场竞争，当市场竞争进行到一定程度的时候，商业法规和

① 林毅夫．解读中国经济（增订版）[M]．北京：北京大学出版社，2014：275.
② 林毅夫．解读中国经济（增订版）[M]．北京：北京大学出版社，2014：258.

金融市场成为必要，会逐渐成熟。”①

最后，中国改革注重市场化与工业化的深度结合。制造业对中国的重要性的一个最佳代表和最直观的例子就是深圳和东莞。深圳和东莞从对外加工贸易起家，经过30多年的发展，分别从一个小渔村和小村镇一跃而起，发展成了举世闻名的国际化大都市。我国从对外贸易中获益颇多，学习了丰富的经验和技术。1990年，我国制造业占全球比重为2.7%，位居世界第九；2000年上升至6.0%，位居世界第四；2007年达到13.2%，位居世界第二；2010年占比进一步提高到19.8%，跃居世界第一。② 这一“世界第一”中断了美国在该位置上116年的历史，这一桂冠保留至今。同年，中国国内生产总值达到41万亿元，超过日本，取代了日本占据近半个世纪的全球第二的位置。可以说，我们成功构建了中国特色社会主义市场经济体制的框架，实现了从高度集中的计划经济体制到充满活力的社会主义经济的转型，从农业社会向工业社会的转变，从封闭半封闭到全方位开放的转变，这是一个伟大的历史转折。③

改革开放之前，中国已经为经济的迅速发展准备好了若干有利条件，我们可以将之称为“革命红利”。首先，土改消灭了地主阶级，后来的家庭联产承包责任制使得农村的土地在使用权上归于农民。这种特殊的制度安排不仅改善了农村的生产，而且保障了农村的稳定。其次，中国共产党在新中国成立之初就已经建立了全国性的组织体系，这种组织体系从中央一直延伸到农村的村组、城镇的每个单位。这种国家政权的强度是其他体制不可能有的。最后，在社会主义公有制确立之后，公有制企业居于绝对的优势。国家控制了所有有关国计民生的战略产业。因而，相比拉美国家来说，中国不存在地主，农村处于某种类似于

---

① 潘维．农民与市场——中国基层政权与乡镇企业［M］．北京：商务印书馆，2003：166.

② 统计局：中国制造业总量连续多年稳居世界第一［EB/OL］．http：//industry.people.com.cn/n1/2018/0904/c413883-30271299.html.

③ 王海林．中国道路——从工业化到世界先进制造业集群［M］．成都：四川人民出版社，2019：113-114.

“小农制”的制度安排之下；企业归国家所有，几乎没有外资企业，所有的经济命脉均由国家掌握；大学以及媒体为国家所有；军队处于党的绝对领导之下，“党指挥枪”，而不是“枪指挥党”。人口较为年轻，在发展中国家中人口素质较高。

审视中国的道路，我们可以发现，改革开放之前的中国通过国家构建了一个完整的政治经济社会体系，通过对战略产业的掌握以及对国有企业人为的规模化，形成了一个可以大规模展开市场经济所需要的基础。在国内工业基础初定、自然垄断资源较为合理分配的基础上，中国开始了改革开放的进程。这个进程之所以可以顺利进行，一方面是因为国际条件的改变，中国与发达国家以及亚洲新兴国家之间形成了新的关系，中国利用了外部投资以及产业转移带来的资源；另一方面是中国的社会结构稳定，尤其是农村的经济制度，还有就是党的坚强领导，可以采用类似于发展主义的方法，集中动员各方面资源用于增强国家的整体竞争力，并同时保持了审慎的社会经济政策。改革开放之后，中国的发展是在国家的硬壳下孵化市场与社会的过程，国家有能力缓解外部权力结构的压力，有选择地吸纳外部资源，促进自身的发展。

将拉美与中国的发展模式相比较，我们会发现，依附性发展与主体性发展的不同之处在于，前者依附于世界体系的中心地区，受世界市场周期性波动的影响，在世界体系扩张的时候获得发展，而在世界体系收缩的时候陷入衰退。后者并非自绝于世界体系之外，推行排斥外部资源的保护主义，而是有意识、有目的地利用外部资源，实现内部的发展。

通过改革开放之后30多年的发展，我们建立了社会主义市场经济，让计划经济中遗留下的国营企业，特别是其中的骨干企业焕发出巨大活力，成为掌握国计民生的经济基础，与新发展出的具有强大竞争力和活力的民营经济结合在一起，共同促进经济社会发展。

第五章

走向高质量发展

——全面建设社会主义现代化强国

2007年，美国次贷危机爆发，引发流动性危机。2008年9月，这场金融危机开始失控，并蔓延至全球经济领域。

20世纪70年代以来，中国等发展中国家进入世界市场支撑了美国等发达经济体的繁荣，美国保持了低通胀和相对发达经济体较高的增长。中国发挥政治体制、人口红利、土地红利等优势，承接了发达经济体的低端产业转移，美国实现了产业升级。

在全球化进程中，美国的金融资本和产业资本均获益巨大，但是这种利益在国内分配却是不均衡的。劳工收益基本没有增长，甚至在一些方面还有损失。美国的政治体制性质导致难以在内部进行分配调整，只能从外部进行“收割”以缓解国内矛盾。“在20世纪70年代以后，美国开始在世界体系内进行大规模的金融与产业扩张。这种扩张使得国内的很多产业转移到发展中国家。这促进了美国的产业升级，同时促进了美国对世界经济的控制能力，但是，这种金融与产业扩张也导致了美国国内阶层结构的深刻变化。”① “低端制造业的转移以及高科技与高端服务业的提升，使得美国的国内贫富分化越来越大。自20世纪70年代以来，这一趋势持续加剧。……中产阶级的萎缩，已经开始导致政治上的极化。这一点埋下了美国衰落的种子，也考验着美国政治家的智慧。”② 这种内在矛盾必然导致政治激进化。

在世界市场中，中国在一定程度上被“锁定”在产业链中低端，主要依靠劳动力、资源和环境的投入。随着第一次刘易斯拐点的出现和

---

① 宣兴章．重新审视中国的战略机遇期［J］．当代世界，2011（10）．

② 宣兴章．重新审视中国的战略机遇期［J］．当代世界，2011（10）．

资源环境承载力的下降，这种模式难以持续。2010 年前后，刘易斯拐点已经开始显现，劳动力由过剩转向短缺，人口红利逐渐见底。[①]“用工荒”浮出水面，而且大有从沿海地区向内陆省份蔓延之势。同时，世界市场的资源配置方式加剧了中国内部的区域不平衡和收入差距，蕴含着社会风险。中国必须寻求产业升级，提升产业链控制力。

改革开放 30 多年后，我国开始进入一个新的发展阶段，发展环境、发展条件和目标任务都发生了新的变化，既有巨大的历史机遇，又有前所未有的风险和挑战。中国这艘巨轮驶入了一片更为广阔的大海，眼前的景象无比光明，同时也有极为凶险的暗礁与风浪。

2012 年 11 月，中国共产党第十八届中央委员会第一次全体会议，选举产生了第十八届中央政治局，选举习近平为中央委员会总书记。党的十八大以来，以习近平同志为核心的党中央以巨大的政治勇气和强烈的责任担当，统揽改革发展稳定、内政外交国防、治党治国治军，统筹推进“五位一体”总体布局、协调推进“四个全面”战略布局，推出一系列重大战略举措，出台一系列重大方针政策，推进一系列重大工作，在新中国成立特别是改革开放以来我国取得重大成就的基础上，把中国特色社会主义推进到新的发展阶段。

一、高质量发展

2014 年前后，国际金融危机的后续影响仍在，发达国家经济复苏不明朗，世界经济前景黯淡。国内产能过剩、劳动力成本上升、资源环境承载压力加大，旧矛盾与新问题交织，对于中国经济发展的各种议论不绝于耳。

---

① 经济学家阿瑟·刘易斯发表了题为《劳动无限供给条件下的经济发展》的论文。在这篇论文中，刘易斯提出了自己的“二元经济”发展模式。他认为，经济发展过程是现代工业部门相对传统农业部门的扩张过程，这一扩张过程将一直持续到把沉积在传统农业部门中的剩余劳动力全部转移干净，直至出现一个城乡一体化的劳动力市场时为止。

从中高收入向高收入迈进的阶段，是风险多发期。我们处在从站起来、富起来到强起来的关键时期，面临的各种考验也是空前的、多维的、复杂的。

世界银行2007年在其《东亚经济发展报告》中提出“中等收入陷阱”概念，指的是有些经济体在由低收入行列进入中等收入行列之后，总在人均GDP 4000～5000美元徘徊，长期停滞不前，不能越过人均GDP 12000美元这道门槛，无法进入高收入国家的行列。例如，东南亚的菲律宾、马来西亚，以及拉丁美洲的墨西哥、阿根廷、智利，都长期处于“中等收入陷阱”之中。还有不少有一定规模的国家也在中等收入困境之中，如俄罗斯、巴西、墨西哥、南非、伊朗等。

次贷危机爆发后，西方国家经济陷入持续低迷，中国经济增速也从高速转向中高速，中国会不会落入“中等收入陷阱”逐渐成为舆论热点。例如，在进入中等收入国家行列之后，中国如何进一步发展？中国能否跨越“中等收入陷阱”，如何跨越？

根据著名经济学家厉以宁的分析，“中等收入陷阱”实际上包括三个“陷阱”，即“发展制度陷阱”“社会危机陷阱”“技术陷阱”。“发展制度陷阱”主要是从传统社会走向工业化社会的国家，没有对传统制度进行激烈变革，从而阻碍了发展的深化。这里比较突出的就是土地制度，没有经历过深度土改的国家难以走向高质量发展。“社会危机陷阱”就是发展过程中贫富差距、城乡收入差距、地区收入差距过大，加之缺乏社会管理创新，造成政治动荡和社会危机。“技术陷阱”是指在技术上难有重大突破，缺少自主创新，缺少产业升级，缺乏技术先进的优势产业。① 很多国家依靠资源红利和人口红利成为中等收入国家，在发展的过程中，原有的优势逐渐丧失，矛盾积累，加之“发达国家俱乐部”政治经济文化等方面的强力排斥，使得它们无法进入高收入国家行列。

---

① 厉以宁．大变革与新动力：中国经济下一程［M］．北京：中信出版社，2017：310-320.

2014年11月10日，习近平总书记在北京出席亚太经合组织（APEC）领导人同工商咨询理事会代表对话会时提出："对中国而言，'中等收入陷阱'过是肯定要过去的，关键是什么时候迈过去、迈过去以后如何更好向前发展。我们有信心在改革发展稳定之间，以及稳增长、调结构、惠民生、促改革之间找到平衡点，使中国经济行稳致远。"①

2013年11月，党的十八届三中全会通过《中共中央关于全面深化改革若干重大问题的决定》，指出："经济体制改革是全面深化改革的重点，核心问题是处理好政府和市场的关系，使市场在资源配置中起决定性作用和更好发挥政府作用。市场决定资源配置是市场经济的一般规律，健全社会主义市场经济体制必须遵循这条规律，着力解决市场体系不完善、政府干预过多和监管不到位问题。必须积极稳妥从广度和深度上推进市场化改革，大幅度减少政府对资源的直接配置，推动资源配置依据市场规则、市场价格、市场竞争实现效益最大化和效率最优化。政府的职责和作用主要是保持宏观经济稳定，加强和优化公共服务，保障公平竞争，加强市场监管，维护市场秩序，推动可持续发展，促进共同富裕，弥补市场失灵。"②

习近平总书记指出，提出建立社会主义市场经济体制的改革目标，这是我们党在建设中国特色社会主义进程中的一个重大理论和实践创新，解决了世界上其他社会主义国家长期没有解决的一个重大问题。20多年来，我们围绕建立社会主义市场经济体制这个目标，推进经济体制以及其他各方面体制改革，使我国成功实现了从高度集中的计划经济体制到充满活力的社会主义市场经济体制、从封闭半封闭到全方位开放的伟大历史转折，实现了人民生活从温饱到小康的历史性跨越，实现了经济总量跃居世界第二的历史性飞跃，极大调动了亿万人民的积极性，极

---

① 习近平：中国肯定要迈过"中等收入陷阱"［EB/OL］. http：//finance. people. com. cn/n/2014/1111/c1004-26004320. html.

② 中共中央关于全面深化改革若干重大问题的决定［EB/OL］. http：//www. gov. cn/jrzg/2013-11/15/content_ 2528179. html.

大促进了社会生产力发展，极大增强了党和国家生机活力。同时，我们也要看到，虽然我国社会主义市场经济体制已经初步建立，但市场体系还不健全，市场发育还不充分，特别是政府和市场关系还没有理顺，市场在资源配置中的作用有效发挥受到诸多制约，实现党的十八大提出的加快完善社会主义市场经济体制的战略任务还需要付出艰苦努力。坚持社会主义市场经济改革方向，核心问题是处理好政府和市场的关系，使市场在资源配置中起决定性作用和更好发挥政府作用。这是我们党在理论和实践上的又一重大推进。①

这里对市场和政府的功能做了非常清晰的说明，特别是“使市场在资源配置中起决定性作用和更好发挥政府作用”，是对马克思主义政治经济学的重要发展，也是对西方经济学的扬弃。

习近平总书记很早就对市场与政府的关系进行了深入的研究。早在福建工作期间，他就深入研究《资本论》，并对社会主义与市场的关系进行了深入思考。他指出：“同客观世界的任何事物一样，社会主义和市场经济也是一个矛盾的统一体，彼此之间既有统一的地方，也有相矛盾的地方。”“市场经济虽然有着自主经营、追逐利润最大化、优化资源配置、通过公平竞争激发经营主体发展社会生产力的积极性、运用灵敏的经济信号及时对生产和需求进行协调等显著优点，能够比计划经济体制更快更好地发展社会生产力，但同时也存在着自发性、盲目性、投机性、短期性、滞后性、不完全性和容易导致垄断行为等弱点，这些弱点不仅会对资本主义社会的发展产生不利影响，而且也同样会对社会主义的发展产生消极影响，并引发一些新的矛盾，诸如市场经济的自主性、逐利性、投机性会与社会主义的集体主义原则产生矛盾，市场的竞争性必然导致经济垄断并在一定程度和一定范围内造成贫富差距的扩大，等等。”“要通过扬长避短、趋利避害，将社会主义基本制度的优越性与市场经济体制的优越性有机地融合在一起，使之在发展社会生产

① 习近平．切实把思想统一到党的十八届三中全会精神上来［J］．求是，2014（4）．

力方面发挥出巨大的‘合力’作用。”[①]

中国的市场经济体制，在改革开放之后逐渐成形，并在发展过程中逐渐优化。改革开放后实行的地方财政包干制，让地方政府有了参与市场竞争的巨大动力。在分税制改革之后，中央和地方的权力、责任等得到进一步规范。党的十八大之后的改革，进一步明确了政府和市场各自的定位、作用等，规范了政府行为，进一步推进全国大市场的形成，让市场和社会主义更加有机结合起来。

市场与政府的关系问题，是政治经济学中的最根本的问题之一。主流西方经济学一直有意无意淡化政府的作用，强调市场的自由与自发属性，但是如果我们考察西方经济史，那么就可以发现事实并非如此。

卡尔·波兰尼在《巨变》中指出：“经济史显示，全国性市场的形成，并不是政府逐渐放松控制经济活动的结果。相反，市场乃是政府有意识且激烈干涉之后所产生的结果。它将市场组织加诸社会之上，以达成非经济之目的。”[②] 斯蒂格利茨在该书的序言中概括波兰尼的中心思想为：“所谓‘自律性’市场的概念从未被真正实行过。而且由于其明显的缺点，使得各国政府必须介入干预其内在运作及其外部直接影响（如对贫民的影响）。另外，改变的步调快慢对其后果的影响，也至关重要。”[③]

社会主义者对市场的理解远比市场原教旨主义者深刻。帝国主义向中国推进的那种市场，从来都是和炮舰一起到来的。改革开放以来，中国共产党最伟大的理论贡献与实践贡献之一就是将市场与社会主义结合起来，这是一次伟大的觉醒，焕发出生产力的巨大潜能和社会的巨大活力。

---

① 习近平．对发展社会主义市场经济的再认识［J］．东南学术，2001（4）．

② ［匈］卡尔·波兰尼．巨变——当代政治与经济的起源［M］．黄树民，译．北京：社会科学文献出版社，2017：341．

③ ［匈］卡尔·波兰尼．巨变——当代政治与经济的起源［M］．黄树民，译．北京：社会科学文献出版社，2017：3-4．

市场本身不是万能的。市场激发了人们创业的巨大动力，也带来贪欲的泛滥。

市场带来了交易的灵活性，但是一些不该交易的也会进入市场，如权力、人性、暴力等。市场带来了巨大的财富增长，但是市场本身具有马太效应，让富者愈富、贫者愈贫。市场解决了物质的问题，却无法解决自然环境问题，人类无尽的索取破坏了人类赖以生存的基础。在世界市场之中，市场本身的发展很难带来自动的产业升级，而更容易成为全球价值链的一部分。市场经济有一种天然的倾向，那就是把商品交换的逻辑扩展到非经济领域，如政治、社会、环境、文化、思想、伦理等领域。如果商品交换的逻辑取得对整个社会的支配地位，就形成了市场社会，也就是我们常说的资本主义社会：在政治领域，就是将腐败转化为制度性腐败，形成利益集团政治和金权政治；在经济领域，就是垄断横行；在社会领域，就是物欲横流；在环境领域，就是人类对自然界无穷无尽的索取；在文化思想领域，就是资产阶级对民众的思想控制。

中国共产党探索的，是社会主义和市场经济的有机结合，实现以人民为中心的发展，将社会主义的优越性和市场好的一面结合，成为一种新的社会主义——中国特色社会主义。

这种探索，既是立意高远的对社会主义发展道路的思考，也是着眼现实，对中国发展面临的突出问题和突出矛盾的破解。

2014 年 5 月在考察河南的行程中，习近平总书记提出“新常态”概念，“中国发展仍处于重要战略机遇期，我们要增强信心，从当前中国经济发展的阶段性特征出发，适应新常态，保持战略上的平常心态”。[①] 习近平总书记在 2014 年 11 月 9 日亚太经合组织工商领导人峰会上系统阐述了“新常态”，表示：“新常态将给中国带来新的发展

① 习近平首次系统阐述“新常态”［EB/OL］. http：//jhsjk. people. cn/article/26001005.

机遇。”①

“我国经济发展进入新常态”这一重大判断是针对我国经济发展处于增长速度换挡期、结构调整阵痛期、前期刺激政策消化期“三期叠加”阶段提出的。在新常态下，我国经济发展的主要特征是：增长速度从高速转向中高速，发展方式从规模速度型转向质量效率型，经济结构调整从以增量扩能为主转向调整存量、做优增量并举，发展动力从主要依靠资源和低成本劳动力等要素转向创新驱动。这些变化，是我国经济向形态更高级、分工更优化、结构更合理的阶段演进的必经过程。“认识新常态，适应新常态，引领新常态，是当前和今后一个时期我国经济发展的大逻辑。”②

2015 年 10 月，党的十八届五中全会审议通过“十三五”规划建议，明确提出了以人民为中心的发展思想，以及创新、协调、绿色、开放、共享的新发展理念。新发展理念集中体现了新时代我国的发展思路、发展方向、发展着力点，是管全局、管根本、管长远的导向，集中反映了党对经济社会发展规律认识的深化。

2015 年 11 月，习近平总书记在中央财经领导小组第十一次会议上首次提出推进“供给侧结构性改革”，要求以供给侧结构性改革适应并引领经济新常态。习近平总书记指出：“要牢固树立和贯彻落实创新、协调、绿色、开放、共享的发展理念，适应经济发展新常态，坚持稳中求进，坚持改革开放，实行宏观政策要稳、产业政策要准、微观政策要活、改革政策要实、社会政策要托底的政策，战略上坚持持久战，战术上打好歼灭战，在适度扩大总需求的同时，着力加强供给侧结构性改革，着力提高供给体系质量和效率，增强经济持续增长动力，推动我国

① 习近平首次系统阐述“新常态”［EB/OL］. http：//jhsjk. people. cn/article/26001005.

② 习近平. 论把握新发展阶段、贯彻新发展理念、构建新发展格局［M］. 北京：中央文献出版社，2021：33.

社会生产力水平实现整体跃升。”①

这是对发展思路的重大调整，是对发展的数量与质量、收益与分配等方面新的重大部署。

2017 年，党的十九大报告明确提出：“发展是解决我国一切问题的基础和关键，发展必须是科学发展，必须坚定不移贯彻创新、协调、绿色、开放、共享的发展理念。必须坚持和完善我国社会主义基本经济制度和分配制度，毫不动摇巩固和发展公有制经济，毫不动摇鼓励、支持、引导非公有制经济发展，使市场在资源配置中起决定性作用，更好发挥政府作用，推动新型工业化、信息化、城镇化、农业现代化同步发展，主动参与和推动经济全球化进程，发展更高层次的开放型经济，不断壮大我国经济实力和综合国力。”报告明确要求“建设现代化经济体系”，指出我国经济已由高速增长阶段转向高质量发展阶段，建设现代化经济体系是跨越关口的迫切要求和我国发展的战略目标。②

2021 年，《中共中央关于党的百年奋斗重大成就和历史经验的决议》指出：“必须实现创新成为第一动力、协调成为内生特点、绿色成为普遍形态、开放成为必由之路、共享成为根本目的的高质量发展。”③

有学者表示，高速增长阶段的基本特征是以数量快速扩张为主，主要解决的是短缺问题，而高质量发展则强调的是质量和效益，是解决好不好的问题。④《人民日报》社论指出：“高质量发展，就是能够很好满足人民日益增长的美好生活需要的发展，是体现新发展理念的发展，是

---

① 习近平主持召开中央财经领导小组第十一次会议［EB/OL］. http://www.gov.cn/xinwen/2015-11/10/content_5006868.html.

② 决胜全面建成小康社会　夺取新时代中国特色社会主义伟大胜利［EB/OL］. https://www.12371.cn/2017/10/27/ARTI1509103656574313.shtml.

③ 中共中央关于党的百年奋斗重大成就和历史经验的决议［EB/OL］. http://www.gov.cn/zhengce/2021-11/16/content_5651269.html.

④ 解读十九大报告：经济发展转向高质量阶段是划时代变化［EB/OL］. http://www.china.com.cn/19da/2017-10/21/content_41769339.html.

创新成为第一动力、协调成为内生特点、绿色成为普遍形态、开放成为必由之路、共享成为根本目的的发展。推动高质量发展，就要建设现代化经济体系，这是我国发展的战略目标。实现这一战略目标，必须牢牢把握高质量发展的要求，坚持质量第一、效益优先；牢牢把握工作主线，坚定推进供给侧结构性改革；牢牢把握基本路径，推动质量变革、效率变革、动力变革；牢牢把握着力点，加快建设实体经济、科技创新、现代金融、人力资源协同发展的产业体系；牢牢把握制度保障，构建市场机制有效、微观主体有活力、宏观调控有度的经济体制。”①

到“十三五”规划收官之时，我国经济实力、科技实力、综合国力和人民生活水平跃上了新的台阶，国内生产总值超过 100 万亿元，人均国内生产总值超过 1 万美元，城镇化率超过 60%，中等收入群体超过 4 亿人。②

国内生产总值超过 100 万亿元，意味着国内市场规模进一步扩大，内需已成为经济发展主引擎。2019 年，最终消费支出对经济增长的贡献率达到 57.8%，超大规模国内市场对经济增长的稳定和推动作用进一步增强。人均国内生产总值超过 1 万美元，意味着消费升级进入新阶段。2019 年中国社会消费品零售总额首次突破 40 万亿元，2021 年社会消费品零售总额达到 44.1 万亿元。中国市场体系建设取得巨大成就，国内市场不断发展壮大，市场规模高速增长，市场消费快速升级，市场秩序持续改善。中国拥有最多的中等收入群体、最大的制造业增加值、最多的网民数量和最多的世界 500 强企业数量。国内市场规模不断扩大和居民消费结构持续升级，使我国能够更加有效应对外部经济冲击和内部风险考验。

---

① 牢牢把握高质量发展这个根本要求［EB/OL］. http：//www.xinhuanet.com/politics/2017-12/20/c_1122142659.html.

② 陈晋 . 新时代 10 年的伟大变革在中华民族发展史上具有里程碑意义［N］. 人民日报，2022-10-15.

2020年4月，在十九届中央财经委员会第七次会议上，习近平总书记提出要构建以国内大循环为主体、国内国际双循环相互促进的新发展格局。党的十九届五中全会进一步对构建新发展格局做出全面部署。这是贯彻新发展理念的重大举措，对更好应对国际国内形势变化、把握发展主动权进行了战略性布局。党的十九届五中全会通过的《中共中央关于制定国民经济和社会发展第十四个五年规划和二〇三五年远景目标的建议》，明确了2035年基本实现社会主义现代化的远景目标，明确了“十四五”时期经济社会发展的指导思想、基本原则和主要目标，阐述了“十四五”时期经济社会发展和改革开放的重点任务，做出了加快构建以国内大循环为主体、国内国际双循环相互促进的新发展格局的战略抉择。

目前，全球化深入发展进入一个新的阶段，全球生产能力过剩，国家之间的贸易竞争加剧，贸易保护主义升级，中国与发达国家之间贸易摩擦的增多不可避免。在这种情况下，中国既要壮大国内市场，完善市场体制，扩大内需，又要加大改革开放，深度融入世界经济之中，提升对产业链的控制力和价值链中的地位。这两者是相互推进的关系，处于产业链的低端，就难以真正扩大内需；进行产业升级，提升在产业链中的地位，会促进我国市场的整体升级。

在海洋作为全球运输主通道的情况下，世界经济是沿着临海地带布局的。亚洲的生产力布局是沿着从我国渤海湾、粤港澳大湾区到东南亚以及印度整个临海区域以及直连海洋的大江大河沿线展开的。因此，我们要在这个地理空间上谋划产业布局。

这需要市场与政府协同发力才能做到。这种合力如何促进高质量发展，我们可以从安徽省合肥市的发展一窥端倪。2008年，合肥市政府停建地铁拿出上百亿元，让京东方6代线项目落地合肥；2011年，投资长鑫内存条和兆易创新，芯片产业在合肥带动数十万人就业，形成高新产业集群；2019年，又出手百亿元投资新能源蔚来汽车，一年多后，账面回报已经超过18倍。靠着一次次成功的投资，合肥换来一个个新产业的崛起。

2021年4月，《关于新时代推动中部地区高质量发展的指导意见》，对发展中部提出了新的要求。[①] 到2025年，中部地区质量变革、效率变革、动力变革取得突破性进展，投入产出效益大幅提高，综合实力、内生动力和竞争力进一步增强。创新能力建设取得明显成效，科创产业融合发展体系基本建立，全社会研发经费投入占地区生产总值比重达到全国平均水平。常住人口城镇化率年均提高1个百分点以上，分工合理、优势互补、各具特色的协调发展格局基本形成，城乡区域发展协调性进一步增强。绿色发展深入推进，单位地区生产总值能耗降幅达到全国平均水平，单位地区生产总值二氧化碳排放进一步降低，资源节约型、环境友好型发展方式普遍建立。开放水平再上新台阶，内陆开放型经济新体制基本形成。共享发展达到新水平，居民人均可支配收入与经济增长基本同步，统筹应对公共卫生等重大突发事件能力显著提高，人民群众获得感、幸福感、安全感明显增强。到2035年，中部地区现代化经济体系基本建成，产业整体迈向中高端，城乡区域协调发展达到较高水平，绿色低碳生产生活方式基本形成，开放型经济体制机制更加完善，人民生活更加幸福安康，基本实现社会主义现代化，共同富裕取得更为明显的实质性进展。[②]

---

① 2012年《国务院关于大力实施促进中部地区崛起战略的若干意见》（国发〔2012〕43号）要求，中部地区要“壮大现代装备制造及高技术产业基地实力。依托骨干企业，加强技术改造和关键技术研发，推动汽车、大型机械、特高压输变电设备、轨道交通设备、船舶等装备制造业升级和发展。以掌握核心技术为突破口，培育发展电子信息、生物医药、新能源、新材料等战略性新兴产业，大力实施重大产业发展创新工程和战略性新兴产业创新成果应用示范工程。充分发挥武汉、长株潭地区综合性国家高技术产业基地和武汉信息、郑州生物、南昌航空、合肥电子信息等专业性国家高技术产业基地的辐射带动作用，形成一批具有核心竞争力的新兴产业集群，逐步使战略性新兴产业成为推动中部地区经济发展的主导力量。充分发挥劳动力、资源等优势，有序承接国内外产业转移，重点发展家用电器、纺织服装、农产品加工、能源资源开发与加工等劳动密集型产业，以高新技术和先进适用技术改造提升传统制造业，促进产业结构优化升级，推进新型工业化进程”。

② 中共中央　国务院关于新时代推动中部地区高质量发展的意见［EB/OL］. https：//m.thepaper.cn/baijiahao_ 13708210.

随着长三角一体化、粤港澳大湾区建设、京津冀协同发展、长江经济带发展等深入推进，新的经济增长极不断涌现，城市群建设提质增效，区域发展的协调性、均衡性将大大增强。

研究表明，“从人均国内生产总值、三次产业结构、制造业增加值占比、城镇化率等指标看，我国在 2012 年前后已总体上进入工业化后期阶段，有望在‘十四五’时期后基本完成工业化，进入后工业化阶段”。[①] 文一对中国的发展轨迹以及趋势做了概括和预测：1978—1988 年（或 1949—1988 年）属于第一次工业革命的激活期。1988—1998 年是第一次工业革命的起飞期，中国成为全球纺织业中心和重镇。1998—2008 年，中国成为全球轻工业消费品制造的世界工厂，并通过煤炭、钢铁和基础设施“三位一体”繁荣激活第二次工业革命。2008—2018 年是第二次工业革命的起飞期，中国成为世界上机械和资本密集型产品的最大出口国，成为制造业大国，开启金融业的繁荣和人民币国际化，在多个科技前沿点引爆能源、信息、通信、计算、动力、材料等方面的科技革命，并成为第三次工业革命激活期。2018—2028 年，完成第二次工业革命，农业机械化、城镇现代化，在能源、信息、通信、计算、动力、材料等方面全面引爆科技革命，金融业全面繁荣，在国际贸易和资本流动中人民币取得支配地位，开启第三次工业革命，信息时代起飞，成为世界金融中心，同时进入以成熟医疗和健康产业为特征的福利时代。2028—2038 年成为重工业技术的世界领袖。2038—2048 年完成第三次工业革命，在实质性工业技术和主要基础科学方面成为技术创新的全球领导者。[②]

这是一个比较乐观的预测，我们仍然要高度关注世界经济版图变革带来的各方面的风险，特别是政治风险。我国还迫切需要加大创新的力度。工程科技的创新不会超越科学发展的限度。今后的一二十年中，

---

① 赵昌文．我国在 2012 年前后已总体上进入工业化后期阶段，有望在“十四五”时期后基本完成工业化［EB/OL］．https：//www.thepaper.cn/newsDetail_ forward_ 8775196.

② 文一．伟大的中国工业革命——“发展政治经济学”一般原理批判纲要［M］．北京：清华大学出版社，2016：251-252.

我国更多的可能是在工程科技方面获得若干重大突破，但同时也要着眼于科学革命，在基础科学领域加大前瞻性布局，这才是真正的高峰。

二、把握科技革命和产业变革机遇

18世纪发生了以机械化为特征的第一次工业革命，19世纪发生了以电气化为特征的第二次工业革命，20世纪开始了以信息化为特征的第三次工业革命。第三次工业革命也称为信息革命，是一场更大范围、更深层次的科技革命和产业变革，大数据、人工智能等前沿技术不断取得突破，新技术、新业态、新产业层出不穷，必将引发新的国家实力变迁和大国竞争。

2016年4月19日，习近平总书记在网络安全和信息化座谈会上指出："从社会发展史看，人类经历了农业革命、工业革命，正在经历信息革命。农业革命增强了人类生存能力，使人类从采食捕猎走向栽种畜养，从野蛮时代走向文明社会。工业革命拓展了人类体力，以机器取代了人力，以大规模工厂化生产取代了个体工场手工生产。而信息革命则增强了人类脑力，带来生产力又一次质的飞跃，对国际政治、经济、文化、社会、生态、军事等领域发展产生了深刻影响。"第三次工业革命为我国提供了千载难逢的历史机遇。[①] 中国与第一次工业革命失之交臂，仅仅抓住了第二次工业革命的尾巴，而与第三次工业革命发生了历史性交汇，这是中华民族的一个重要历史机遇。

20世纪50年代以来，国际分工模式逐渐由产品分工转向要素分工，并驱动全球产业大迁移。从二战后开始，全球制造业中心从美国等逐步转向日本和德国等战败国，再从日本和德国转向"亚洲四小龙"

---

① 习近平．在网络安全和信息化工作座谈会上的讲话［EB/OL］．http：//www.cssn.cn/xwcbx/xwcbx_ pdtt/201604/t20160426_ 2983948_ 4.shtml.

地区，再转向我国东部沿海地区，推动中国成为“世界工厂”，实际上是着重于生产而不是研发的“世界车间”。就信息产业来说，20世纪七八十年代，全球信息产业进行了第一次重大转移，电子制造的部分产业由美国转移至日本、韩国和我国的台湾、香港等地区；从20世纪90年代开始，全球信息产业进行了第二次大转移，电脑组装等产业由日韩以及我国台湾地区等逐渐开始向我国大陆转移，我们积极承接这种产业转移，发挥自身优势，成为全球最大的通信市场、全球最大的智能手机市场以及全球最大的半导体消费市场，我国电子信息产业的快速发展也带动了相关产业的发展。

产业转移背后的主要推手是跨国公司，为寻找更加低廉的产品生产地，获取更高的利润和竞争优势，跨国公司将产业链分拆打包，按照各国的比较优势进行分工。对于难以培养自主创新能力的国家来说，等到生产要素价格逐步提升之后，这些跨国公司就要将产业转向下一个目的地。只有极少数国家在这个过程中可以积累可持续发展能力。

正如路风指出的：“在现代世界经济发展史中，最具有挑战性的问题是为什么少数国家能够从落后状态实现追赶，而其他落后国家却做不到。”① 二战后70多年的时间里，从低收入起步进入高收入的国家和地区也只有韩国、新加坡、以色列以及中国台湾和香港地区。中国是个超大型国家，能否实现这样的目标，是一个牵动世界格局的重大问题。

查默斯·约翰逊在《通商产业省与日本奇迹》一书中最早提出发展型国家的理论，认为日本的经济在20世纪六七十年代迅速发展的结果与通商产业省作为政府层面推行的一系列政策是紧密相关的。他考察了通商产业省的一系列政策之后认为，日本在经济发展过程中把自由资本主义纳入了国家统筹中，既实现了自由资本主义的发展，又使得国家掌握了资本主义发展的宏观趋势。遵循上述模式，韩国、新加坡等相继崛起，此模式开始广受重视，引发大量探讨。后来，日本经济陷入困

① 路风．光变——一个企业及其工业史［M］．北京：当代中国出版社，2016：416.

顿，而其他国家和地区的表现也未如预期，对于这种模式的讨论就慢慢减少了。日本经济出现的问题除了政治经济因素，还在于发展范式未有突破。日本的国家资本主义式的发展还是在美国的发展传统范畴之内。

杰里米·里夫金认为，历史上的经济转型都有一个共同点，即都是新的通信技术、新的能源技术和新的交通技术这三种新技术融合的结果。“第一，新的通信方式，它帮助我们更有效地管理人与机构之间的沟通和交流；第二，新的能源和管理能源模式，以此更好地赋能经济社会活动；第三，新的交通方式，让我们重新定义交通出行和物流，并高效地驱动经济社会活动。这三大技术结合在一起，也就是我们的通信、能源、交通结合在一起，能够从根本上改变文明管理、赋能、驱动经济活动和社会活动的方式，产生一种新的经济范式。”① 他认为，“中国将引领第三次工业革命，欧洲也将与其并肩进入第三次工业革命”。他将原因归结于：中国和欧洲都实行社会市场经济。他将这种社会市场经济理解为政府和商界领袖、社区等合作，共同创造基础设施等公共产品。如在第二次工业革命期间，福特汽车能够发展起来，是因为有电力、公路等配套的基础设施，而这些基础设施需要由政府来监管。而美国政府的思维是用政策激励私人部门来进行，这在当前的情况下难以构建出经济发展需要的整体和全面的基础设施。②

杰里米·里夫金对于欧洲属于社会市场经济的判断是有争议的，但是他对基础设施对于第三次工业革命的重要性的认识却非常深刻。第三次工业革命的主要特点之一就是网络经济。网络经济遵循梅特卡夫法则，也就是网络经济的价值等于网络节点数的平方。网络具有极强的外部性和正反馈性，联网的用户越多，网络的价值越大，联网的需求也就

① 专访未来学家杰里米·里夫金：中国将引领第三次工业革命［EB/OL］. https：//www. sohu. com/a/225396647_ 463913.

② 专访未来学家杰里米·里夫金：中国将引领第三次工业革命［EB/OL］. https：//www. sohu. com/a/225396647_ 463913. 有关观点在杰里米·里夫金著作中论述得更加详尽。参见：［美］杰里米·里夫金. 第三次工业革命［M］. 张体伟，等译. 北京：中信出版社，2012；［美］杰里米·里夫金. 零边际成本社会［M］. 赛迪研究院专家组，译. 北京：中信出版社，2014.

越大。网络经济所产生和带来的经济效益将随着网络用户的增加而呈指数形式增长。这种高度互联的经济特点需要公共部门创设信息基础设施并覆盖到尽可能多的人群。

在通信领域，中国从 1994 年全功能接入国际互联网，今天已经发展出蓬勃的数字经济，涌现出华为、腾讯等一大批世界级企业，新应用、新业态层出不穷。这种飞速发展的基础就在于中国强大的基础设施建设能力。中国在移动通信领域经历了 1G 空白、2G 跟随、3G 突破、4G 并跑的发展，如今成为 5G 时代的全球领跑者之一。国家对信息基础设施不完全考虑经济成本的投入是中国数字经济得以迅速发展的前提。

在交通领域，中国已经建成世界上最长里程的高铁，将全国联为一体，降低了人员流动的成本，为全国单一市场的形成提供了基础条件。同时，在新能源汽车领域也形成了一大批龙头企业和新兴企业。自主品牌比亚迪、蔚来等，在新能源车研发上也都有自有技术。在动力电池领域，宁德时代等迅速崛起。中国新能源汽车领域取得巨大技术进步，在整个锂电池上游产业链大规模实现国产化替代，初步建立了完整的电化学工业体系。中国汽车工业协会整理的海关总署数据显示，2021 年，中国出口新能源汽车（含低速电动车）54 万辆，成为全球第一大电动汽车出口国。

在能源领域，我国提出推动能源消费、能源供给、能源技术和能源体制四个方面的“革命”。我国电网全国覆盖率达到 99.03%，这是得益于特高压输电技术。我国已经全面突破了特高压技术，并建立了完整的技术标准体系，是世界上唯一成功掌握并实际应用特高压技术的国家。在新能源领域，中国和西方发达国家几乎站在同一起跑线，而且在不少方面具有优势。我国 2006 年施行《可再生能源法》，推出适合国情的新能源补贴政策。当前，中国光伏企业占了海外市场的半壁江山，风电企业也占据全球份额的 1/3。2020 年中国做出“2030 年前实现碳达峰、2060 年前实现碳中和”的承诺，我国的能源领域正在发生革命性的变化。

此外，我国能源、交通与通信等产业领域正在走向深度融合，交通网、能源网与信息网正在相互嵌合并智能化，形成相互推动的潮流，这种融合意义重大，未来将出现“奇点”突破性变化，产生洪荒之力。

工业革命初期英国纺织产业兴起之后，因为人力不足，大量的市场需求产生了对机器动力的需求，又带动了对煤炭的使用，导致工业革命出现。类似的效应正在中国发生。例如，无人矿山需要使用5G通信、物联网、新能源特种车等。智能交通不仅需要新能源车，而且需要充电桩的电力网络，对于公路的智能化的需求会产生巨大的牵引作用。

为什么中国能够把握新一轮科技浪潮呢？我们还是从信息、能源、交通三个方面来进行详细的分析。笔者认为，新一轮科技与工业革命发端于美国，而其真正发展将在中国。提出这一判断主要基于如下原因。

从政治上说，没有一个国家的领导层像中国领导层这样高度重视技术与产业革命，努力推动技术与产业革命。正如习近平总书记指出的，“核心技术受制于人是我们最大的隐患。……如果核心元器件严重依赖外国，供应链的‘命门’掌握在别人手里，那就好比在别人的墙基上砌房子，再大再漂亮也可能经不起风雨，甚至会不堪一击”。① 这里既有中国自鸦片战争以来被西方工业国家降维打击的惨痛历史教训，也有迫切的现实需要。像中国这样规模的国家，如果仅仅依靠跟随和模仿，就只能在世界同类产品的“红海”里挣扎，无法实现突破，因此必须创造出新的技术和业态。这几年，美国对华为、中兴等企业大力打压，将数百家中国企业列入其所谓实体清单，予以无理制裁。这给全民上了一堂关键核心技术普及课。“市场换不来核心技术，有钱也买不来核心技术，必须靠自己研发、自己发展。”②

---

① 中共中央党史和文献研究院．习近平关于网络强国论述摘编［M］．北京：人民出版社，2021：108-109.

② 中共中央党史和文献研究院．习近平关于网络强国论述摘编［M］．北京：人民出版社，2021：111.

从发展上说，中国为新一轮技术与产业革命提供了最大的应用场景，这种现实需求超过了很多技术产生的国家。因而，虽然有些技术并非中国发明，却在中国应用得最为广泛。这种应用，产生了滚雪球效应和连锁反应，产生了对信息技术和产业发展的巨大需求。人民群众广泛使用信息技术，对于迎接创新与变革有着巨大的热情。

从体制上说，社会主义的本质要求，使得中国信息技术基础设施可以覆盖到最广泛的人群。新基建的发展必然会产生巨大的网络效应，我国即将成为世界上最大的单一市场，这两者的叠加对于资本和人力资源等来说有着极强的吸引力。

中国自计划经济以来形成的科研实力和教育，在改革开放后不断加强，可以有力支撑新科技和产业革命的发生，中国本土的原创能力已经被激发。

新中国成立前后，中国科学院成立，各地区各部门也开始建立一批科学研究机构。1956 年，国家制定了《1956—1967 年全国科学技术发展远景规划》，这是我国首个科技发展长远规划。

1977 年 8 月，邓小平在科学和教育工作座谈会上指出，我们国家要赶上世界先进水平，须从科学和教育着手。1978 年 3 月全国科学大会召开，审议通过了《1978—1985 年全国科学技术发展规划纲要（草案）》。后来，国家接续编制《1986—2000 年全国科学技术发展规划纲要》《1991—2000 年科学技术发展十年规划和“八五”计划纲要》《国家中长期科学和技术发展规划纲要（2006—2020 年）》等。国家还相继出台了一系列有针对性的科技计划，如国家高技术研究发展（863）计划、国家重点基础研究发展（973）计划、集中解决重大问题的科技攻关（支撑）计划、推动高技术产业化的火炬计划、面向农村的星火计划等。

国家科技计划攻关形成了一批重要科研成果，同时也培养了一大批科技人才，不仅为国家提供了重要的科技战略支撑，也为社会提供了科技人力资源。

中国科学技术协会、中国工程院、中国联合国教科文组织全国委员会发表文章称，当前中国每年工学类普通本科毕业生超过 140 万人，工程师红利已取代人口红利，成为推动中国经济高质量发展的重要力量。① 瑞银中国报告认为，“中国每年大学理工科的毕业生数量超过 300 万人，为美国的五倍，而与此同时，中国的研发人员薪资仅为美国的八分之一左右，这种‘工程师红利’可以弥补人口红利逐渐消失所带来的影响”。②

改革开放之后，这种国家知识储备和市场机制的结合焕发出巨大的力量。当中国经济发展到需要创新的阶段的时候，这种力量就变得更加突出。我们从三家科技企业的发展就可以清晰地看到这种方向。

华为是深圳一家民营企业，创立于 1987 年，目前约有 19.7 万名员工，业务遍及 170 多个国家和地区，服务全球 30 多亿人口，业务范围包括信息与通信基础设施、智能终端等。华为在成立初期，就提出每年要拿出公司营业收入的 10%用于研发，只能增加，不能减少，这一制度坚持至今。华为是坚持自主研发的范例。

京东方前身是军工企业 774 厂（北京电子管厂），原来的厂房与 798 艺术园区一路之隔。这是新中国刚刚成立时，苏联援建的 156 个项目之一。774 厂一度是亚洲第一大电子管厂，还是国内最早的半导体公司，东方红一号卫星使用的集成电路就来自 774 厂。由于多种原因，其在改革开放后陷入困境。1993 年 4 月，员工自筹 650 万元进行股份制改造，创办北京东方电子集团股份有限公司，后来更名为京东方。2003 年 1 月 22 日，京东方以 3.8 亿美元收购韩国现代公司的面板业务。收购当年，京东方就在北京开建了属于自己的 5 代线。2008 年 3 月，总投资 34 亿元的成都 4.5 代线正式开工。2009 年 4 月，京东方合肥 6 代线开建，总投资 175 亿元。在智能手机液晶显示屏、笔记本电脑显示屏、

---

① 中国工程师红利已取代人口红利　成为经济发展重要力量［EB/OL］. https：//www.chinanews.com.cn/gn/2020/03-04/9113712.shtml.

② 瑞银中国报告认为：中国“工程师红利”将弥补人口红利缺口［EB/OL］. http：//www.gov.cn/guowuyuan/2017-11/03/content_5237120.html.

平板电脑显示屏、电视显示屏、显示器显示屏五大领域，京东方的出货量均位居全球第一。

宁德时代创办于2011年，仅用六年就成为全球新能源电池一线供应商，从事新能源汽车动力电池系统、储能系统的研发、生产和销售，为全球新能源应用提供解决方案，掌握动力和储能电池等核心技术。宁德时代的多位创始人都有在国企、外企从事新能源研发的经历。

经过70多年的发展，我国已经进入了能够产生新物种和关键核心技术的阶段。上述企业走的是比较典型的技术升级路线。计划经济时代，我国与苏联决裂之后被迫走上自主研发道路，这一道路在改革开放之后一度被“以市场换技术”替代，但是科研机构、科研力量，甚至是科研平台仍然或多或少被传承下来，并成为中国获得新发展的重要支撑。

当前，我国的科技进步正在加速进行。中国研发投入在GDP中的占比已经超过一些发达国家。“中国的研发支出占GDP比重在1991年时仅为0.7%，远低于世界平均水平；2010年的研发支出占GDP比重已经高于OECD（经济合作与发展组织）国家的中位数，2012年则一举超过OECD国家的研发支出占GDP比重的均值1.9%。2017年中国的研发支出占GDP比重达到2.11%，高于许多发达国家水平。”制造业的研发投入增长也非常快。“2006—2016年，制造业细分的31个子行业中，研发人员投入和经费增速分别达到年均16.0%和26.4%，远远高出了这期间的制造业增加值增速和GDP增速。”①

当然，突破西方设定的分工体系是极为艰难的，这一进程才刚刚开始。一篇分析世界500强的文章指出：“2020年全球500强公司的利润之和为20613.17亿美元，美国公司利润总额高达8447.71亿美元，占比高达40.98%。尽管美国只占500强企业数量的24.2%，营收总和的29.45%，但是利润占比竟然达到了40.98%。……而我国500强企业利

① 张斌．从制造到服务——结构转型期的宏观经济学［M］．北京：中信出版社，2021：29.

润总和为4437.18亿美元，占全球500强的21.43%，稳居全球第二位。”① 一个国家在全球500强中所占的企业数量、质量大概能反映国家在全球产业链中的地位，我们还有不小的差距。

不过要相信，我们从近代以来第一次开始批量突破西方的技术封锁，而且通过辛勤研发取得了西方所不拥有的技术，这些技术将相互推进、产生化学反应，成为中国科技飞速发展的巨大潮流。

路风指出：“有关全球发展史的一个事实是，如果一个后进国家能够实现产业升级，那么这个国家就必须有企业选择进入该国原来所没有的、技术和资本密集程度更高的工业。”② “技术学习是一个独立变量——它与资本积累和投资相互作用，但不是投资的自然结果，而是一个需要付出巨大努力的独立过程。于是，关心落后国家发展的新一代经济学家达成共识：经济发展的实质不是一个简单地提高资本积累率的过程，而是一个获得技术能力并在技术不断变化的条件下把这些能力转化为产品和工艺创新的过程。”③

对于中国这样规模巨大的国家来说，必须坚持走自主创新道路，以创新驱动发展。在这个方面，我们越来越感觉到这种创新的态势。④

中国工程院院士王坚指出：“可能世界上第一台计算机不是发明在中国，最好的CPU也不是在中国，但是中国有可能变成世界上第一的国家，能够真正把计算变成一个公共服务，它对于将来二十年、三十年中国及世界的影响是巨大的。我们生活的这个时代，非常像一百年以前的美国，我们有巨大的机会做一件事情，因为我们有一个极其重要的条件，就像美国当时比欧洲要落后，今天中国是比美国落后一点，但是使得我们有一次机会超越他们。我想这个超越不只是为了中国，最后还带

---

① 对2020年世界五百强数据分析看美国对中国的六个核心优势［EB/OL］. https：//www.sohu.com/a/414737243_100095661.

② 路风．光变——一个企业及其工业史［M］. 北京：当代中国出版社，2016：273.

③ 路风．光变——一个企业及其工业史［M］. 北京：当代中国出版社，2016：415.

④ 荷兰爱思唯尔（Elsevier）出版集团的一份分析报告显示，在过去20年中，中国的研究人员发表了大约13.4万篇关于人工智能的研究论文，数量远远多于美国等西方国家。

动了整个世界的发展。”①

奥尔森在《国家兴衰探源》一书中将国家衰落归结于分利集团的阻碍作用，这是很有道理的。② 第一次工业革命发生在英国，但是第二次工业革命却发生在美国，因为第一次工业革命形成的利益集团阻碍了新的技术进步。如在 1865 年，英国议会通过了《机动车法案》，严重影响英国汽车企业的发展。后来，美国、德国等汽车工业得以迅速崛起。从这个视角来看中美的技术竞争也是有意义的。美国科技总体上比中国发达，但是美国为什么无法发展高铁、5G 等技术，甚至在电动汽车领域普及速度也无法追赶中国？这根本上是旧的利益格局阻碍了新的生产力的应用，使得美国实验室出来的技术并不能在美国的土地上生根开花，必须在一个利益格局尚未形成的地方落地。

2022 年 8 月，美国总统拜登签署了《2022 芯片与科学法案》，该法案的出台就是想让美国重获在半导体制造领域的领先地位，通过巨额补贴，推动芯片制造产业落地美国，让芯片产业“在美国投资，在美国研发，在美国制造”。

发展有其规律，规律不可违背。当初芯片制造企业离开美国有各种因素，这些因素还在的话，就不可能因为补贴就回去，因为发展阶段不同、环境不同，业态难以恢复。

今天中国全民关注关键核心技术“卡脖子”的问题，从另一个方面也说明我们的经济，特别是制造业已经发展到了一个很高的水平。“卡脖子”的技术很多都是工业的皇冠，如果我们回望 20 年前，甚至 10 年前，我们考虑的焦点还不在于此，因为“卡脖子”的东西太多了。高端芯片等“卡脖子”的技术是工业水平发展到高级的产物，它的存在需要下游的需求，如果人为遏制了供给，那么强烈的需求就会推动资本和人才向这个领域流动，使之产生替代，这只是快与慢的问题。张斌指出：“掌握和创造核心技术之路就是成为冠军之路，现在还没有掌握

---

① 王坚演讲：这个时代重新被划分［EB/OL］. https：//www. sohu. com/a/141561807_ 454305.

② ［美］奥尔森．国家兴衰探源［M］．吕应中，译．北京：商务印书馆，1999.

这些技术不等于以后就不能成为冠军。”“世界上再也找不出一个发展中国家能像中国这样生产出有国际竞争力的汽车和手机，世界上也没有第二个发展中国家拥有中国这个水平的制造业。对于制造业技术不够好的担心，好比是对一个成绩优异的中学生还不会求解偏微分方程的担心。从人均收入水平上看中国还处于中学生阶段，已经掌握了很多大学本科生的数学知识，可还是不会研究生才会学习的偏微分方程求解。这并不值得担心，应该担心的不是现在的水平而是未来能否有可持续的进步。”①

中国近年来，在高铁、量子卫星、大飞机等方面涌现出许多重大成果，并在一些领域开始走在世界前列。根据科技部2023年发布的数据，我国全社会研发投入从2012年的1.03万亿元增长到2022年的3.09万亿元，研发投入强度从1.91%增长到2.55%。世界知识产权组织发布的全球创新指数排名中，我国从2012年的第34位上升到2022年的第11位，是世界各国中唯一持续快速上升的国家。高性能装备、智能机器人、增材制造、激光制造等关键核心技术突破，有力推动了制造业升级。超级计算、大数据、区块链、智能技术等加快应用，推动了人工智能、数字经济蓬勃发展。移动支付、远程医疗、在线教育等新技术新模式正在深刻改变着传统生活方式。

日本学者汤浅光朝1962年运用统计学的方法对近代科学成果进行定量分析时发现，16世纪至20世纪，世界科学中心进行了5次大的变迁，意大利（1540—1610年）、英国（1660—1730年）、法国（1770—1830年）、德国（1810—1920年）、美国（1920—），转移周期大约为80年，这就是著名的“汤浅现象”。根据这一研究进行预测，他认为2000年前后美国将退出世界科学中心的地位。我国学者赵红州1984年独立地发现了世界科学中心转移现象，与汤浅光朝的研究不谋而合。

---

① 张斌．从制造到服务——结构转型期的宏观经济学［M］．北京：中信出版社，2021：36.

第六个世界科学中心会诞生在哪里，这是一个争论中的话题。就目前态势看，发生在中国会有很大的概率。当然，每一次新旧交替都绝非易事，这需要我国付出巨大努力才可能实现。

三、全面发展

中国特色社会主义进入新时代，我国社会主要矛盾转化为人民日益增长的美好生活需要和不平衡不充分的发展之间的矛盾。明确全面深化改革总目标，坚持以人民为中心的发展思想，国家推出了一系列重大举措——脱贫攻坚、防范风险、污染治理……更好地发挥了政府有形的手的作用，对市场看不见的手的不足进行治理，进一步解放了内在和外在的约束。

笔者的博士论文研究的主题就是后发展国家的政治秩序与治理，其中“拉美陷阱”当然是绕不过去的话题。很多分析“拉美陷阱”的学者都会提到以下几个因素：收入差距过大造成内需增长过缓；城市化进程中形成新的二元结构，城市的繁华与贫困伴生；资本项目开放造成金融风险和国家财富损失；产业无法向高端升级。“这几个瓶颈问题实际上都属于一个问题，收入差距过大导致内需的缺乏，这本身就是二元结构的一部分，而资本项目开放同时也是这种收入差距导致的社会抗争，并进而在公共政策上的反应——拉美债务危机的发生的根源在于国内民粹主义的政治压力使得国家发展无法向国内社会融资，而将希望寄托在国际债务上。制造业无法向高端服务业升级是因为国际分工的压力，向高端服务业升级本身就意味着分割产业链的高端的经济利益。”①

解决这些问题，仅仅靠经济手段是不行的，需要一揽子综合性的措施，而这种综合性措施的推出和实施需要国家领导层具有强大的政治智

① 宣兴章．世界市场与国内冲突——后发展国家的政治秩序与治理［D］．北京：中共中央党校，2009.

慧、执政能力和执行意志。中国共产党始终坚持以人民为中心，统筹兼顾，在不均衡中创造均衡，保持经济与社会发展的动态均衡。我们可以沿着小康社会的实现这一历史线索来理解这一主线。

“小康”一词最早出自《诗·大雅·民劳》“民亦劳止，汔可小康”，原意是指生活比较安定。1979 年，时任日本首相大平正芳访华。在回答大平正芳关于中国四个现代化真实含义的疑问时，邓小平说：“我们要实现的四个现代化，是中国式的四个现代化。我们的四个现代化的概念，不是像你们那样的现代化概念，而是‘小康之家’。……比如国民生产总值人均一千美元……中国到那时也还是一个小康的状态。”① “四个现代化”不仅有了具体的量化标准，而且有了一个中国老百姓易于理解的词汇——“小康”。这是将国家目标与民生目标相结合的概念，是中华优秀传统文化与社会主义理想有机结合的伟大理念。

1982 年，党的十二大正式把“小康”写入了行动纲领，并同时提出，到 2000 年，我国的工农业年总产值要比 1980 年翻两番。

党的十六大报告发出了“全面建设小康社会”的动员令，要在 21 世纪的头 20 年，集中力量，全面建设惠及十几亿人口的更高水平的小康社会，使经济更加发展、民主更加健全、科教更加进步、文化更加繁荣、社会更加和谐、人民生活更加殷实。2012 年，党的十八大强调要“确保到 2020 年实现全面建成小康社会宏伟目标”。

全面建成小康社会是一个着眼于民生的综合性目标，既突出了经济建设在其中的重要地位，又涉及国家安定、人民幸福的各个方面。习近平总书记明确了“两个一百年”的奋斗目标，到中国共产党成立 100 周年时全面建成小康社会，到新中国成立 100 周年时建成富强民主文明和谐的社会主义现代化国家。从 2020 年到 2035 年，在全面建成小康社会的基础上，再奋斗 15 年，基本实现社会主义现代化。从 2035 年到 21 世纪中叶，在基本实现现代化的基础上，再奋斗 15 年，把我国建成富强民主文明和谐美丽的社会主义现代化强国。

---

① 邓小平．邓小平文选（第二卷）[M]．北京：人民出版社，1994：237.

全面建成小康社会，需要补短板，其中脱贫攻坚是关键一条。党的十八大以来，通过党和政府以及社会各界的巨大努力，现行标准下农村贫困人口全部脱贫，贫困县全部摘帽，近 1 亿贫困人口实现了脱贫。2020 年 6 月，习近平总书记在《求是》杂志发表文章指出，我国已经基本实现了全面建成小康社会目标。“从人民生活水平看，党的十八大确定的 2020 年城乡居民人均收入比 2010 年翻番目标，可以如期实现。脱贫攻坚战取得决定性进展，到 2018 年底农村贫困人口还有 1660 万人，2012 年底以来累计减少 8239 万人，成效举世公认。我国形成了世界上规模最大的中等收入群体，如以家庭年收入 10 万元至 50 万元作为标准，已超过 4 亿人。”①

2021 年 7 月 1 日，在庆祝中国共产党成立 100 周年大会上，习近平总书记代表党和人民庄严宣告：“经过全党全国各族人民持续奋斗，我们实现了第一个百年奋斗目标，在中华大地上全面建成了小康社会，历史性地解决了绝对贫困问题，正在意气风发向着全面建成社会主义现代化强国的第二个百年奋斗目标迈进。”②

开展大规模的扶贫是中国特色社会主义的内在要求，是全面建成小康社会的核心指标。从经济的角度来审视，这也是着眼未来长远发展的前瞻性的战略布局，不仅大大降低了社会风险，而且为下一轮大发展奠定了新的基础。

均衡的发展不仅在于经济与社会，还在于人与自然，这是着眼于当下，也是着眼于未来的大计。

习近平总书记提出“人与自然生命共同体”“绿水青山就是金山银山”的科学论断。这些重要论断将人类与自然的关系推向了新的高度，超越了西方工业文明的“人类中心主义”，是迈向生态文明的重要理论创新。

---

① 关于全面建成小康社会补短板问题［EB/OL］. https：//www. ccps. gov. cn/xxsxk/zyls/202005/t20200531_ 141297. shtml.

② 习近平. 在庆祝中国共产党成立 100 周年大会上的讲话［EB/OL］. http：//www. gov. cn/xinwen/2021-07/15/content_ 5625254. htm.

发达国家无一不是经济发展造成了严重污染，而后才开始环境治理的。我国“十三五”时期是迄今为止生态环境改善成效最大、工作推进成效最好、百姓和国际社会高度认可的五年。“十三五”规划确定的9项生态环境约束性指标全都超额完成，蓝天、碧水、净土保卫战和七大标志性战役取得决定性胜利。

同时，更加严格的生态环境保护也在不断引导、优化、倒逼、促进经济的高质量发展。“十三五”时期，能源结构、产业结构、交通运输结构持续优化，单位GDP二氧化碳排放累计下降了19.5%，全国清洁能源占能源消费的比重接近1/4，光伏、风能装机容量和发电量均居世界首位，全国超低排放煤电机组累计达9.5亿千瓦，建成了世界上最大规模的超低排放清洁煤电供应系统，基本完成“散乱污”企业排查，治理工业炉窑1.5万台。

我国更加深入地参与了全球环境治理，提前完成了中国对外承诺的2020年碳排放强度控制目标，并提出要力争2030年前实现碳达峰、2060年前实现碳中和。

2016年，联合国环境规划署发布《绿水青山就是金山银山：中国生态文明战略与行动报告》，标志着中国的生态文明建设理念和经验正在为全世界可持续发展提供重要借鉴。

社会主义市场经济，必须有好的政商关系。我们党开展的反腐倡廉是党的自我革命，同时也是对社会主义政商关系的改善。

2012年11月16日，习近平总书记在十八届中央政治局第一次会议上强调，“大家要带头遵守党的组织原则和党内政治生活准则，懂规矩、守纪律”。全面从严治党首先要从作风问题抓起。新时代全面从严治党从中央政治局立规矩开始，从落实中央八项规定精神入手。八项规定是党的十八大之后制定的第一部重要党内法规，也是改进工作作风的一个切入点。习近平总书记强调，共产党员永远是劳动人民的普通一员，除法律和政策规定范围内的个人利益和工作职权外，所有共产党员都不得谋求任何私利和特权，必须反对特权思想和特权现象相结合，在干部办公用房、公务用车、秘书配备、公务消费等方面出台了一系列整治措施，严格规范领导干部的工作和生活待遇，一些干部身上存在的特权思想和特权现象得到有效遏制。各级纪检监察机关从治理公款吃喝、旅游、送礼等不正之风入手，以一个个具体问题的解决，带动了全社会风气整体转变，为深入推进全面从严治党凝聚了党心民心。

2013 年 1 月，习近平总书记在十八届中央纪委二次全会上进一步指出，严明党的纪律，首要的就是严明政治纪律，政治纪律是最重要、最根本、最关键的纪律。会议还提出，党的各级纪律检查机关要把维护党的政治纪律放在首位，加强对政治纪律执行情况的监督检查，铲除重大政治隐患。各级纪委着力解决无视政治纪律和政治规矩的问题，严肃查处公开发表违背党中央精神的言论和有令不行、有禁不止行为。党的十八大以后的五年，共立案查处违反政治纪律案件 1.5 万件，处分 1.5 万人，其中中管干部 112 人。

扫黑除恶专项斗争是大快人心的一项重要部署，切实保护了百姓的合法权利，同时也阻止了暴力进入市场，干扰市场秩序。截至 2019 年 9 月底，社会治安环境明显改善，上半年全国刑事案件同比下降 6%，八类严重暴力案件下降 11.1%，涉枪案件下降 44%；群众安全感、满意度明显提高，一批称霸一方的黑恶势力被打击处理，一些沉冤多年的积案得到侦破；党风政风明显好转。全国纪检监察机关立案查处涉黑涉恶腐败和“保护伞”案件移送司法机关 5500 人，有效净化了政治生态；基层组织建设明显夯实，全国组织部门排查整顿软弱涣散村党组织 7.38 万个，清理黑恶势力干扰、渗透的村组织 1700 余个；经济社会发展环境明显优化，打击了一批破坏市场秩序的黑恶势力，整治了一批行业领域社会乱象，完善了一批行业监管制度，进一步净化了营商环境。[①]

四、伟大斗争

任何一个国家的发展最难的阶段，一个是启动之时，另一个是从低

① 扫黑除恶专项斗争取得重大阶段性成果［EB/OL］. https：//politics. gmw. cn/2019-10/13/content_ 33229133. html.

质量迈向高质量发展之时。第一个阶段是从无到有的过程，如果没有特殊的历史条件是无法启动的。第二个阶段是激烈竞争的过程，这个国家将分享世界上既得利益国家的“奶酪”，难以避免会受到它们的干涉和打压。

据国际货币基金组织（IMF）研究，截至2018年，全球发展中国家的人口超过63.9亿，有11个国家的人口超过1亿，分别是：中国、印度、印度尼西亚、巴西、巴基斯坦、尼日利亚、孟加拉国、俄罗斯、墨西哥、埃塞俄比亚、菲律宾。而发达国家的人口大约为11亿，只有美国和日本的人口超过1亿。其中，美国的人口为3.272亿，约占发达国家人口总量的29.75%；日本人口约为1.265亿，占发达国家人口总量的11.50%。

林毅夫指出，1900年，八国联军攻打北京，这八国是英国、美国、德国、法国、意大利、俄国、日本和奥匈帝国，当时它们的GDP占全世界的50.4%。第一次世界大战后，奥匈帝国解体，加拿大上位，变成后来的八国集团。2000年，它们的GDP按购买力平价计算，占全世界的47%；如果按市场汇率计算的话，占全世界的66.4%。可以说整个20世纪，全世界的政治经济就由这八国来主导。……进入21世纪，世界发生了巨大变化。2018年，这八国的GDP占世界的比重下降到34.7%。其中，美国下降到16%。造成巨大变化的原因，主要在于中国改革开放以后的快速增长。过去42年里，中国每年的平均增长速度是9.2%。2014年，按照购买力平价计算，中国的经济规模已经超过美国。按照市场汇率计算，中国在2030年会超过美国，基本上已经是国际共识。①

在人类过去的100多年里，能够成功晋级发达经济体的国家和地区只有日本、以色列和“亚洲四小龙”等。非常凑巧，这六个经济体全部是依赖西方获得了晋级机会，人口最多的日本和韩国本土至今还有美国的驻军。而且，并不是所有依赖西方的国家和地区都有机会，这几个国家和地区都是在地缘政治中发挥了独特的作用才获得了这样的机会。

① 林毅夫．中国经济规模超美国或提前至2028年［EB/OL］. https：//www.nse.pku.edu.cn/sylm/xwsd/512286.htm.

世界发达国家人数只有11亿，中国要带领14亿人进入发达国家的行列，这是一个全球性的“冲击”。习近平总书记指出：“中华民族伟大复兴，绝不是轻轻松松、敲锣打鼓就能实现的。全党必须准备付出更为艰巨、更为艰苦的努力。”①

这里首先就是应对霸权国家的打压。

从2018年开始，美国炮制各种议题，在各个场合不遗余力地打击中国。

2019年新冠肺炎疫情暴发后，美国大肆甩锅，制造中国责任、索赔等国际舆论，并同时加速对我国经济科技的“脱钩”。

改革开放以来，中美两国的依赖关系不断加深，这产生了深远的后果。史正富评价改革开放以来的30多年时指出：“过去30多年来中美两国同时实行了不平衡的发展战略。……中美两国的经济发展无意中形成了互补性战略配对，各自均以对方为依存，缺一不可。这一自发性战略配对的内在逻辑是显而易见的。一方面，中国用资源与产品交换美元，实体经济能力得到长足发展，但积累了一堆不断贬值的美元纸钞；另一方面，美国靠印发纸钞维持赤字与国内消费福利，却使实体经济受损，经济越来越虚拟化。”“在某种意义上说，中美两国是本次全球化进程中的最大受益国。但是，中国实体经济走强与美国虚拟经济走强的趋势一定程度上都已经难以为继。美国难以为继，是因为实体经济总要保持某种规模，虚拟经济和资产泡沫终归要破灭；在现有条件下中国也难以为继，是因为再用稀缺的资源与产品换取大量美元纸币，风险越来越难以承担。”② 这种双向不平衡使得中美两国都要开始进行调整，而这种调整在2008年次贷危机以后就更加迫切和必要。

但是这种调整的难度是极大的。“中国积累了数量惊人的货币储备：到2012年中期达到3.24万亿美元，其中约有60%是美国政府债

---

① 习近平．决胜全面建成小康社会　夺取新时代中国特色社会主义伟大胜利——在中国共产党第十九次全国代表大会上的报告［EB/OL］. http：//www.gov.cn/zhuanti/2017-10/27/content_5234876.html.

② 史正富．超长增长——1979—2049年的中国经济［M］. 上海：上海人民出版社，2013：71-72.

券。而美国则积累了全世界最多的国际债务，高达15.5万亿美元。两个国家的政府各自都焦虑不安地注视着对方规模巨大的储备或债务及其发展轨迹：中国担心其积聚美元的全球购买力突然崩溃，美国则担心其外国融资突然中断。这种僵持不下的局面被拉里·萨默斯称作是一种‘金融恐怖平衡’。两国政府无法找到合作的途径来缓和这种局面。”①

在这种情况下，美国采取了非常具有攻击性的政策。特朗普政府采取直接攻击策略，点对点打击华为、中兴等中国高科技企业。但是，从结果来看并没有取得实质性的效果。自从2020年中国率先从疫情中复工复产以来，中美贸易就开始逆势增长。数据显示，2020年两国贸易额达4.06万亿元，同比增长8.8%；其中，中国对美出口3.13万亿元，增长8.4%，自美国进口9318.7亿元，增长10.1%。海关数据则显示，2021年前5个月，中国对美国出口1.34万亿元，增长38.9%，自美国进口4783亿元，增长48.5%，对美贸易顺差8605.1亿元，增加34.1%。而美国对华开征的所谓“惩罚性关税”主要由美国承担。“美国穆迪投资者服务公司（2021年）5月发布的一份报告显示，美国进口商承担了特朗普任职时对中国商品加征的20%关税中90%以上的额外费用；自由市场智库美国行动论坛的数据则显示，加征关税导致美国消费者每年的负担增加了约570亿美元。”②

拜登政府则通过拉拢盟友等逐渐对中国形成合围之势，并在中国周边和国内制造混乱，扰乱中国发展大局，围堵打压中国发展。从目前的情况看，拜登政府所作所为也难以收到其预想的效果。

在以习近平同志为核心的党中央坚强领导下，中国采取了非常冷静、务实和英明的斗争策略，那就是坚定顺应世界发展大势，紧紧依靠中国人民，敢于斗争、善于斗争，做好自己的事情。习近平总书记2018年在首届中国国际进口博览会开幕式发表主旨演讲，指出：“中国是世界

---

① ［美］本·斯泰尔．布雷顿森林货币战：美元如何统治世界［M］．符荆捷，陈盈，译．北京：机械工业出版社，2019：342.

② 大增41.3%，中美贸易再交“亮眼”成绩！美国买1.34万亿中国产品［EB/OL］．https：//www.163.com/dy/article/GBTG8C8J0519EO06.html.

第二大经济体，有13亿多人口的大市场，有960多万平方公里的国土，中国经济是一片大海，而不是一个小池塘。大海有风平浪静之时，也有风狂雨骤之时。没有风狂雨骤，那就不是大海了。狂风骤雨可以掀翻小池塘，但不能掀翻大海。经历了无数次狂风骤雨，大海依旧在那儿！”①

战术设计无法违背战略方向，战略方向无法违背世界发展潮流。美国学者炮制出所谓“修昔底德陷阱”，借用古希腊著名历史学家修昔底德所述，指一个新崛起的大国必然要挑战现存大国，最后战争变得不可避免。这种理论本身就是一种陷阱。大国争霸已经不适合今天的世界，不符合中美两国人民的利益，也不符合世界人民的利益。中国维护以联合国为核心的国际体系和以国际法为基础的国际秩序，推动构建人类命运共同体。中国坚定不移走和平发展道路，在扩大开放中深化与各国友好合作，始终作为促进世界和平稳定与发展繁荣的重要力量。

中国的发展不仅要惠及国内民众，还要同世界分享中国发展机遇，促进共同繁荣。2013年秋，习近平总书记提出了共建丝绸之路经济带和21世纪海上丝绸之路倡议。“推进丝绸之路经济带、海上丝绸之路建设，形成全方位开放新格局”作为一项重大决策部署，写入党的十八届三中全会审议通过的《中共中央关于全面深化改革若干重大问题的决定》。2014年6月，习近平在中国—阿拉伯国家合作论坛第六届部长级会议上首次正式使用“一带一路”的提法，并对丝绸之路精神和“一带一路”建设应该坚持的原则做出系统阐述。

2020年1月1日，《中华人民共和国外商投资法》施行。这部新时代中国外商投资领域的基础性法律，向世界展示了中国大门越开越大的坚定决心。14亿人口的超大规模市场、国内生产总值百万亿元的世界第二大经济体、全球第一大货物贸易国，让我们有足够的体量应对可预见的和不可预见的各种风险。

---

① 习近平. 共建创新包容的开放型世界经济——在首届中国国际进口博览会开幕式上的主旨演讲［EB/OL］. http：//www.xinhuanet.com/politics/leaders/2018-11/05/c_ 1123664692.html.

五、迈向社会主义现代化强国

马克思在《1844年经济学哲学手稿》中，阐述了人的全面发展思想。马克思认为，人的发展是“人以一种全面的方式，就是说，作为一个总体的人，占有自己的全面的本质”。[①] 以人民为中心的中国特色社会主义正在以人的全面发展为目标，不断展示出光辉的前景。

在省部级主要领导干部“学习习近平总书记重要讲话精神，迎接党的二十大”专题研讨班开班式重要讲话中，习近平总书记明确指出，党的二十大要对党的十九大提出的全面建成社会主义现代化强国两步走战略安排进行宏观展望，重点部署未来五年的战略任务和重大举措。

实现社会主义现代化，实现中华民族伟大复兴，最根本最紧迫的任务还是进一步解放和发展社会生产力。正如郑必坚所分析的，“整个社会主义初级阶段有一项贯通全程的任务，就是‘中国人民的生产力’需要持续的提质增效的大发展。中国特色社会主义进入新时代，这是完成社会主义初级阶段全部战略任务的关键时期。恰恰在这个时期，出现了两个史无前例的大事件，一是‘新时代’和新一轮经济全球化相结合，二是工业化、现代化和信息化、新科技革命相结合。以科技这个‘第一生产力’牵头的中国人民的现代生产力正以群体迸发之势，为‘新时代’注入了新活力。……抓住这个机遇，才能把中国人民的生产力在21世纪中叶，推进到居于世界前列的新高度”。[②]

党的十八大以来，我们逐步消除改革开放30多年来积累的种种问题，进一步处理好改革、发展、稳定的关系，处理好市场“自组织”的力量与国家干预的关系，化解了一系列重大风险，取得了历史性成

① 马克思，恩格斯．马克思恩格斯全集（第3卷）［M］．中共中央马克思恩格斯列宁斯大林著作编译局，译．北京：人民出版社，2002：303.

② 郑必坚．中流击水——经济全球化大潮与中国之命运［M］．北京：外文出版社，2018：172.

就。社会发展更加均衡，国家治理体系和治理能力不断现代化。运筹大国关系，主动谋划，积极作为，提高国家的抗压能力，并为各种可能性做好准备。

2019 年，我国人均 GDP 达 10276 美元，跨上 1 万美元台阶。一个拥有 14 亿人口的大国，实现人均 GDP 过万美元，是人类发展史上的奇迹。数据显示，2018 年人均 GDP 过万美元经济体人口约 15 亿。中国人均 GDP 的突破，让全球这一行列人口达近 30 亿。[①] 2020 年中国人均 GDP 约为 10504 美元，已经进入摆脱“中等收入陷阱”的后期。

我国的优势是通过革命进入工业化，土地制度、封建残余等解决得非常彻底，“发展制度陷阱”的历史包袱不多。我国不断推进全面发展，全面深化改革，长期保持社会稳定与经济发展，也没有落入“社会危机陷阱”。在经济发展的同时，摆脱产业链的技术锁定，加强自主创新和技术进步，有望在发展中摆脱“技术陷阱”。

2020 年《中华人民共和国国民经济和社会发展第十四个五年规划和 2035 年远景目标纲要》（简称《纲要》）发布，在全面建成小康社会、实现第一个百年奋斗目标之后，中国将乘势而上开启全面建设社会主义现代化国家、向第二个百年奋斗目标进军的新征程。

《纲要》确定 2035 年远景目标是：“我国将基本实现社会主义现代化。经济实力、科技实力、综合国力将大幅跃升，经济总量和城乡居民人均收入将再迈上新的大台阶，关键核心技术实现重大突破，进入创新型国家前列。基本实现新型工业化、信息化、城镇化、农业现代化，建成现代化经济体系。基本实现国家治理体系和治理能力现代化，人民平等参与、平等发展权利得到充分保障，基本建成法治国家、法治政府、法治社会。建成文化强国、教育强国、人才强国、体育强国、健康中国，国民素质和社会文明程度达到新高度，国家文化软实力显著增强。广泛形成绿色生产生活方式，碳排放达峰后稳中有降，生态环境根本好

① 新的里程碑！我国人均 GDP 突破 1 万美元［EB/OL］. http：//m. xinhuanet. com/gd/2020-01/18/c_ 1125476725. htm.

转，美丽中国建设目标基本实现。形成对外开放新格局，参与国际经济合作和竞争新优势明显增强。人均国内生产总值达到中等发达国家水平，中等收入群体显著扩大，基本公共服务实现均等化，城乡区域发展差距和居民生活水平差距显著缩小。平安中国建设达到更高水平，基本实现国防和军队现代化。人民生活更加美好，人的全面发展、全体人民共同富裕取得更为明显的实质性进展。”“十四五”时期经济社会发展的主要目标是：经济发展取得新成效，改革开放迈出新步伐，社会文明程度得到新提高，生态文明建设实现新进步，民生福祉达到新水平，国家治理效能得到新提升。①

新发展理念是中国发展的根本指针。2015 年 10 月 29 日，习近平总书记在党的十八届五中全会第二次全体会议上的讲话中提出了创新、协调、绿色、开放、共享的发展理念。2016 年 1 月 29 日，习近平总书记在中共中央政治局第三十次集体学习时强调：新发展理念就是指挥棒、红绿灯。创新发展注重的是解决发展动力问题，提升科技对经济社会发展的支撑能力。协调发展注重的是解决发展不平衡问题。绿色发展注重的是解决人与自然和谐问题。开放发展注重的是解决发展内外联动问题。共享发展注重的是解决社会公平正义问题。

发展，从根本意义上说，是一个社会整体的进程。在发展过程中，政治、经济、社会权力也会随之变迁。特定阶层成长，其他特定阶层人数减少或者权力衰落，随之带来新的需求和冲突。这些冲突需要基于各阶层之间的关系，在新的制度体系下予以调整。减少发展过程中的震荡，需要平衡各个主体的地位。这些主体存在于地区之间、国内与国际之间、社会阶层之间、人与自然之间以及经济社会的各个环节之间等。新发展理念要求坚持发展，发展是为了人民，这就在关系中确定了发展的目的、方法与手段。

从历史数据来看，美国人均 GDP 达到 1 万美元是在 1978 年，日本

---

① 中华人民共和国国民经济和社会发展第十四个五年规划和 2035 年远景目标纲要［EB/OL］. http：//www. gov. cn/xinwen/2021-03/13/content_ 5592681. html.

是在 1981 年。人均 GDP 超 2 万美元是成为发达国家的基本条件。人均 GDP 从 1 万美元到 2 万美元，美国用了 9 年，日本只用了 6 年。考虑到我国的体量，实现人均 GDP 达到 2 万美元估计要用 10 年左右。

现在，我们比历史上任何时期都更接近中华民族伟大复兴的目标。然而，“行百里者半九十”，越是接近目标，我们面临的风险和挑战就越多，越需要凝聚全国人民的智慧和力量共同奋斗。

全球经济已经开始进入一个漫长的萧条期。这个时期正是千年未有之大变局加速演进之时，我国仍处于大有可为的战略机遇期、历史机遇期。世界经济的重心正在决定性地从美国向东亚地区转移。新工业革命将会出现爆发式发展。这将是一个漫长的历史过程。

马克思、恩格斯对世界经济中心转移的过程进行了论述，分析了世界经济中心从地中海向大西洋沿岸、再向太平洋沿岸转移的历史大趋势，国际分工发展带来国际生产中心的转移，与之同步，国际贸易中心、航运中心、金融中心也会发生转移。在《时评》（1850 年 1—2 月）、《时评》（1850 年 3—4 月）、《时评》（1850 年 5—10 月）等著作中，马克思、恩格斯深刻指出随着新航线开辟，世界经济的中心从地中海转移到了大西洋，最后又转移到了太平洋沿岸。① 马克思、恩格斯认为：“加利福尼亚的黄金和美国的不断努力，将使太平洋两岸很快就会同现在从波士顿到新奥尔良的海岸地区那样，人口也那样稠密、贸易也那样方便、工业也那样发达。那时，太平洋就会像大西洋在现代，地中海在古代和中世纪一样，起着伟大的世界水路交通线的作用；而大西洋的地位将要降低，而像现在的地中海那样只起一个内海的作用。”②

我们今天可以清晰地看到，马克思、恩格斯预言惊人的准确，世界经济中心和科技中心正在向东亚转移，东升西降正在不以人的意志为转移地加速进行。罗伯特·吉尔平认识到这个趋势，他说：“在过去三个

---

① 马克思，恩格斯．马克思恩格斯全集（第 10 卷）[M]．中共中央马克思恩格斯列宁斯大林著作编译局，译．北京：人民出版社，1998：276，277，590，591.

② 马克思，恩格斯．马克思恩格斯全集（第 10 卷）[M]．中共中央马克思恩格斯列宁斯大林著作编译局，译．北京：人民出版社，1998：276.

世纪中，核心区所在地和经济活动的全球分布不断变化，从地中海转向北大西洋，到了我们这个时代，又转向太平洋。亚洲和拉丁美洲新兴工业国的出现改变了国际分工，并导致国际政治经济性质和领导权的深刻变化。对这个动态过程的原因与结果提供更好的分析，是一个重大的挑战。”①

通常来说，霸权的解体伴随着扩张的过程，扩张的顶峰逐渐呈现出区域化的趋势，这之后才能出现新的中心国家，新的国际秩序才能出现。“1800 年以后的大英帝国的经济开始向全球扩展，经济重心开始向东南转移，由此开始英国一个更加辉煌的时期，荷兰也曾经有过这样的时期。美国，正如所有的近代霸权一样，正在进入一个更加辉煌灿烂的霸权的黄昏。这是世界体系从集中走向分散的产物。只有经历这个漫长的分散，或者称为多极化的过程，世界体系才可能寻找新的中心。”“正像大西洋时代有三个支轴国家一样，太平洋时代也可能有两个、三个甚至更多的支轴国家。在大西洋时代，荷兰、英国、美国先后各领风骚；而在太平洋时代，美国像火炬的接力手一样将世界经济的发展中心从东部传承至西部，并向太平洋西岸进一步推进。今天，太平洋西岸的政治经济架构已经基本浮现，在世界体系日益走向分散化的同时，次级的区域中心将会出现。”② 这就是中国所承接的历史使命。

但是，这不是霸权的更替，而是一种范式的演进，一种新的文明形态的诞生。世界或许将进入一个没有霸权的新的时代，一个国际关系更加民主公平公正、更加注重全世界大多数人福祉的时代，一个更多依靠国际规则与制度的时代。殖民主义和后殖民主义带给人类太多苦难。东方的复兴，特别是中华民族的伟大复兴必将重新塑造人类的发展方式和国家关系模式，让人类进入一个崭新的文明范式。

---

① Robert Gilpin. The Political Economy of International Relations［M］. Princeton University Press，1987：85.

② 宣兴章．国家兴衰、太平洋时代与中国发展［D］．北京：国际关系学院，2006.

第六章

中国道路和中国共产党

1840年以后，中国经历了百年危机。自从有了中国共产党的领导，中国国运为之一变，中国人民实现了从站起来、富起来到强起来的伟大转变，中华民族伟大复兴进入了不可逆转的历史进程。百年来，从半殖民地半封建社会转变成为独立主权的人民共和国，并向社会主义现代化强国迈进；摆脱了依附性的经济，建立计划经济体制，并实现向中国特色社会主义市场经济转变，日益形成市场与社会主义的有机融合；从农业社会转变为工业社会，大踏步向数字社会迈进。这是一个彪炳史册的伟大历程。

实现这些转变的最关键因素就是中国共产党的领导。中国共产党不是西方意义上的政党，世界上采用西方政治体制的国家，政党一般都是竞选的工具，而中国共产党是国家的领导力量，引领着国家的思想指向、发展方向，是国家的基本政治结构、政治的基本组织方式。

在中国共产党的领导下，通过新民主主义革命推翻了帝国主义、封建主义、官僚资本主义三座大山，进行社会主义改造，为实行现代化铺平了道路。这对中国现代化进程有着极其重要的意义。在帝国主义的长期侵略和掠夺下，中国被压制于产业链的低端，甚至是被蚕食和鲸吞，根本无法开展现代化建设。在封建主义的长期压迫之下，数亿农民无法从土地上解放出来、无法从封建宗族的束缚中解放出来，无法进行现代化建设，或者即便能开始，也会留下巨大的包袱。有着官僚资本主义的压榨，只能形成权贵资本主义和裙带资本主义，与发达资本主义国家形成强大的利益联盟对本国人民形成持续的盘剥。

1949年10月1日，中华人民共和国成立。这是中华文明的浴火重生。此时的中国，从领导力量、思想武装、组织方式、治理能力等方面已经完全不同于传统的王朝，是以一种崭新的姿态屹立于世界东方。

抗美援朝战争开始后，中国领导人敏锐觉察到国际格局的变化，结合经济社会出现的问题，果断制定过渡时期总路线，开始社会主义改造和建设。中国抓住了战略机遇，争取到了苏联和其他社会主义国家对华的宝贵援助，奠定了新中国的工业基础。在这一时期，中国摆脱了帝国主义强加在身上的条约体系，同时也打破了社会主义阵营大国想要让中国成为卫星国的幻想。

“文革”结束之后，中国领导人再次对国际形势进行了准确的判断，实行改革开放，加入世界市场，实行“大包干”，乡镇企业开始大发展，推动出口导向，建立中国特色社会主义市场经济体制，促进了中国经济的长期高速增长。在这一时期，中国没有按照一些国家的设定，锁定在产业链的低端，也没有像西方一些精英所设想的那样改旗易帜或者崩溃解体。

党的十八大以来，党中央准确把握新时代战略机遇期内涵的深刻变化和国内主要矛盾的变化，统筹推进“五位一体”总体布局和协调推进“四个全面”战略布局，坚持以人民为中心的发展思想，坚持新发展理念，着力推进市场与社会主义的有机结合，建设社会主义现代化强国，开辟了中国特色社会主义的新境界。在这一时期，中国并没有落入所谓“中等收入陷阱”，也没有落入所谓“修昔底德陷阱”和“新冷战”，西方的“颜色革命”图谋也没有得逞。

2013 年 1 月 5 日，在新进中央委员会的委员、候补委员学习贯彻党的十八大精神研讨班上，习近平总书记从 6 个时间段分析了社会主义思想从提出到现在的 500 年历史过程，包括空想社会主义产生和发展，马克思、恩格斯创立科学社会主义理论体系，列宁领导十月革命胜利并实践社会主义，苏联模式逐步形成，新中国成立后我们党对社会主义的探索和实践，我们党做出进行改革开放的历史性决策、开创和发展中国特色社会主义。习近平总书记强调指出，中国特色社会主义是社会主义而不是其他什么主义，它用新的思想观点，继承和发展了马克思主义，开拓了马克思主义新境界，把对社会主义的认识提高到新的科学水平。随着中国特色社会主义不断发展，我们的制度必将越来越成熟，我国社会主义制度的优越性必将进一步显现，我们的道路必将越走越宽广。

回顾中国发展道路，这是一部恢宏的史诗。通过政党缔造国家，中国共产党经过 28 年的革命对社会进行广泛动员与重组，建立了新中国。通过计划推动发展，中国建立了以中国共产党领导为本质特征的政治制度，实现人民当家作主；解决了自然垄断资源尤其是土地问题，扫平了国内现代化的障碍；初步建立了完整的工业体系；普及教育、医疗等，改善了民生，提高了全民素质。通过国家孵化市场，改革开放 30 多年持续推进，建立了社会主义市场经济，实现了经济社会欣欣向荣的局面。走向高质量发展，让发展的质量更高、更加均衡，全面建成小康社会，持续推进社会主义现代化强国建设。

中国的发展是古老文明的涅槃重生，通过政党缔造国家的方式，实现了古代文明向现代文明的转换。中国的发展让世界社会主义运动走出了苏联解体、社会主义阵营瓦解的低谷，将社会主义与市场经济相结合，开创了中国特色社会主义道路。中国突破发展陷阱、“中等收入陷阱”，独立自主、稳步高速发展，并日益向实现中华民族的伟大复兴迈进。中国的发展离不开中国共产党，中国共产党是中国的领导者、设计者和组织者。

一、中国发展道路的独特性

中国的发展道路是与众不同的，相对于苏联模式来说，中国进行了比较温和的社会主义原始积累，后来通过融入世界市场实现了快速发展。相对于欧美等西方国家来说，中国不依靠对外侵略、掠夺，实现了自我积累式的现代化及和平的发展。相对于印度等国家，中国实行了彻底的社会革命，消除了束缚生产力发展的诸多文化因素，为腾飞打下了基础。相对于拉美等发展中国家，中国实现了独立自主和对外开放相融合，经济长期高速增长的同时保持了社会的稳定发展，并持续实现高质量发展，向高收入国家迈进。

1. 自我积累式现代化

社会主义的原始积累暗含着悖论，悖论的深层原因在于社会主义的道义要求与原始积累之间的矛盾。在生产力高度发达基础上建设社会主义不是问题，但是对于后发展国家建设社会主义，这就是一个绕不过去的难题。

中国开展现代化的原始积累主要来自占人口大多数的农民，从农业中汲取剩余发展工业，然后让工业化成果反哺农民。因为对于后发展国家来说，发展难以遵循从农业、轻工业再到重工业的“自然”的规律。只有优先发展工业，工业发展之后才能带动农业的工业化，也就是现代化。

中国选择的是先汲取农业发展工业，再反哺农业，带动农民致富。这种方式从逻辑上并不难理解。但是在实际执行的过程中，是一件极为艰难的事情，因为在长时段进行这项利益安排，需要利益受损人群极大的忍受力，同时也需要强大的执政能力和利益协调能力作为保障。苏联推行工业化过程是通过剪刀差等方式剥夺农民来发展工业，遭到了农民的强烈抵制。这方面，我国吸取了苏联的教训。

在这里不得不提起“剪刀差”这个词。剪刀差通常是指发达国家在国际贸易中对发展中国家进行的不平等交换，压低发展中国家初级产品价格，提高发达国家工业制成品价格。如果以实际价值为水平线，则初级产品价格在实际价值之下，工业制成品价值在实际价值之上，看起来就像一把剪刀。发达国家通过这种交换赢得高额利润。

有研究表明，“剪刀差”一词源于20世纪20年代的苏维埃俄国，首见于1919年托洛茨基在俄共八大上的发言，随后列宁、斯大林也提及过这个问题。苏联为加快积累工业化资金，人为压低农产品收购价格，使得农民的部分收入在工农业产品交换过程中转入工业部门。但是，工业品价格过高和农产品价格相对过低，使得农民难以购买工业品，于是导致工业品市场萧条。联共（布）1923 年下半年召开政治局会议和 9 月全会，在中央委员会下成立了“剪刀差”委员会，并做出减少“剪刀差”的有关决议；1924 年 1 月联共（布）第十三次代表会议还发动了一个反“剪刀差”运动。不过这些并没有起到实质性作用。通常认为，在斯大林时期，“剪刀差”不仅没有消除，反而扩大了。

在生产力落后国家建设社会主义，从农产品中获取剪刀差利益补贴工业，是没有选择的选择。1924 年，苏联著名经济学家叶·阿·普列奥布拉任斯基在《共产主义科学院学报》第 8 期上发表了《社会主义积累的基本规律》，对社会主义原始积累规律进行了研究，并在此基础上出版了《新经济学》一书。社会主义的原始积累，这个问题在马克思和恩格斯那里基本是不存在的，因为他们设想的社会主义是建立在资本主义生产力高度发达基础之上的，因而只有初始阶段的资本主义才有原始积累。而在生产力落后的国家建设社会主义，如何获得原始积累就成为一个重大的理论和现实问题。对这个问题，普列奥布拉任斯基进行了深刻分析，他指出社会主义的原始积累主要是指通过强制手段来汲取非社会主义形式的经济剩余，推动国营经济和社会主义生产关系发展的一个非经济过程。[①] 这种强制手段，最为重要的是直接获取农民经济的剩余产品。“与资本主义对农民的超经济掠夺相比，社会主义经济从农民经济的剩余中不是‘拿得更少’，而是‘拿得更多’。”[②] 普列奥布拉任斯基的观点在当时引发了很大的争论，但是苏联后来的实践无疑是按照这条路径走下去的。

高积累、低消费，通过剪刀差剥夺农民剩余扶植重工业，这为苏联工业注入了大量的资源，但是负面效应也是明显的。苏联农民长期被剥

---

① 任晓伟．重读普列奥布拉任斯基《新经济学》［J］．山东社会科学，2006（8）．

② 任晓伟．重读普列奥布拉任斯基《新经济学》［J］．山东社会科学，2006（8）．

削，缺乏积极性，苏联的农业生产率一直较低，粮食长期处于短缺状态。

1956年毛泽东在《论十大关系》中指出："我们对农民的政策不是苏联的那种政策，而是兼顾国家和农民的利益。我们的农业税历来比较轻。工农业品的交换，我们是采取缩小剪刀差，等价交换或者近乎等价交换的政策。……鉴于苏联在这个问题上犯了严重错误，我们必须更多地注意处理好国家同农民的关系。"①

尽管我国也走了从农业中汲取剩余的这条不得不走的路，但是尽量照顾农民的利益，调动农民的积极性，统购农产品基本按照正常的价格，收购价格还逐步有所增长。除了特殊时期，在苏联逼债、自然灾害等各种主客观条件下犯过严重的错误，总体上国家实现了温和的资本转移。

国家通过人民公社、农产品统购统销等制度设计，低价从农村收购粮食、高价将城市工业产品（如化肥、农药）销售到农村，获得了发展工业的原始积累。据陈锡文估计，从1953年粮食统购统销开始到1985年统购统销结束，工农产品价格剪刀差为6000亿至8000亿元。王梦奎估计，从1952年到1986年，国家通过工农业价格剪刀差从农业拿走5823.74亿元，年平均为200亿至300亿元。②

农业剩余是主要方面，国家积累还包括国有企业的剩余等，依靠这些，中国用和平的方式积累了工业发展资金，以最短的时间跨越了原始积累阶段，形成了国家独立所必需的工业经济基础，为改革开放之后的产业资本扩张留下了宝贵的物质财富。工农业剪刀差随着国家的发展而逐渐退出历史舞台。

欧美等国家的现代化主要是通过残酷地掠夺殖民地和对外战争获得原始积累的。随着新航路的开辟，西欧的西、葡、荷、英、法进行殖民

---

① 毛泽东．论十大关系//毛泽东文集（第七卷）[M]．北京：人民出版社，1999：30.

② 陈锡文，曾任中央农村工作领导小组副组长，现任第十三届全国人民代表大会农业与农村委员会主任委员。王梦奎，曾任国务院发展研究中心主任。转引自：田传浩．土地制度兴衰探源[M]．杭州：浙江大学出版社，2018：302.

征服，亚、非、拉、美一些国家和地区开始沦为殖民地和半殖民地。美国以几乎灭绝印第安人的方式，完成了比较彻底的土地革命，政府把土地收为国有后，以低廉的价格卖给个人，给美国带来了资金、技术、人才，让美国能快速完成工业化。美国现在仍有近 1/3 土地归政府所有，美国的人均宜居面积、人均耕地、人均资源都超过绝大多数国家。

2. 独立自主和对外开放相融合

有学者指出："近代以来，几乎所有发展中国家的现代化之路都无法摆脱'依附'还是'脱钩'的两难选择。……'依附'可以带来发展，但会失去自主；'脱钩'可以带来自主，但会失去发展。"①

这确实是个真实的问题，而产生这种困境的重要原因在于，世界资本主义体系之下发展中国家路径选择是有限的，资本主义体系中的强国需要发展中国家进入体系为其提供原材料和劳动力等，也就是依附性发展，但是不会允许进入体系的国家走自主发展的道路。

萨米尔·阿明在分析西方国家仇恨社会主义革命的原因时指出："部分原因是这些革命是社会主义革命，要消灭资本主义私有制等，但这不是全部原因。更主要的是因为这些国家决心要独立，不依附全球的资本主义体系，这是西方资本主义国家决不会接受的。它们不会容忍任何独立的国家，即使是独立的资本主义国家，更不用说社会主义国家了。这就是为何自 1991 年以来已经成为资本主义国家的俄罗斯——它也无意成为社会主义国家，依然处于与西方资本主义国家的冷战之中。"②

西方之所以允许进行改革开放的中国进入全球体系，起初是因为冷战等政治原因，后来则想将中国纳入资本主义体系，进而改造中国，使得中国改旗易帜，投入西方怀抱，至少要成为经济依附体系的一部分。

---

① 陈曙光．为发展中国家走向现代化提供全新选择［EB/OL］. http：//theory. people. com. cn/n1/2018/0118/c40531-29771992. html.

② 只有社会主义道路才能摆脱依附与危机——访埃及著名经济学家萨米尔·阿明［EB/OL］. https：//www. sohu. com/a/246897964_ 425345.

而中国则希望利用西方的资本和技术实现国家的现代化、改善人民生活。中国巨大的人口体量、廉价的土地等吸引了跨国公司投资，有着成为生产组装基地的得天独厚的条件。

这种“想象”和实际的利益关系维持了中美数十年相对稳定的关系，其中的相互依赖也是不对等的。但是我们需要注意到，中国在发展过程中对外的依赖主要是策略性的，而不是真正的依附式发展。在发展的过程中，部分产业一度不仅出现跨国企业控制等问题，而且出现过度相信进口技术、贬抑自主创新等问题，但是中国并没有落入“没有发展的增长”“无技术工业化”的境地，而是充分利用外国资本和技术，发展本土创新能力，不断向产业链的高端攀升。有学者指出，中国道路破解了“依附”发展或“脱钩”发展的道路选择两难。“中国既不‘脱钩’也不‘依附’，走出了一条发展新道路：既顺应经济全球化的潮流，积极参与和推动全球化；同时掌握发展主动权，保持发展的独立自主性。”①

中国是如何做到的？为什么没有进行依附式发展？中国改革开放之后，逐步融入世界市场，其重要标志就是加入世界贸易组织。入世使中国得以高速发展。但是，入世的国家非常多，其中发展中国家更多，为什么中国在对外开放条件下能实现高速增长，并摆脱依附地位进而实现赶超呢？

相比拉美很多发展中国家，中国进入世界市场之时的条件是不同的。进入世界市场，还要同时保持独立自主，需要很强的国家能力。

这种能力是历史形成的，与中国的近代历史进程有着密切的关系。我们党创立初期，受制于共产国际的指挥造成了惨痛后果，独立自主成为我们党后来的一条重大原则。新中国成立后，我国接受苏联的援助进行现代化建设，后来中苏交恶，苏联撤走专家，我们不得不依靠自己推进工业项目。在外部封锁之下，只能自力更生，在这个过程中锻炼出强

① 中国道路何以自信［EB/OL］. https：//paper. cntheory. com/html/2022-05/25/nw. D110000xxsb_20220525_ 2-A1. htm.

大的自我发展能力。

中国在实行现代化之时已经基本肃清了封建主义和帝国主义的势力，所以中国是一个政治上完全独立的国家，而拉美很多国家政治上或多或少都受到大国的干预。依附式发展除了国际权力结构对后发展国家的剥削，还有一个重要原因，就是有一些与外部密切关联的利益集团，并且这些集团能够操控政治，让本国成为发达国家利益体系的附着部分。

在一些发展中国家，很多发展问题的根源都在政权的性质之中，建立在大地产制以及大地产与外国资本结合的勾结型资本主义之上的新生政权只能依附这种权力结构，并通过垄断、腐败等方式获取经济资源。但凡对封建势力或者更加准确地说——地主阶级，以及存在的社会基础没有肃清干净的国家，其很容易走向依附式发展。拉美很多国家与菲律宾等一样，是由大地产所有者控制经济并进而控制政治的，而东亚的韩国、日本等进行土地改革较为彻底，奠定了后来发展的基础。

中国是通过彻底的革命，粉碎了封建土地制度，将地主阶级消除了，肃清了帝国主义及其代理人，这使得国内很难出现一个与外部势力结合在一起的，强大到对抗政权、操纵政治的利益集团。这是中国可以独立自主的深层原因。萨米尔·阿明指出："如果没有国内阶级结构的改变，就不会有国际上中心-外围的改变。因为事物的变化都是从内部、底部开始的，不可能凭空从天而降。正是底层的阶级斗争改变了权力结构关系，进而改变那些因变的关系层面，这为改变全球体系创造了条件。"[①] 独立自主和对外开放是一对矛盾，解决这对矛盾需要国家内部有着平衡矛盾的机制。对于中国来说，党的领导以及强大的国有教育体系、科研体系以及国有经济就是平衡这种矛盾的关键所在。党的领导可以在国家发展方向上予以把控。国有为主的教育体系保持国家独立的知识普及，科研体系则形成持续性的自主可控的研发平台，国有经济则保持了对货币、粮、油、电、路、网等基础资源的控制力。因而，对外

---

① 只有社会主义道路才能摆脱依附与危机——访埃及著名经济学家萨米尔·阿明［EB/OL］. https：//www. sohu. com/a/246897964_ 425345.

开放是吸收国家平台之上的有益成分，而不会对国家进行反噬。这个过程中，也有走偏的时候，但从总体上保持了国家自主性的同时，很好地利用了世界资源。

改革开放之前，中国是已经进行了重工业化的国家，有着几乎全部的工业生产门类，并且有着较强的科技能力。改革开放以后，我国在强大国家政权的组织下，利用国际产业转移机遇以及新工业革命浪潮，制定产业政策，创造良好的投资环境，大力引进和发展加工制造业，迅速发展为世界上最大的工业国。

依附论学者多斯·桑托斯将发展中国家对发达国家的依附分为三种结构形式，分别是“殖民地型依附”“金融—工业型依附”“技术—工业型依附”，其中，“技术—工业型依附”是一种新型的依附结构形式。这种新型的依附结构，是发展中国家对发达资本主义国家在技术和贸易上的依附。发展中国家因为这种依附关系，实际上成为发达资本主义国家的经济附庸。这就使得发展中国家为发达国家贡献着廉价的劳动力、土地等，在国际分工中处于外围，获得的收益极其微薄，还要承担严重的环境以及经济社会代价。这种依附国际的经济结构使得发展中国家的经济成为世界资本主义经济体系的一部分，造成国家内部的严重不平衡，如：沿海城市等与外资有着密切联系的地方得到发展，而内地则处于繁荣之外，区域不平衡加剧；与外资密切联系的人群致富，而人民并不能获益，贫富差距加大，社会矛盾尖锐。发展中国家的发展不平衡与不充分是一枚硬币的两面，因为依附世界体系所以不平衡，因为处于国际分工边缘所以发展不充分。解决这个问题必须在深度融入体系的同时，保持自身对发展的掌控力。

实际上，改革开放以后相当一段时间内，我国经济也呈现出依附特征。在获得大量外资、激发国内对外出口潜力的同时，一些产业被跨国公司把控，一些大国重器项目下马，很多耳熟能详的民族品牌被外资收购，国家科研能力在一些领域不进还退，对国外技术依赖严重，不少领域出现“卡脖子”问题。国际上经常提到的“无技术工业化”体现了全球化对中国经济的双重效应：一方面，它刺激了中国出口驱动的高速增长；另一方面又阻碍了中国的技术赶超。

对于这个问题，党和政府有着深刻的认知，在充分发挥市场看不见的手的作用的同时，更好发挥政府看得见的手的作用，对外开放和自主自强并举。21 世纪之初，我国提出建设创新型国家，加大对科技领域的投入力度。2006 年 1 月 9 日，全国科技大会确定中国未来 15 年科技发展的目标：2020 年建成创新型国家，使科技发展成为经济社会发展的有力支撑。党的十八大以来，以习近平同志为核心的党中央高度重视科技和制造业发展。习近平总书记强调，“只有把关键核心技术掌握在自己手中，才能从根本上保障国家经济安全、国防安全和其他安全”，“自主创新是开放环境下的创新，绝不能关起门来搞，而是要聚四海之气、借八方之力”。①

习近平总书记强调“建立企业创新的科技机制，要围绕使企业成为创新主体、加快推进产学研深度融合来谋划和推进”②，要“发挥市场经济条件下新型举国体制优势，集中力量、协同攻关”③。党的十九届四中全会提出：“构建社会主义市场经济条件下关键核心技术攻关新型举国体制。”④

近年来，我国发挥新型举国体制作用，发挥大国大市场优势，加大科研投入力度、加强科研和市场力量整合等，整体科技水平显著提升，并在一些高技术产业领域打破了西方的技术垄断，一些领域从跟跑到并跑再到领跑。

---

① 习近平. 在中国科学院第十九次院士大会、中国工程院第十四次院士大会上的讲话［EB/OL］. http：//jhsjk. people. cn/article/30019215.

② 回顾十八大以来习近平关于科技创新的精彩话语［EB/OL］. http：//jhsjk. people. cn/article/28398570.

③ 习近平. 关于《中共中央关于制定国民经济和社会发展第十三个五年规划的建议》的说明［EB/OL］. http：//jhsjk. people. cn/article/27772663.

④ 中共中央关于坚持和完善中国特色社会主义制度　推进国家治理体系和治理能力现代化若干重大问题的决定［EB/OL］. http：//www. gov. cn/zhengce/2019-11/05/content_ 5449023. htm? ivk_ sa=1024320u.

从总体上看，中国得以突破技术和产业锁定的根本原因在于有着党的坚强的领导、强有力政府的长期布局以及国家经济主导能力。这是消化吸收国际生产力要素的“胃”，没有这个“胃”，就会受这种生产力带来的生产关系制约，无法逃脱开放还是封闭的两难窘境，在政策上就会进退失据。

当然，美国绝不会允许中国摆脱对全球资本主义国际体系的依附，给中国的选项是要么屈从于这种依附，要么从体系中脱钩。陈子烨、李滨从国际分工结构和国际生产关系出发，指出中美贸易摩擦的根源在于中国摆脱依附式发展所取得的成就与美国的相对衰落两相作用之下导致的国际分工格局逐渐变化。①

在这个方面，中国的选择是进一步加大对外开放力度，顺应全球化潮流，同时，发挥大国大市场优势，努力突破核心技术短板，构建新竞争优势，实现在全球产业链分工中向上不断升级。这一选择凝聚在经济双循环的设计之中，这将是一条具有世界性参考价值的新发展路径。

3. 经济高速增长的同时保持社会稳定

发展中国家的政治稳定是一个重大命题，正如塞缪尔·亨廷顿指出的，“现代性孕育稳定，而现代化过程却滋生着动乱”。拉美、北非等很多发展中国家和地区在发展过程中都曾经陷入社会动荡。为什么中国能够保持超长时间的增长和社会稳定?

对这个问题，多年前笔者在博士论文《世界市场与国内冲突——后发展国家的政治秩序与治理》中进行了初步研究，主要可以概括为如下几点:

一是后发展国家的制度有效性。塞缪尔·亨廷顿在《变化社会中的政治秩序》一书中，将社会变迁与制度化作为主要的变量。他认为，如果一个社会的变迁、解体速度超过其制度形成的速度，那么政治暴力

① 中国摆脱依附式发展与中美贸易冲突根源［EB/OL］. https://www.sohu.com/a/390590946_739032.

就会发生。[①] 因而，后发展国家的政治制度设计能否提供有效的政治吸纳、政治协调等功能至关重要。“在集团利益交易成本为零的情况下，政治制度的存在是不必要的，而交易成本为无穷大或者不可交易的情况下，政治制度是无效的。”[②] 在制度的不必要和无效之间，政治制度必须发挥为国内各个利益群体提供利益协调和协商交流作用，起到将一般利益诉求上升为更高的更加广泛的诉求并实现的功能。

中国共产党在历史中形成了强有力的组织制度和领导方式。臧秀玲指出：“中国共产党按照民主集中制的原则组织起来，构建涵盖中央、地方与基层的严密组织网络，实现了社会资源的有效整合与政治力量的有效动员。”[③]《中国共产党组织工作条例》规定，按照党章规定建立健全党的各级各类组织，形成包括党的中央组织、地方组织、基层组织在内，涵盖党的纪律检查机关、党的工作机关、党组，纵向到底、横向到边的严密组织架构。

中国共产党形成坚强的领导体系，党的组织扩展到各级政府、军队以及企业、农村、机关、学校、医院、科研院所、街道社区、社会组织等之中，形成一个全方位覆盖的体系。严密高效的组织结构使党有着强大的政治领导力、思想引领力、群众组织力和社会号召力，形成党的强大动员力、战斗力和生命力。

中国共产党是当代中国特色社会主义制度的主要设计者和领导者，人民代表大会制度、中国共产党领导的多党合作和政治协商制度都在党的领导下运行。

《中华人民共和国宪法》规定：中华人民共和国实行的是人民代表大会制度，中华人民共和国的一切权力属于人民，人民行使国家权力的

---

① ［美］塞缪尔·亨廷顿．变化社会中的政治秩序［M］．王冠华，译．北京：生活·读书·新知三联书店，1989.

② 宣兴章．世界市场与国内冲突——后发展国家的政治秩序与治理［D］．北京：中共中央党校，2009.

③ 臧秀玲．中国共产党为什么能——基于政党的类型学分析［EB/OL］．https：//www.workercn.cn/c/2022-08-01/7120296.shtml.

机关是全国人民代表大会和地方各级人民代表大会。

中国人民政治协商制度是中国共产党领导的多党合作和政治协商制度，中国共产党和各民主党派团结合作，互相监督，共同致力于建设有中国特色社会主义和统一祖国、振兴中华的伟大事业。中国共产党是社会主义事业的领导核心，是执政党；各民主党派是各自所联系的一部分社会主义劳动者和一部分拥护社会主义的爱国者联盟，是同中国共产党通力合作、共同致力于社会主义事业的亲密战友，是参政党。中国共产党对各民主党派的领导是政治原则、政治方向和重大方针政策的领导。

这种制度设计，对于后发展国家来说，尤其具有重要意义。发展中国家大多采取西方国家的政治制度，也就是集团竞争式的政治制度，赢家通吃。在这种制度下，发展中国家内部很容易形成集团对抗，特别是国内的利益集团与境外力量结成利益同盟之时，就会产生寡头政治、政党恶斗，甚至是内战、内乱等一系列问题，难以持之以恒地推行发展战略，实现发展目标。而在中国的政治制度下，中国共产党居于领导地位，形成一张遍布政府和社会的网络，通过思想教育、组织引导等方式，可以凝聚共识、消解矛盾冲突，形成全党全社会为更大、更长远的利益奋斗的统一意志。同时，中国共产党着眼于中华民族长远利益，兼顾各方面、各群体利益，进行发展设计和目标实现。在这一过程中，各种境外势力难以像渗透某些国家政治那样，对我们的政策过程施加实质性影响。

二是统筹兼顾的能力。这种制度设计使得我国在工业化、现代化的过程中着眼长远发展，既顾及重点发展对象，又兼顾其他群体。

1953 年 12 月 16 日，毛泽东主持制定的《中国共产党中央委员会关于发展农业生产合作社的决议》正式向全国发布，提出要“使农民能够逐步完全摆脱贫困的状况而取得共同富裕和普遍繁荣的生活”。[①] 当时新中国面临的重要任务是加快发展重工业，但是有一种观点认为，要与民休息，不宜搞重工业，应多发展轻工业，并呼吁政府

① 中国共产党中央委员会关于发展农业生产合作社的决议［EB/OL］. http：//bgimg. ce. cn/xwzx/gnsz/szyw/200705/29/t20070529_ 11531669. shtml.

“施仁政”。针对这种情况，毛泽东在1953年9月中央人民政府委员会会议上说，所谓仁政有两种：一种是为人民的当前利益，是小仁政；另一种是为人民的长远利益，是大仁政。重点应当放在大仁政上。现在，我们的重点应当放在建设重工业上。所以，人民的生活虽然要改善，但一时又不能改善很多。不能照顾小仁政而妨碍大仁政。①

毛泽东以苏联为鉴戒，认真总结中国自己的经验，提出正确处理重工业和轻工业、农业关系的问题。在《论十大关系》中指出：“苏联的办法把农民挖得很苦。他们采取所谓义务交售制等项办法，把农民生产的东西拿走太多，给的代价又极低。他们这样来积累资金，使农民的生产积极性受到极大的损害。你要母鸡多生蛋，又不给它米吃，又要马儿跑得好，又要马儿不吃草。世界上哪有这样的道理！”②“重工业是我国建设的重点。必须优先发展生产资料的生产，这是已经定了的。但是决不可以因此忽视生活资料尤其是粮食的生产。如果没有足够的粮食和其他生活必需品，首先就不能养活工人，还谈什么发展重工业？所以，重工业和轻工业、农业的关系，必须处理好。”“我们现在发展重工业可以有两种办法，一种是少发展一些农业、轻工业，一种是多发展一些农业、轻工业。从长远观点来看，前一种办法会使重工业发展得少些和慢些，至少基础不那么稳固，几十年后算总账是划不来的。后一种办法会使重工业发展得多些和快些，而且由于保障了人民生活的需要，会使它发展的基础更加稳固。”③ 统筹兼顾国家利益、集体利益、个人利益、长期利益和短期利益，统筹兼顾各地区以及各种群体的利益，统筹兼顾各个产业，这是党在工作中着重强调的思路，也体现着党的执政智慧和能力。我们党在科学发展观、新发展理念中都着重强调统筹协调的方法。

三是发展的主导能力。国家的发展不仅要看顺势时发展得如何，还

① 王颖．“联合起来，向社会主义大道前进”——新中国成立后毛泽东反贫困、促进国强民富的思考和努力［EB/OL］. https：//www. dswxyjy. org. cn/n1/2022/0718/c244516-32478132. html.

② 毛泽东．毛泽东文集（第七卷）［M］. 北京：人民出版社，1999：29-30.

③ 毛泽东．毛泽东文集（第七卷）［M］. 北京：人民出版社，1999：24-25.

要看逆风时能否飞扬，也就是防范发展中的重大风险的能力，这关键要看国家对发展的主导权的掌控。

世界市场是汪洋大海，强权横行、大鳄出没，各类风险隐藏其中。后发展国家因为缺乏对世界市场关键资源的主导，同时国内政治经济体系也不太健全，如果发展方略出现问题，内外因素结合很容易成为大国和一些势力的收割目标。

20 世纪 50 年代中期到 60 年代，拉美各国大力推进现代化建设，经济增长迅速，被誉为拉美奇迹。然而，70 年代两次石油危机爆发后，欧美日国家陷入经济危机，从拉美等国大量抽回资本。拉美一些国家出现政局动荡和经济危机，拉美奇迹成为“拉美陷阱”，高速发展进程戛然而止。

20 世纪 80 年代中期至 90 年代中期，亚洲的印度尼西亚、泰国、马来西亚、菲律宾通过发展出口导向型经济实现了高速增长，被称为继“亚洲四小龙”后的“四小虎”。国际舆论称之为“亚洲奇迹”。然而，1997 年开始，亚洲金融危机爆发，从泰国发端，席卷菲律宾、印度尼西亚、马来亚、新加坡，之后韩国、日本、中国香港地区等都受到冲击和影响，货币大幅贬值，亚洲大部分主要股市暴跌，部分国家政局动荡，爆发骚乱。这些经济体在金融监管体系尚不健全的情况下，过早开放资本项目，并大量使用短期资本项目融资，为金融危机埋下了隐患。中国始终高度关注经济主权，尤其是金融主权，无论是亚洲金融危机，还是美国次贷危机，受到的直接冲击都相对较小。

改革、发展、稳定是辩证统一的关系。改革是发展的动力，是长期稳定的基础；发展是改革的目的，是稳定的最可靠保证；稳定是改革和发展的前提，也是发展的重要要求。正是因为中国政府处理好了改革、发展、稳定的关系，才使得中国在经济高速发展的同时保持了社会的稳定。

4. 人民共建共享的发展

人民是新中国的建设者。中国成就的取得是无数人牺牲奉献的结果，伟大的人民创造了伟大的成就，其中既有视死如归的革命烈士、顽强奋斗的英雄人物、忘我奉献的先进模范，也有无数普通百姓。以大庆油田为例，1960 年，大庆地区展开大规模的石油会战，改编 3 万解放军官兵转入石油系统。几万人到了大庆，那时还只是一片牧场，没有地方住，没有东西吃，还缺乏各种设备。当时石油部部长助理康世恩的住处也是逢雨必漏，据说，有次大雨，一夜挪床七次。在这种极端艰苦的条件下，铁人出现了。铁人王进喜是 1205 钻井队队长，住在房东赵大娘家，数天不回。赵大娘送饭到工地，见王进喜正枕着榔头睡觉，惊呼为铁人。王进喜带领 1205 功勋钻井队赶赴大庆，五天打完一口井，创造了钻井的最高纪录。铁人精神成为石油工人艰苦奋斗的动力。这样的例子在我国不胜枚举，形成了一个又一个精神财富，汇成伟大的精神谱系。

我们的发展是以人民为中心的发展。邓小平同志说："社会主义的特点不是穷，而是富，但这种富是人民共同富裕。"[①] 改善民生、实现共同富裕，是社会主义的本质要求。中国的现代化是近代历史上受益人口最多的现代化。在现代化建设中，我国采取一系列战略对冲发展不平衡。前文已经简单介绍过，在计划经济时代，国家重点发展城市和工业，但是也尽量兼顾农村和农业的发展。改革开放后，通过国家战略来平衡区域以及城乡之间的差距。

通过国家战略推动区域协调发展。1999 年 9 月，党的十五届四中全会通过的《中共中央关于国有企业改革和发展若干重大问题的决定》明确提出实施西部大开发战略，加快西部地区改革开放和现代化建设步伐。2003 年，我国实施东北老工业基地振兴战略。2015 年，《中共中央 国务院关于全面振兴东北地区等老工业基地的若干意见》印发实施，推动新一轮东北振兴战略行动。党的十八大以来，我国稳步推进京津冀协同发展，长江经济带、粤港澳大湾区等重大区域战略，区域板块之间融合互动，区域发展协调性持续增强，形成了区域协调发展新格局。

① 邓小平．邓小平文选（第三卷）［M］．北京：人民出版社，1993：265.

加大对农村发展的政策支持力度。2005 年 10 月 8 日，党的十六届五中全会通过《中共中央关于制定国民经济和社会发展第十一个五年规划的建议》，提出要按照“生产发展、生活宽裕、乡风文明、村容整洁、管理民主”的要求，扎实推进社会主义新农村建设。2015 年 11 月 29 日，中共中央、国务院颁布《中共中央 国务院关于打赢脱贫攻坚战的决定》，确定了 2020 年的脱贫目标，现在都已经如期实现。

2017 年 10 月 18 日，党的十九大报告中提出实施乡村振兴战略。2018 年 5 月 31 日，中共中央政治局会议审议通过《乡村振兴战略规划（2018—2022 年）》。通过这些战略的实施，不仅对冲工业化和市场带来的不平衡，而且让更多人享受到发展的红利。

2015 年 8 月，习近平总书记在党外人士座谈会上指出：“广大人民群众共享改革发展成果，是社会主义的本质要求，是我们党坚持全心全意为人民服务根本宗旨的重要体现。我们追求的发展是造福人民的发展，我们追求的富裕是全体人民共同富裕。”① 党的十九届五中全会对扎实推动共同富裕做出重大战略部署。习近平总书记在全会第二次全体会议上指出：“我们要坚持在发展中保障和改善民生，解决好人民最关心最直接最现实的利益问题，更好满足人民对美好生活的向往，推动人的全面发展、社会全面进步，努力促进全体人民共同富裕取得更为明显的实质性进展。”② 2021 年 2 月 25 日，习近平总书记在全国脱贫攻坚总结表彰大会上的讲话要求：“持续缩小城乡区域发展差距，让低收入人口和欠发达地区共享发展成果，在现代化进程中不掉队、赶上来。”③

2021 年 6 月 10 日，《中共中央 国务院关于支持浙江高质量发展建设共同富裕示范区的意见》发布，共同富裕示范区正式落地浙江。文

① 中共中央召开党外人士座谈会 习近平主持并发表重要讲话［EB/OL］. http：//jhsjk.people.cn/article/27759699.

② 习近平 . 新发展阶段贯彻新发展理念必然要求构建新发展格局［EB/OL］. https：//www.12371.cn/2022/08/31/ARTI1661931270280337.shtml.

③ 在全国脱贫攻坚总结表彰大会上的讲话［EB/OL］. https：//www.ccps.gov.cn/xxsxk/zyls/202102/t20210225_ 147585.shtml.

件指出："随着我国开启全面建设社会主义现代化国家新征程，必须把促进全体人民共同富裕摆在更加重要的位置，向着这个目标更加积极有为地进行努力，让人民群众真真切切感受到共同富裕看得见、摸得着、真实可感。""浙江省在探索解决发展不平衡不充分问题方面取得了明显成效，具备开展共同富裕示范区建设的基础和优势，也存在一些短板弱项，具有广阔的优化空间和发展潜力。支持浙江高质量发展建设共同富裕示范区，有利于通过实践进一步丰富共同富裕的思想内涵，有利于探索破解新时代社会主要矛盾的有效途径，有利于为全国推动共同富裕提供省域范例，有利于打造新时代全面展示中国特色社会主义制度优越性的重要窗口。"①

选取浙江作为示范区，可以探索解决发展不平衡不充分问题的路径和方法，先行先试、做出示范。共建共享的发展既是中国追求的理想，也将逐步成为现实。

5. 人与自然和谐的发展

在传统发展模式中，经济发展和环境保护是一对"两难"的矛盾。绝大多数国家发展过程都是先污染，后治理。美国经济学家格罗斯曼和克鲁格的实证研究结果表明，污染与人均收入有着密切关系，污染在低收入水平随人均 GDP 增加而上升，在高收入水平随 GDP 增长而下降。借用 1955 年库兹涅茨界定的人均收入与收入不均等之间的倒 U 形曲线，后来人们将这种环境质量与人均收入间的关系称为"环境库兹涅茨曲线"。

现有的实证分析表明，环境污染水平与经济发展水平之间存在着倒 U 形关系，而且转折点一般出现在人均 GDP 达到 6000～8000 美元的时候。

2012 年，党的十八大首次把"美丽中国"作为生态文明建设的宏

① 中共中央 国务院关于支持浙江高质量发展建设共同富裕示范区的意见［EB/OL］. http://www.gov.cn/xinwen/2021-06/10/content_5616833.htm.

伟目标，把生态文明建设摆在了中国特色社会主义五位一体总体布局的战略位置。习近平生态文明思想聚焦人民群众感受最直接、要求最迫切的突出环境问题，积极回应人民群众日益增长的优美生态环境需要，阐明一系列新观点、新论断，“良好生态环境是最公平的公共产品，是最普惠的民生福祉”，“发展经济是为了民生，保护生态环境同样也是为了民生”，“环境就是民生，青山就是美丽，蓝天也是幸福”。党的十八大以来，我国修订实施《环境保护法》，制定印发《中共中央 国务院关于加快推进生态文明建设的意见》，出台《生态文明体制改革总体方案》《党政领导干部生态环境损害责任追究办法（试行）》《环境保护督察方案（试行）》等生态文明体制改革“1+6”系列重要文件，从各个方面健全生态文明制度体系，把环境保护和生态文明建设纳入法治化、制度化、系统化、常态化的轨道。在“绿水青山就是金山银山”“保护生态环境就是保护生产力、改善生态环境就是发展生产力”理念指引下，我国开始走向发展与环境相协调的高质量发展阶段。

据生态环境部介绍，党的十八大以来我国生态文明建设和生态环境保护取得了历史性成就。十年来，全国重点城市 $PM_{2.5}$平均浓度下降了56%，重污染天数减少了 87%，成为全球大气质量改善速度最快的国家。全国优良水体比例提高了 23. 3 个百分点，达到 84. 9%，接近发达国家水平。城市黑臭水体基本消除，群众饮水安全得到了有效保障。我国土壤环境质量发生了基础性变化，建成涵盖 8 万个点位的国家土壤环境监测网络。我国淘汰落后和化解过剩产能钢铁达到了 3 亿吨，淘汰老旧和高排放机动车辆超过 3000 万辆。我国森林面积增长了 7. 1%，达到2. 27 亿公顷，成为全球“增绿”的主力军。① 我们已经走上人与自然和谐发展的新路，生态环境与人的和谐发展是一个伟大的时代命题，还需要持续推进、不断探索。

---

① 我国生态文明建设和生态环境保护取得历史性成就［EB/OL］. https：//news. cri. cn/20220916/2622d623-c5d9-faa1-1b23-c2849260e65f. html.

6. 和平的发展

中国特色社会主义所具有的和平性质，既是国家的战略选择、悠久历史文化的传承，也是一种现代化模式的内生特质。产生这种特质主要有两个原因：一是中国的发展是一种自我积累式的现代化，其启动主要依赖国家在国内生产部门之间的调节而产生工业化的原始资金；二是中国的发展是融入世界的发展，其发展依赖全球化之下的和平稳定的国际环境。

自我积累式现代化决定了中国是从内部而不是通过非和平手段从外部获得积累；深度融入世界市场的自主发展方式决定了中国是国际秩序的参与者、改造者而不是颠覆者。这两者从政治、经济上规定了中国的和平倾向。

德国、日本等在近代走向扩张道路，不仅是因为当时的国际大背景，更主要的是全球权力结构与其国内权力结构之间的契合而导致的。李普赛特在分析德国法西斯主义时指出："法西斯主义基本上是一种既反对资本主义，又反对社会主义，既反对大企业，又反对大工会的中产阶级运动。"① 法西斯运动的主要支持者是中产阶级下层，一方面这个阶层在危机中受到社会最下层的革命以及平分财产诉求的压力；另一方面他们受到上层对他们的经济上的危机转嫁。在土地等自然资源分配高度不均的国家中，他们受到两方面的压力更大。因而，法西斯主要出现在农业寡头与工业寡头并存的国家，在这些阶层与中产阶级以及农民之间出现矛盾的时候，为了缓解这种矛盾，中产阶级下层承诺用法西斯主义的暴力方式制止下层的暴动，保障上层的利益。那么如何找到一种不减损国内各阶层利益的解决方案呢？在国内各阶层之间政治、经济矛盾不可调和的状态下，解决方案更多地只能在外部。因而，在这样的社会结构下，对外扩张、向外借贷或者像拉美一些民粹主义政权那样没收外

---

① ［美］西摩·马丁·李普赛特．政治人——政治的社会基础［M］．张绍宗，译．上海：上海人民出版社，1997：115.

国资产都是解决菜单中的选项。

美国则是通过掠夺奴役进行现代化的。1784 年、1785 年和 1787 年美国制定了三个土地法，大规模开发西部，其主要有两条：一是宣布西部土地国有化；二是决定将公地向自由移民开放。可以说没有西部土地的国有化，就根本没有美国西部开发的成功。美国通过大量黑奴以及南部的棉花种植园获得原始积累。

从这一点来说，中国式现代化道路的伟大意义更加凸显。当世界上越来越多的国家走向现代化时，它们不可能再选择西方的对外征战、奴役的道路，这不仅不现实，也会给人类带来巨大的灾难。今后和更长远的未来，所有的国家只能选择和平发展的道路，它们将从中国的道路中受到巨大的启发。

中国的发展开辟了社会主义发展的道路。中国发展道路是阶段性目标和长远目标的有机结合，最高纲领和最低纲领的有机结合，合目的性和合规律性相统一的过程。我们回顾百年前制定的纲领，党的最低纲领应时而变，党的最高纲领是实现共产主义社会。在追求最高纲领目标不变的情况下，最低纲领应形势和条件的变化而及时调整。

1922 年 7 月 16 日至 23 日，党的二大制定了党的最低纲领和最高纲领。党的最低纲领，即党在民主革命阶段的纲领是：消除内乱，打倒军阀，建立国内和平；推翻国际帝国主义的压迫，达到中华民族完全独立；统一中国为真正的民主共和国。党的最高纲领是：在最低纲领实现之后，建立劳农专政的政治，铲除私有财产制度，渐次达到共产主义。

中国发展道路并不是一开始就设计好的，而是在前进的道路上不断总结自身和他国的经验，在试错中探索形成的。因而，我们今天重新审视中国发展道路会发现，很多阶段或者不少侧面都与某个国家、某个国家发展阶段有所类似，但是整体看来又完全是中国的，凝聚了中国智慧，形成了中国特色的社会主义道路。

审视一个国家的发展道路，不仅要看其某个阶段的特征和表现，还要看其初心与使命。中国共产党人的初心和使命，就是为中国人民谋幸福，为中华民族谋复兴，这一点从未改变。因为这个初心与使命，中国发展的道路无论经历了哪些曲折，但是最终都要达到这个初心和使命所决定的目的。

社会形态的发展，亦如人的胚胎的变化，它刚开始像一些细胞，后来像无脊椎动物，再后来像脊椎动物，看起来像经历了进化所呈现的各个阶段，但是大大压缩了进化过程中生存竞争的残酷与漫长，最终诞生的是婴儿，而不是中间形态所表现出来的那样。

中国最初学习苏联模式，后来，又对苏联模式进行了反思，结合中国国情进行了适应性改造。改革开放前后，经历了“洋跃进”导致的严重财政危机。在财政遇到严重困难的情况下，农村大包干先是在一些地方得到了默许，后来却成为农村改革的先锋。农业发展之后产生了对工业品的需求和购买力，乡镇企业迅速发展，进而导致双轨制出现。计划经济找到向社会主义市场经济过渡的路和桥。改革开放之后的出口导向型发展模式看起来与“亚洲四小龙”的崛起模式如出一辙，但是当中国开始进行再次的重工业化，也就是虹吸全世界重工业产业，同时将这种产业转移和计划经济时代留下的重工业相结合的时候，与出口导向模式又有了微妙的区别。中国开始去依附发展，向产业链高端攀升，逐步实现核心技术突破的时候，又像19世纪技术饥渴时期的美国。

一些所谓观察家看到了发展过程中部分地区的官商勾结就认为是权贵资本主义、裙带资本主义，看到拆迁征地就认为是圈地运动，看到黑砖窑就认为是资本主义复辟，看到跨国企业控制中国产业链就认为是依附式发展。其实，这些都是片面的、局部的或者阶段性的问题，都逐渐在发展中得到了解决。

现实中的社会主义是从边缘地带革命而出现的，生产力落后的国家如何建设社会主义是一个需要逐步探索的过程。我们审视中国发展的历史进程，就会发现我们坚持党的全面领导，将中国特色社会主义制度作为孕育地，让资本主义生产力发展历程在社会主义制度下迅速发育，就像进化的过程一样，虽然类似经历从原始积累到出口导向等，但是大大加速了发展进程，减少了其中的血腥和残酷，而最终的结果也绝对不是资本主义这个中间物，而是一种全新的社会主义制度。

马克思曾经提出跨越“卡夫丁峡谷”的设想。“卡夫丁峡谷”的典故出自古罗马历史，用来指遭到耻辱性的失败和历史挫折。马克思、恩格斯多次使用这一典故，意指资本主义制度及其带来的灾难和挫折。

如何跨越资本主义血腥残酷的原始积累阶段，开辟另一条现代化之路，这个问题最初起于俄国革命者给马克思的信，激发了马克思对于俄国公社在资本主义条件下向共产主义过渡的思考。在《给维·伊·查苏利奇的复信草稿（初稿）》中，马克思在谈到俄国农业公社从“小地块劳动”向“集体劳动”过渡时指出：“和控制着世界市场的西方生产同时存在，就使俄国可以不通过资本主义制度的卡夫丁峡谷，而把资本主义制度所创造的一切积极的成果用到公社中来。”[①] 俄国“农村公社”，“可以通过发展它的基础即土地公有制和消灭它也包含着的私有制原则来保存自己；它能够成为现代社会所趋向的那种经济制度的直接出发点，不必自杀就可以获得新的生命；它能够不经历资本主义制度（这个制度单纯从它可能延续的时间来看，在社会生活中是微不足道的），而占有资本主义生产使人类丰富起来的那些成果”。[②]

马克思考察了“依次更迭的时代的类型”，明确了两层意思：一是可以应用资本主义制度的一切肯定的成就；二是在特定所处的历史环境下，前资本主义的土地占有制可以引导为共产主义发展的出发点。

“卡夫丁峡谷”跨越的主要是生产关系，而不是社会生产力。中国的实践表明，通过党的领导，实现国家独立和民族解放，吸收资本主义一切有益成果，不断适应新形势，中国正在走出一条跨越“卡夫丁峡谷”的新道路——建设中国特色社会主义，实现中华民族伟大复兴。

---

① 马克思，恩格斯．马克思恩格斯全集（第 25 卷）［M］．中共中央马克思恩格斯列宁斯大林著作编译局，译．北京：人民出版社，2001：461-462.

② 马克思，恩格斯．马克思恩格斯全集（第 25 卷）［M］．中共中央马克思恩格斯列宁斯大林著作编译局，译．北京：人民出版社，2001：463.

二、中国共产党是当代中国的“元制度”

1. 中国的四次工业化

前文已经介绍过，中国的现代化开端于一个西方主导的殖民体系。突破这种全球性的霸权体系，对于中小规模的国家来说是无能为力的。对于中国这样的超大型国家，只有具备强大的领导集团才有这种可能，而且还需要特定的国际国内条件。

近现代史上，中国进行了四次工业化的努力。第一次是洋务运动。洋务运动是第二次鸦片战争后，清政府认识到西方坚船利炮的作用而开展的，主要集中于军事工业和军民两用工业。洋务运动由于传统势力的腐朽、洋务派自身的腐败和孤立以及帝国主义的压迫特别是日本的侵略而失败。

第二次是国民政府进行的工业化。第一次世界大战给了中国以喘息的余地，中国的民族工业获得了短暂的发展机会。但是，日本也借着第一次世界大战升级了自己的产业，从轻工业转向重工业。日本的轻工业向外转移和扩展，中国成为其扩张的重要目的地，日资的扩张挤压了中国民族工业的生存空间。同时，日本的重工业化使得中国身边多了一个磨刀霍霍的敌人。蒋介石在钱昌照等人建议下，设立国防设计委员会，后改为国民政府资源委员会。1936 年，资源委员会开始推进工业建设，主要集中于矿业、电力、机械、化工等，后因抗日战争，许多建设项目被迫停顿。民国政治上依附外国，没有独立的主权，没有稳定的发展环境，没有统一的实行现代化的思想意志，难以推进工业化发展。

第三次是新中国成立以后的计划经济方式的工业化。这是一次对中国的整体性改造，民族独立、人民解放，充分利用了国际机遇，中国工业化形成了坚实的基础。计划经济时期，中国解决了许多发展中国家没有解决或者解决得并不好的问题。例如，新中国成立以后，中国坚持独立自主，形成了中国共产党领导的多党合作制度，构建了完整的独立工业体系，进行了彻底的土改，对于教育、医疗以及农村水利等进行了持续的大规模投资。这些都是一个好的市场经济赖以发展的基础。但是要看到，虽然中国在重工业、国防工业领域等方面取得了巨大的成就，但仍旧是一个农业人口占据绝对比例的国家。

第四次是社会主义市场经济的工业化。这在发展模式上是对计划经济的反思与革命。改革开放之后，在短缺经济情况下，轻工业快速发展，加之很多外资轻工业生产转移到中国大陆，很快弥补了计划经济时期的畸形经济结构。计划经济留下的重工业体系在轻工业发展的情况下，得到了新的发展。计划经济时期的工业化成果和市场经济下的工业化成果逐渐结合成为一体，在 21 世纪以来逐渐成为体系，中国成为世界上唯一拥有联合国产业分类中所列全部工业门类的国家，用几十年走过了发达国家几百年的工业化进程。

在这个过程中，计划经济时期所持续投入的科技力量持续发挥作用，逐步形成中国强大的创造能力，并为中国迎接新的科技变革和产业革命提供了条件。高铁、特高压等的发展都是长期持之以恒研发的结果。国有企业的持续改革保持了企业的活力。而华为等一大批民营企业的崛起，其主要发起者都受益于中国科研体系、教育体系和创新环境。社会主义公有制使得中国在最短的时间里建成了优质、完备的基础设施。这一点在信息化背景下，优势更加凸显。中国互联网的发展无不依赖信息基础设施的发展。而信息基础设施只有在社会主义公有制条件下，才能建成普惠的大规模网络，无论是 4G，还是 5G 的建设都是如此。计划经济的不少成果，恰恰在市场经济中才最终结出了丰硕的果实。

中国发展的核心领导力量是中国共产党。从世界范围来看，中国共产党历史性的贡献在于带领中国冲破了西方设置的后殖民体系。近代以来，西方通过暴力构建了殖民体系，通过对殖民地人民的直接压迫和剥削维持自己的富足。殖民体系瓦解之后，美国主导构建了一个后殖民体系。中国在参与全球化分工的过程中，突破性地把后殖民体系撕开了一个口子。中国不断解放思想、解放生产力，突破每个阶段形成的对未来发展的限制，不断取得新的突破。

当西方把目光投向中国，分析中国为什么会取得成功的时候，它们有意无意地回避着一个词语——“社会主义”。中国发展的根本原因就在于中国特色社会主义：通过政治制度的保障，经济得以发展；通过上层建筑的适应和反作用，经济基础不断优化；保持国家主权的独立完整，敢于与任何势力进行最坚决的斗争。而一些没有成功转型的国家，其失败的主要原因在于：“从帝国主义主人的利益出发，各种妨碍民族进步发展的前资本主义的社会关系被有意识地保留下来。资本主义在那里是有所发展，但只是在有限的范围内，而且得到好处的只是殖民地主人和当地人民中的极少数人，在取得独立以后这些国家无一例外地都处于贫穷落后的状况。”① 从农业社会向工业社会转型，从工业社会向信息社会转型，根本原因就在于社会主义制度的确立，使得国家能够朝着明确的方向发展、有着社会主义公有制的发展基础，并且在改革开放中形成了中国特色社会主义市场经济。

2. 理解中国共产党

中国的发展成就是在中国共产党领导下取得的，中国共产党是当代中国发展的深层逻辑，不理解中国共产党就不会深刻理解当代中国。

中国共产党与西方政党都属于现代意义上的政党，但是也有很多不同。在词源上，英语“政党”（party）一词来源于拉丁文“pars”，意为“部分”，意味着政党是由政治主张相同的“一部分”国民自愿组成的政治团体。政党一般具有阶级性、政治性、纲领性、组织性等特征。世界上最早的政党起源于英国资产阶级革命。17 世纪的英国议会围绕着王位的继承问题产生了两个政治派别，出现了辉格党（Whig Party）和托利党（Tory Party）这两个最古老的政党。

我们可以看出，近现代意义的政党，最初是议会斗争的产物。议会

① 胡绳．从鸦片战争到五四运动［M］．北京：人民出版社，1997：9.

制下的政党通过选举掌握国家权力，在议会内争取席位。随着社会主义和民族解放运动的兴起，一些无产阶级政党和致力于民族解放的政党，是要改变现有政治制度，因而通过政治制度之外，甚至法律之外的暴力革命等实现政党目标。

世界上第一个以科学社会主义为指导思想的国际无产阶级政党是共产主义者同盟，1847 年 6 月在伦敦成立，其纲领就是马克思、恩格斯起草的《共产党宣言》。共产主义者同盟在 1852 年德国科隆共产党人审判案后被正式解散。

列宁将无产阶级政党推向成熟。布尔什维克党最初起源于俄国社会民主工党。后来俄国社会民主工党分为孟什维克和布尔什维克。列宁认为，党应该具有严密的组织、统一的意志和行动，“无产阶级实现无条件的集中和极严格的纪律，是战胜资产阶级的基本条件之一”。[①] 列宁指出：“无产阶级在争取政权的斗争中，除了组织，没有别的武器。无产阶级被资产阶级世界中居于统治地位的无政府竞争所分散，被那种为资本的强迫劳动所压抑，总是被抛到赤贫、粗野和退化的‘底层’，它所以能够成为而且必然会成为不可战胜的力量，就是因为它根据马克思主义原则形成的思想一致是用组织的物质统一来巩固的，这个组织把千百万劳动者团结成一支工人阶级的大军。在这支大军面前，无论是已经衰败的俄国专制政权还是正在衰败的国际资本政权，都是支持不住的。”[②] 党只有建立自己严密的组织体系，把所有党员组织成一个由统一意志、统一行动、统一纪律团结起来的统一部队、真正钢铁般的组织，才能实际领导工人阶级的大军向着总目标进发。

在 1905 年 4 月召开的俄国社会民主工党第三次代表大会上，列宁首次公开提出“基层的工人支部”。在此基础上，1905 年 11 月，列宁发表《论党的改组》，提出党的新组织形式，也就是将党支部作为党主要的基层组织。1917 年 10 月，布尔什维克党夺取政权后，在整个红军

① 列宁 . 论无产阶级政党//列宁专题文集［M］. 北京：人民出版社，2009：245.
② 列宁 . 论无产阶级政党//列宁专题文集［M］. 北京：人民出版社，2009：158-159.

都建立了党的基层组织。

中国共产党继承并发展了列宁的建党思想。之所以说中国共产党是当代中国的“元制度”（元就是根本的、渊源的），是因为中国的几乎所有重要政治制度都是中国共产党创立或者主导建立的，理解这一点至关重要。中国共产党从创立到建立新中国的28年的历程里，形成了马克思主义中国化的伟大成果——毛泽东思想，形成了高度组织化的以民主集中制为组织原则的并同群众融为一体的政党，形成了“党指挥枪”，将支部建在连上，保持党对军队的绝对领导，形成了我国的政体——全国人民代表大会制度，形成了中国共产党领导的多党合作和政治协商制度，创造性形成了中国新型政党制度。①

新中国成立以后，中国共产党迅速扩展党的组织，建立了一个遍布全国的立体网络，这种网络几乎分布到所有的政府机关、企业、大学以及其他组织之中，并进而在计划经济的基础上形成了单位制度。单位是国家或者集体的代理人，个人通过对单位的依附而依附国家。单位制超越了中国传统的宗族制，尽管不是按照既定规则遴选、吸纳成员，并具有独立目标的完全意义上的法人社团制度，但已经不再是一种中国传统的血缘制度，而是一种介于拟血缘制度与法人社团制度之间的形态。

改革开放之后，中国共产党对党的体制进行了一系列恢复和改革，制度性创新取得实质性突破。随着单位制的逐步解体，党的组织一度在某些改制的单位趋于弱化，后来逐步认识到问题的严重性，党的建设开始得到重视和推进。

---

① 1948年4月，中国共产党发布纪念“五一”劳动节口号，提出召开政治协商会议、成立民主联合政府的主张，得到各民主党派、无党派人士和社会各界热烈响应，标志着各民主党派、无党派人士公开自觉接受中国共产党的领导，拉开了中国共产党同各党派、各团体、各族各界人士协商建国的序幕，奠定了中国共产党领导的多党合作和政治协商制度的基础。1949年9月，中国人民政治协商会议第一届全体会议召开，通过《中国人民政治协商会议共同纲领》，规定：在普选的全国人民代表大会召开以前，由中国人民政治协商会议的全体会议执行全国人民代表大会的职权。在普选的全国人民代表大会召开以后，中国人民政治协商会议就有关国家建设事业的根本大计及其他重要措施，向全国人民代表大会或中央人民政府提出建议案。中国新型政党制度由此确立。

党的十八大以来，在以习近平同志为核心的党中央领导下，党的建设得到全面加强。2017 年 10 月 18 日，习近平总书记在党的十九大报告中指出，新时代党的建设总要求是：坚持和加强党的全面领导，坚持党要管党、全面从严治党，以加强党的长期执政能力建设、先进性和纯洁性建设为主线，以党的政治建设为统领，以坚定理想信念宗旨为根基，以调动全党积极性、主动性、创造性为着力点，全面推进党的政治建设、思想建设、组织建设、作风建设、纪律建设，把制度建设贯穿其中，深入推进反腐败斗争，不断提高党的建设质量，把党建设成为始终走在时代前列、人民衷心拥护、勇于自我革命、经得起各种风浪考验、朝气蓬勃的马克思主义执政党。

2019 年 10 月，党的第十九届四中全会通过《中共中央关于坚持和完善中国特色社会主义制度、推进国家治理体系和治理能力现代化若干重大问题的决定》，要求完善坚定维护党中央权威和集中统一领导的各项制度，健全党的全面领导制度，健全提高党的执政能力和领导水平制度，完善全面从严治党制度。

习近平总书记在庆祝中国共产党成立 100 周年大会上发表重要讲话，指出："办好中国的事情，关键在党。中华民族近代以来 180 多年的历史、中国共产党成立以来 100 年的历史、中华人民共和国成立以来 70 多年的历史都充分证明，没有中国共产党，就没有新中国，就没有中华民族伟大复兴。历史和人民选择了中国共产党。中国共产党领导是中国特色社会主义最本质的特征，是中国特色社会主义制度的最大优势，是党和国家的根本所在、命脉所在，是全国各族人民的利益所系、命运所系。"① 这段话很好地概括了党的历史地位和现实作用。

① 习近平．在庆祝中国共产党成立 100 周年大会上的讲话［EB/OL］．http：//www.gov.cn/xinwen/2021-07/15/content_ 5625254.html.

三、中国发展的真正“密码”

中国特色社会主义兴起，是 20 世纪 70 年代末以来世界社会主义运动中的重要历史现象。这一新的形式，让社会主义在中国焕发出蓬勃的生机和活力，也使得世界社会主义进入新的发展阶段，展现出灿烂的前景。正是中国共产党从根本上改变了中国人民和中华民族的前途命运，不可逆转地结束了 1840 年以后中国内忧外患、积贫积弱的悲惨境遇，不可逆转地开启了当代中国沿着中国特色社会主义道路走向现代化、走向伟大复兴的历史进程。审视百年道路，为什么是中国共产党而不是其他什么政党或者团体引领中国人民越过艰难险阻走向现代化、走向民族复兴?

推进国家现代化和人类发展，源于党的历史使命和科学社会主义的内在要求。马克思、恩格斯对于现代化是从历史的进步以及人的解放来认识的。“资产阶级在它的不到一百年的阶级统治中所创造的生产力，比过去一切世代创造的全部生产力还要多、还要大……过去哪一个世纪料想到在社会劳动里蕴藏有这样的生产力呢?”① 马克思在《1844 年经济学哲学手稿》中深刻分析了自然科学和工业的伟大历史作用，指出工业的历史是“一本打开了的关于人的本质力量的书”，指出自然科学“通过工业日益在实践上进入人的生活，改造人的生活，并为人的解放作准备”。② 现代化运动尽管最初是在资本主义生产方式中生成发展的，但却是一个必然的历史过程。在《资本论》第一版序言中，马克思指出，“工业较发达的国家向工业较不发达的国家所显示的，只是后者未

① 马克思，恩格斯．马克思恩格斯文集（第 2 卷）［M］．中共中央马克思恩格斯列宁斯大林著作编译局，译．北京：人民出版社，2009：36.

② 马克思，恩格斯．马克思恩格斯全集（第 3 卷）［M］．中共中央马克思恩格斯列宁斯大林著作编译局，译．北京：人民出版社，2002：306-307.

来的景象”。[①] 但是，随着工业化的发展，生产力的高度发达，资本主义的生产资料私有制和社会化大生产之间矛盾愈演愈烈，经济危机频频发生，征服自然导致自然界更加猛烈的报复，人类社会必然要进入社会主义阶段。

马克思、恩格斯是从生产力的发展作为历史过程、人的自由和解放作为终极目的来思考现代化的，这一思考路径一开始就把握住了问题的本质，那就是发展生产力、解放生产力，最终实现人的全面发展。后来列宁对实现路径做了新的理论贡献，他指出，社会主义革命可以在一国或者数国首先胜利，国家可以运用国家资本主义的方式走向社会主义。[②] 这为社会主义国家进行现代化建设提供了可行的路径。在我们党成立之初，实现国家独立，实现工业化、现代化是党的重要历史任务。毛泽东指出：“要中国的民族独立有巩固的保障，就必需工业化，我们共产党是要努力于中国的工业化的。中国落后的原因，主要的是没有新式工业……消灭这种落后，是我们全民族的任务。”[③] 我们党在实现社会主义现代化过程中，逐渐认识到仅仅考虑所有制问题是不行的，关键在于更好地促进和解放生产力，在于发挥好多种所有制的积极性，创造出比资本主义还要发达的生产力，社会主义才有吸引力。

马克思主义思考现代化以及发展问题，带有深刻的正义性、历史性，因为马克思主义本来就是从对资本主义历史性的认识开始，从对其的经济、政治、社会和道德批判而产生的，因而具有鲜明的对人类命运的道德关注，而不仅仅从效率、效用等物的角度来进行思考。苏联后来由于斯大林主义的影响，过度强调了发展的国家属性而忽视了人的主体性，因而斯大林模式是不可持续的，实际上埋下了苏联崩溃的种子。中国共产党确定的发展目标，始终将人民置于发展的根本考量的位置、发

---

① 马克思，恩格斯．马克思恩格斯全集（第 44 卷）［M］．中共中央马克思恩格斯列宁斯大林著作编译局，译．北京：人民出版社，2001：8.

② 列宁．列宁选集（第二卷）［M］．北京：人民出版社，1995：554.

③ 毛泽东．毛泽东文集（第三卷）［M］．北京：人民出版社，1996：146-147.

展主体的位置，不忘初心、牢记使命，因而始终得到最广大人民的衷心拥护。

1. 党的“制度原力”

中国共产党是通过长期的武装斗争夺取政权的，因而与西方国家执政党以及很多发展中国家的执政党在国家制度中的作用以及运行方式等方面有很大的不同。“中国共产党对政权采取的是全面执政的方式，而西方执政党采取的是部分执政的方式。”“在中央政权层面上，中国共产党对立法、行政、司法、军队等全部国家政权机关实行‘统揽全局，协调各方’式的领导。而西方国家执政党一般来说只执掌国家的行政权。”① 中国共产党正是以这样的全面领导的方式才能够对全党全国全社会进行全面的动员和领导。

党可以超越任何利益集团之外。在中国的政治体系中，党组织是国家与社会之间最为重要的支柱，是最根本的国家领导制度。党的一端在国家，一端在社会，并且在几乎所有机构中保持了领导力。这种领导力使得人大、政府、军队、企业以及社团组织等以党为核心构成了一个普遍化的超越利益集团的执政党。

执政党深深植根于社会之中，通过从人民群众中选拔先进分子，并将这些先进分子纳入有着明确方向、完整意识形态以及执行手段的组织之中，并通过群众路线，吸纳群众意见、组织动员群众，通过民主集中、科学决策，实现党的执政目标。

对比其他国家，我们可以看到中国有着卓越的选贤任能机制。在中国，国家领导人要么担任过省级领导职务，要么具有相应的工作历练。这种选贤任能机制在中国有着悠久的历史，在新的条件下与中国民主制度相结合，就形成了极具竞争力的国家制度。沈传亮指出：“近百年来，中国共产党形成了富有特点的‘协商—共识型’决策机制。这套

① 王恬．中国共产党与西方执政党的比较分析［J］．网络财富，2009（10）．

决策机制主要由调查研究、决策咨询、民主协商、公众参与、风险评估、依法决策、失误追究七个部分构成。……正因为决策机制不断走向成熟、执行高效，中国共产党才带领中国创造出经济快速发展奇迹和社会长期稳定奇迹，也创造了大国大党的发展奇迹。"①

这种制度设计，对于现代化转型的国家来说，尤其具有重要意义。首先，这种制度设计不是威权主义的。威权主义是国家内部一种较大的势力对权力的垄断，尤其是一部分政治寡头的垄断，因而威权主义必然不断受到其他势力或者其他寡头的挑战，威权主义政权是不稳定的，并时常带有民粹主义倾向。

其次，这种制度设计不是专制主义的。党是一个高度开放的体系，不以财产、种族、职业等对参与者进行鉴别，而是通过政治信仰、行为表现等遴选成员，这使得党能够真正反映人民意志，且具有很强的民主功能和巨大的民主潜能，实现人民当家作主并不断丰富和扩大其外延和内涵。

这种制度也不同于西方民主制度。西方民主制度的实质在于人数以及钱数的交易，也就是说拥有最大的暴力潜能的群众要与拥有最大市场资源的资本拥有者进行交易，并达成政治共识。一个竞选者需要有财团的足够实力的支持，并同时得到足够数量人数的选票，通过这样的过程实现了所谓的民主。这种交易过程，取决于最有实力的财团以及最能凝聚起来的群体。因而，处于这两者之外的群体可能是边缘化的，而且在大集团之间无法达成交易的时候，政治动荡极易发生。

西方的执政党执政后只是掌管中央行政机关，而地方则通常还需要另外的选举确定，上下难以贯通，左右难以逢源，因而也难以一以贯之推行其纲领主张。在中国，中央和地方数十年持之以恒地推行发展政策，中央政府和地方政府均发挥着重要作用。张五常等很多学者注意到中国地方政府在经济发展中的重要性。史正富则将中国市场经济体制表

---

① 沈传亮．中国共产党决策机制的建构与变迁［J］．中国党政干部论坛，2020（4）．

述为“三维市场体制”，他指出：“在常规市场体制中，有两大经济主体，即政府和企业，两者的关系构成市场经济的主轴。在中国经济现存体制当中，除中央政府和竞争性企业两大主体外，还存在一个经济主体，即竞争性的地方政府体系。”① 这个观点是非常有启发的。但是，如果将西方市场经济体制视作常规，而将中国的“三维市场体制”视作特例可能是有问题的。因为，中国这种“特例”恰恰可能是对传统市场体制的替代与弥补，是一种新的更具适应性的市场体制，适合人口众多、幅员辽阔、内部有着高度复杂性的国家。

史正富认为，中国的地方政府是内生于经济系统的微观经济主体。② 这个观点也是非常有启发的。但他没有分析的是，地方政府最初是微观的，直接介入企业行为，随着形势的发展，逐渐向中观演变，成为介于宏观与微观之间的中介，将中央政府的宏观政策与微观的企业主体发展结合起来。地方政府这一维在市场中可以保持稳定的发展环境并降低交易成本和开发成本。“政府的作用在于协调个人、组织、企业等各创新种群的关系，促进他们的融合和共生演化。政府就像阳光雨露一样滋润着这个创新生态系统，好比一粒种子生长在土壤中，各种养分的吸收和流转要依靠雨水和阳光的作用。”③

产业链“链长制”很能说明地方政府这种“中观”作用。据报道，“链长制”最早出现在湖南长沙。2017 年 11 月 23 日，长沙在全市各个省级以上园区设立 22 个产业链推进办公室，20 位市级领导担任“链长”，并组成产业链推进团队，打造优质完善的产业链。④ 这是对企业集群的一种引导和管理，可以促进产业链的稳定发展和升级，对产业链进行“补链、延链、强链”。浙江是最早在全省范围推行“链长制”的

① 史正富．超长增长——1979—2049 年的中国经济［M］．上海：上海人民出版社，2013：35-36.

② 史正富．超长增长——1979—2049 年的中国经济［M］．上海：上海人民出版社，2013：36.

③ 刘柱．城市创新生态系统中的平台型政府［EB/OL］．http：//www. iid. tsinghua. edu. cn/p-50/id-213. html.

④ 深度解析产业链“链长制”制度［EB/OL］．https：//www. sohu. com/a/455099527_488231.

省份。2019 年 8 月，浙江省商务厅发布《浙江省商务厅关于开展开发区产业链“链长制”试点 进一步推进开发区创新提升工作的意见》，要求各开发区确定一条特色明显、有较强国际竞争力、配套体系较为完善的产业链作为试点，链长则建议由该开发区所在市（县、区）的主要领导担任。[①]“‘链主’是企业，‘链长’是政府，‘链长’与‘链主’的关系也是政府和市场关系。总之，‘链长制’的产业链制度就是‘链主’（企业）通过自身实力在市场竞争中逐步获得产业链中的话语权和领导权，在这个竞争过程中需要‘链长’（政府）的维护，发挥好建设者和协调者的功能。”[②]

与西方很多政党为了选举不断开出空头支票不同，中国共产党是言出必行的执政党。以规划为例，编制和实施国民经济和社会发展五年规划，是我们党治国理政的重要方式。1955 年 4 月 4 日，党的七届五中全会批准了《关于中华人民共和国发展国民经济的第一个五年计划草案的决议》。当年 7 月 30 日，一届全国人大二次会议审议并通过了“一五”计划。中国人不断努力，实施了 13 个五年规划（计划），并开始“十四五”规划的实施。70 多年来，一锤接着一锤敲，一代接着一代干，无数次超额完成规划目标，将一个一穷二白的国家发展成为世界第二大经济体。

一些发展中国家的政治不稳定就源于现代化进程中大的利益集团之间的冲突，尤其农村与城市之间，族群、宗教团体之间的冲突。因为没有一个超越利益集团的执政党的存在，各个利益集团之间不断进行拉锯战。这种拉锯战在政治上表现为军人专制集团、民粹主义领导等不停轮换，国内各地区之间的斗争，甚至是政变、内战、民族宗教冲突等。东南亚以及拉美部分国家都因为这种内部的尖锐矛盾严重影响了发展。

中国共产党的执政党功能，从学理上理解，可以概括为“用组织

---

① 深度解析产业链“链长制”制度［EB/OL］. https://www.sohu.com/a/455099527_488231.

② 深度解析产业链“链长制”制度［EB/OL］. https://www.sohu.com/a/455099527_488231.

性消化外部性”，也是说，将有不同的利益，甚至有着利益冲突的群体纳入共同的组织之中，通过组织内部的纪律、训规、再分配以及教育等弱化矛盾的冲突性，使之服从国家的长期利益，并最终满足各群体的利益。这种制度设计在矛盾纠结的后发展国家中，可以让大量的人民内部矛盾消化在组织内部，使之不至于向冲突转化。

坚持政治独立，自主思考，走自己的道路。中国共产党不仅是一种政治制度，而且是一种国家思想指向。马克思主义赋予了中国共产党人思考的特质，保持着对世界进步的敏锐性和洞察力，保持理论与实践相结合的务实性。以毛泽东为代表的中国共产党人，把马克思主义的基本原理与中国具体实际相结合，将马克思主义中国化、时代化、大众化。这形成了中国共产党的传统，即坚持马克思主义基本原理，同时要与实际相结合。正是中国共产党始终保持理论上的清醒，才在大方向上没有犯过颠覆性错误。放在百年历史中考察，世事纷纭，做到这一点实属不易。

例如，冷战之后的华盛顿共识，使得拉美等很多国家采用了欧美名校毕业生们制定的经济政策，将国家推到了破产的边缘。20 世纪 80 年代，拉美国家陷入债务危机。国际货币基金组织、世界银行以及美国财政部研究人员，会同拉美国家代表在华盛顿讨论出一系列自由化的对策，作为拉美国家经济改革方案，这套改革方案后来被称为“华盛顿共识”。此外，20 世纪 80 年代中期，“休克疗法”这一医学术语被美国经济学家杰弗里・萨克斯引入经济领域。俄罗斯前总理盖达尔、波兰前副总理巴尔采罗维奇、捷克前总理克劳斯等都是新自由主义学说的追随者和推行者。以新自由主义学说为理论依据的“华盛顿共识”在拉美一些国家，以“休克疗法”为具体政策工具的改革措施在苏联与中东欧国家得到了广泛的推行，造成了巨大的震荡。

中国共产党在革命时期就形成了思考的特质，坚持将马克思主义与中国实际相结合，探索自己的道路。“走自己的路，是党的全部理论和实践立足点，更是党百年奋斗得出的历史结论。”① 这种坚持既是中国共产党行稳致远的重要原因，也是中国不断取得新的成就的重要原因。

坚持以人民为中心，践行群众路线。1945 年 6 月 11 日，在党的七大闭幕式上，毛泽东讲了愚公移山的故事。毛泽东说，现在也有两座压在中国人民头上的大山，一座叫作帝国主义，一座叫作封建主义。中国共产党早就下了决心，要挖掉这两座山。我们一定要坚持下去，一定要不断地工作，我们也会感动上帝的。这个上帝不是别人，就是全中国的人民大众。② 毛泽东说：“二十四年的经验告诉我们，凡属正确的任务、政策和工作作风，都是和当时当地的群众要求相适合，都是联系群众的；凡属错误的任务、政策和工作作风，都是和当时当地的群众要求不相适合，都是脱离群众的。”“共产党人的一切言论行动，必须以合乎最广大人民群众的最大利益，为最广大人民群众所拥护为最高标准。”③ 邓小平同志非常强调党与群众的密切联系，明确提出人民拥护不拥护、人民赞成不赞成、人民高兴不高兴、人民答应不答应，是全党想事情、做工作对不对好不好的基本尺度，强调这是评价改革开放政策正确与否的根本标准。党的十八大以来，以习近平同志为核心的党中央根据党所面临的新形势，进一步强调密切党与群众的联系。习近平总书记指出：“人民是我们党执政的最大底气，是我们共和国的坚实根基，是我们党强党兴国的根本所在。我们党来自于人民，为人民而生，因人民而兴，必须始终与人民心心相印、与人民同甘共苦、与人民团结奋斗。”④ 任何政党的前途和命运最终都取决于人心向背。“人心就是力量”“江山就是人民，人民就是江山”。我们党颁布中央政治局关于改进工作作风、密切联系群众的八项规定，着力解决脱离群众的形式主义、官僚主义、享乐主义和奢靡之风的“四风”问题；加强群众路线

---

① 习近平．在庆祝中国共产党成立 100 周年大会上的讲话［EB/OL］. http：//www. xinhuanet. com/2021-07/01/c_ 1127615334. html.

② 毛泽东．毛泽东选集（第三卷）［M］. 北京：人民出版社，1991：1102.

③ 毛泽东．毛泽东选集（第三卷）［M］. 北京：人民出版社，1991：1095-1096.

④ 习近平．习近平谈治国理政（第三卷）［M］. 北京：外文出版社，2020：137.

教育，以人民为中心开展一系列重大举措，进一步密切党与群众的血肉联系。

共产党人没有自己的特殊利益，更不是狭隘的利益集团。社会主义的理念是资本服从社会，而不是社会服从资本，更不可能像资本主义国家那样，让资本成为支配一切的力量。资本与市场在社会主义体制内，既与社会主义制度相融，又服务社会主义制度和人民利益。

2. 中共与苏共

最早创立社会主义国家的苏共在发展中逐渐衰败了。今天，我们考察苏共的历程，可以看出其失败的主要原因。政治上，随着时间的推移，苏共失去了马克思主义政党应有的功能，开始官僚化，最终失去了人民的支持。没有以人民为中心进行发展，人民的基本权利得不到很好保障，一些民生问题长期得不到解决。思想上，背离了马克思列宁主义，失去了独立思考能力，对西方的理论没能有辨别地吸收。经济上，计划经济的失败，全社会高度组织化导致社会没有活力。组织上，内卷严重，失去了开放性，逐步开始政治家族化，形成特权阶层。科技上，僵化的官僚制度阻碍了技术创新，没有对信息革命做出反应，更没有跟上科技革命的步伐。民族问题上，没有实行民族平等制度，在处理民族宗教问题上，有重大失误。外交上，没有处理好兄弟党关系，走向颐指气使的老子党。中苏交恶，使得苏联失去了巨大的战略屏障。卷入大国争霸，争霸过程中自身也走向霸权主义，消耗了大量资源，削弱了社会主义的道德感召力。

中共和苏共同属马克思主义政党，但是也有很多不同，其中重要的一点在于群众基础的牢固程度不同。黄波粼认为，中共与苏共执政的民众基础之差异主要在于：中共夺取政权较苏共难，中共的意识形态较苏共灵活，中共对待领袖人物的态度较苏共辩证，中共改善民生的意识较苏共自觉，中共的廉政建设较苏共有效。① 中国共产党是思想的闪电与中国的土地结合的产物，有着鲜明的中国特色。而对这种特色追根溯源的话，会发现它来自中华文明悠久的历史传统。重民生、重民本以及中国的和平共处五项原则、人类命运共同体等重大外交理念无不闪耀着中华文明恒久的光辉。

我们党有着强大的理论创造力。马克思主义基本原理与中国具体实际不断结合产生重大理论创新，从“农村包围城市、武装夺取政权”的中国革命道路，到“实践是检验真理的唯一标准”的讨论，到“计划和市场都是经济手段”“建立社会主义市场经济体制”“新发展格局”等一系列重大论断和决策的提出，使中国的现代化事业焕发出无限活力。马克思主义对于中国这样的发展中国家为什么如此重要？从学理上说，马克思主义是一种科学，是关于人类解放的学说，对于我国有着重要的指导意义。从功能上讲，马克思主义对于资本主义的分析批判可以使中国在不进行全盘西化的前提下学习西方，对于传统的分析批判则使我们能有选择地借鉴传统中优秀的部分。这使中国能够保持独立思考，可以不断吸收新的价值创造，将马克思主义中国化、时代化，而且在创新吸收的同时不失去自我、不迷失方向。

党对国家意识形态的领导是党的领导的重要方面，保持主流意识形态对社会的引导力、吸引力至关重要。虽然在我们国家，帝国主义、封建主义、官僚资本主义这三座大山已经推翻很久了，但是并不能说其思想影响已经完全绝迹了。这里我们要保持对传统文化糟粕的批判，如果没有这种批判压力，那么中国传统的按照血缘、拟血缘关系的组织方式就可能卷土重来，这将造成“潜规则”横行，政党衰败、政府腐化、社会的内卷与封闭。我们也要警惕全盘西化的黑洞，如果任由其发展将可能颠覆现有的社会制度，葬送社会主义事业，造成灾难性后果。我们要注意帝国主义与中国的代理人结合形成的势力，这些人利用资本力量

---

① 黄波粼．中共与苏共执政的民众基础之比较［J］．中国浦东干部学院学报，2012（1）．

渗入意识形态等领域，在更加隐秘的同时，也有着很大的能量。

3. 党的自我革命

我们党始终保持着自我革命的清醒。在新形势下，党面临的执政考验、改革开放考验、市场经济考验、外部环境考验是长期的、复杂的、严峻的。

改革开放之后，中国的就业结构发生了深刻的变化，突出表现为农业劳动力比重下降，城市劳动力比重大大上升，在民营企业中就业人数不断增多，就业结构中的城市化与非国有的趋势还在进一步加强，这种变化将带来社会意识以及政治参与意识的深刻改变。市场性质的价值诉求既有积极的一面，也有需要警惕的一面。因为市场的价值诉求，就其倾向而言，不仅意图扩展到物的领域，而且要扩展到人的领域，不仅在经济领域，而且扩展到知识的领域与政治的领域。一方面，这种市场价值的过度扩展可能导致坏的市场经济与坏的治理的结合；另一方面，现有的政治社会体系如果不能吸收其合理的价值诉求，那么社会也无法持续健康发展。无论出现哪一种情况，中国的现代化建设都可能受到挫折。经济发展必将改变国内的阶层结构，同时经济发展也会改变中国与外部世界的关系。就内部层面来说，中国在改革开放以后，逐渐由农民占绝对多数的结构，转变为大量中产阶层组成的多阶层结构。政府权力中的相当一部分向社会转移，在资源的供给以及知识的生产中，很多通过社会与市场来进行。在市场条件下，政府的直接控制力是逐渐减弱的。而且，在市场博弈中，社会有可能开始分化。

在市场充分发展中，保持社会的高凝聚度，在国内外充分交互中保持社会主义国家的自主发展，在党长期执政的情况下保持党的不变色、不变味，都是重大的考验。在这一系列命题中，最为根本的在于保持我们党的强大领导力。

需要认识到，党的国家性增强的同时，要防止社会性在某种程度上的减弱。如果领导力减少，而行政化加强，则党组织及团、青、妇、工会等同时也会削弱社会服务与社会协调的功能。社会受到的领导较少而管理较多，各种矛盾就得不到及时的协调化解，甚至会处于积累之中，就蕴含着爆发的风险。

不断焕发新的活力的社会要与政党的社会构建方式相融合，进而实现共生、共进。在社会发展的过程中，以党内民主促进社会民主、以党内和谐促进社会和谐、以党的自我革命引领社会革命有着重要的意义，需要“政党参与社会，从而形成社会基础；政党服务社会，从而赢得社会的认同；政党培育社会，从而与社会成为一体”。① 党作为国家与社会之间的重要支柱，领导政府、人大、政协等发展，将增强国家与社会的交互能力，不断满足日益扩大的政治参与需求，不断促进稳固的国家与社会关系形成。

党的十九届六中全会通过的《中共中央关于党的百年奋斗重大成就和历史经验的决议》强调：“勇于自我革命是中国共产党区别于其他政党的显著标志。自我革命精神是党永葆青春活力的强大支撑。”②

习近平总书记强调：“我们党历史这么长、规模这么大、执政这么久，如何跳出治乱兴衰的历史周期率？毛泽东同志在延安的窑洞里给出了第一个答案，这就是‘只有让人民来监督政府，政府才不敢松懈’。经过百年奋斗特别是党的十八大以来新的实践，我们党又给出了第二个答案，这就是自我革命。”③ 100 年来，正是通过不断的自我革命，我们党才能历经磨难而辉煌依旧，在挫折中重新奋起、失误之后拨乱反正，成为打不倒、压不垮的马克思主义政党。

党的十八大以来，以习近平同志为核心的党中央，带领全党全军全国各族人民攻克了许多长期没有解决的难题，办成了许多事关长远的大事要事，党和国家事业取得历史性成就、发生历史性变革。我们党坚持

---

① 林尚立．中国共产党与国家建设［M］．天津：天津人民出版社，2009：208.

② 中共中央关于党的百年奋斗重大成就和历史经验的决议［EB/OL］．http：//www.gov.cn/zhengce/2021-11/16/content_ 5651269.htm.

③ 以史为鉴、开创未来 埋头苦干、勇毅前行［EB/OL］．https：//www.12371.cn/2022/01/01/ARTI1641021620027175.shtml.

不敢腐、不能腐、不想腐一体推进，惩治震慑、制度约束、提高觉悟一体发力，确保党和人民赋予的权力始终用来为人民谋幸福，始终保持自我革命的鲜明品格，保持自我净化、自我完善、自我革新、自我提高。前进道路上，要走好实现第二个百年奋斗目标新的赶考之路，只有以高度的政治自觉推进自我革命，以伟大自我革命引领伟大社会革命，才能不断增强党的政治领导力、思想引领力、群众组织力、社会号召力，确保我们党永葆旺盛生命力和强大战斗力。

中国共产党是中国政治、思想、经济、社会和军事等的“元”制度框架，是产生其他制度的制度设计。在一定意义上可以说，党是中国社会的政治基础设施，构成了社会的基础网络，连接政治、思想、经济、社会和军事等各个领域，这种网络结构，极大增强了社会的协同性与整体性。因而，党是我们能战胜一切艰难险阻的最根本保障，是中国人民最可靠的主心骨，也是中国发展的真正“密码”。

第七章

人类文明新形态

在西方的冲击下，绝大多数非西方文明都解体了，非西方世界没有被完全殖民统治的国家只有中国、日本、泰国（暹罗）以及伊朗（波斯）等，其中古老文明的中心国家中较为完整存留下来的只有中国。

西方几乎完全毁灭了印第安文明，严重伤害并奴役了非洲文明，肢解了伊斯兰文明。奥斯曼帝国曾经是包括大半个中东，占有今天巴尔干、北非，囊括大部分地中海的强大国家，在文治武功上均称雄一时。在西方文明的轮番打击下，一战后，奥斯曼帝国分崩离析，中东地区至今政治动荡、战乱频仍，硝烟未散。

印度则成为英国的殖民地，独立之后的印度仍然属于英联邦国家，接受了西方的政治理念和价值，同时也保持了大量前现代的成分，成为一个“混搭型”“散装”国家。

很少有国家像中国一样，成为思想、主权都完全独立的现代国家。正是在中国共产党的领导下，中国完成了从前现代国家向现代国家的转变。这种转变并非简单地转向西方原初意义上的民族国家，而是通过党的整合力量，将历史上已经高度融合的多民族的社会纳入整体的政治构架之中，在中国这样地域广大、文化多元、民族众多的国家中形成了一个独特的国家形态，使一个古老文明具备了现代国家的形式与内容。

中华文明能够生存下来，原因之一是在西方开始殖民时，中国是一个完整而强大的国家，击退了荷兰等一系列殖民者的入侵，中国人民反抗压迫和剥削的流血牺牲、不懈奋斗与适应变革，使得国家摆脱了像印第安文明那样被毁灭的厄运。

中华文明能够生存下来，原因之二是西方国家用了很长时间消化在美洲、非洲和西亚的战果。西方对于中国采取了类似英国在印度早期的策略，通过控制统治者来统治中国众多的人口。中国是亚洲第一个民主共和国，但是并不能摆脱任人宰割的命运。中国能够翻身，在于把握了有利的国际契机，西方内部的分裂、世界反殖民运动和民族解放运动的兴起提供了中国实现独立自主的历史性机遇。

中华文明向现代文明的转型，是一个极为曲折痛苦艰辛的过程。在这个过程中无数人为之付出了巨大的努力和牺牲，中国共产党领导中国人民基本完成并深度推进这个转型进程。习近平总书记在庆祝中国共产党成立 100 周年大会上的讲话中指出："中国特色社会主义是党和人民历经千辛万苦、付出巨大代价取得的根本成就，是实现中华民族伟大复兴的正确道路。"①

这种转型最初是解决国家的生存问题，在发展过程中，借鉴世界文明成果，与中国实践相结合，与中华优秀传统文化相结合，逐渐开始形成一个有别于西方文明的崭新的文明，一个更加符合中国发展需要、更加符合世界发展潮流的人类文明新形态。

一、道路与文明

近代以来，西方通过"猎取"美洲而实现崛起，用了几个世纪的时间消化美洲这一巨大"猎物"，当对美洲的占领几成定局的时候，又将目光瞄准了印度和奥斯曼帝国，然后才将侵略和掠夺的重点转向中国。在这个时候，列强之间的矛盾已经激化，在一战期间，列强无力东顾。在二战期间，中国人粉碎了帝国主义的侵略，最终废除了不平等的条约体系并获得独立。

今天的发达国家绝大多数都是欧美等西方国家或者是它们的盟友。

① 习近平．在庆祝中国共产党成立 100 周年大会上的讲话［EB/OL］. http：//www.gov.cn/xinwen/2021-07/15/content_ 5625254. htm.

二战后日本和“亚洲四小龙”崛起，它们都在冷战对峙的前沿之上，明显是冷战期间为了展示“民主橱窗”而被扶植起来的。

今天的世界，按照西方精英的设想是一个古希腊+罗马式的统治，发达国家就像古希腊拥有公民权的公民一样，可以享受自由，从事科学和艺术，而发展中国家就像古希腊的奴隶一样，必须从事艰苦、粗放的工作，而且要受到公民的监督。霸权国家像罗马统治者一样，通过控制科学技术、军事要塞、金融系统、舆论武器统治全世界，对那些不服从者进行颠覆和审判。

这样的统治世界的方式，是为了满足西方一些精英的需要而设计的，是为了一些国家的私利而设计的，从没想过要实现整个人类的利益。实践已经证明，西方只是制造了繁荣的岛屿，而无法解决贫困的大海。西方的精英统治集团对于人类来说，有着巨大的道德赤字、和平赤字、发展赤字、环境赤字。

阿诺德·汤因比在《历史研究》中考察了 23 种文明。其中，最古老的文明中只有中华文明不需要冠以“古”字，因为只有中华文明 5000 年来流传至今，没有断流，也没有消失，反而焕发出勃勃生机。

中国是唯一的主要依靠自身力量、依靠自我积累而实现现代化的国家。中国人是依靠自己站起来、富起来、强起来的，虽然满身汗水，但没有他人的血污。这样一种新的文明奇迹，必然会给世界带来完全不一样的治理理念。

回望中国 100 多年的曲折历程，我们至少要在三个维度上透视中国道路才能发现其核心意蕴。第一个维度是中国现代化的维度，中国是非西方文明中唯一真正实现文明转型的文明中心国家。通过政党缔造国家的方式，实现了古老文明向现代文明的转换。现代中国在中华民族跌入历史低谷中奋起，扭转了从明朝中叶以来文明陆沉的历史趋势，让中华文明再次绽放前所未有的灿烂光辉。第二个维度是世界社会主义运动的维度，相较于苏联模式，中国将社会主义与市场经济相结合，开创了中国特色社会主义道路。第三个维度是发展的维度，相较于西方大国的对外侵略掠夺的崛起历程，中国开创了自我积累的和平发展道路。相较于绝大多数发展中国家，中国开创了独立自主而非依附发展的新型现代化道路。

中国的发展是一个非西方文明的发展。中国目前是唯一发展起来的非西方文明的中心国家。中国的发展证明，西方世界之外的其他文明的人也可以掌握一度只有西方才可以掌握的科学和技术，可以创造巨大的财富，实现国家的现代化。西方文明已经统治世界数百年的时间。以盎格鲁-撒克逊人为核心的西方精英集团竭力阻止其他文明中心国家的发展，将之视为“难以教化的异端”，不断进行打压和制裁。

中国的发展是一个社会主义国家的发展。对世界上的普通百姓来说，社会主义好还是资本主义好，不看药方看疗效。中国巨大的发展奇迹必然让西方社会以及很多发展中国家开始审视自身的发展道路，甚至是秉持的价值。而这必然引起西方精英的敌视，有人试图将中国刻画成“被涂污的鸟”，鼓动对中国的攻击。[①] 中国的发展不可能一帆风顺、一蹴而就，必须保持战略定力，让事实证伪谎言。

中国的发展是发展中国家的独立自主的发展。一个发展中国家主要依靠自身力量摆脱贫困，实现富强，这对于世界上绝大多数的发展中国家来说是一个巨大的奇迹，也是一个巨大的激励。而对于西方国家来说，它们视中国为搅局者，是对西方统治秩序的破坏。

从这三个意义上说，中国的发展具有巨大的世界性意义。中国共产党将带领中国人民冲破后殖民体系，不仅带中国人民走向一个新的境界，还会给世界人民带来一个崭新的视界。

中国独特的道路不仅是一种后发展现象，同时还是一种文明转型的现象。仅仅认识到前一点，我们会将中国发展的方向视作西方历史的复制；仅仅认识到后一点，我们可能会对西方文明采取完全排斥的态度，进而失去发展的动力与机遇。中国的转型不是全面恢复古老的传统，也

---

① 美籍波兰裔作家耶日·科辛斯基创作的长篇小说《被涂污的鸟》，反映了战争、暴力和种族歧视等问题。

不是全盘地西方化，而是在吸收人类文明优秀成果的基础上，扬弃我们的传统，运用我们的智慧创造一个新文明。

我们的文明是深固的，我们传统上是按照关系组织社会的，无论是“家国体系”“天人合一”的理念，还是“推己及人”的伦理，都可以看出这种基于联系审视世界的方法。

因为这种文明传统的基因，中国人在中国化了的马克思主义指导下，对这种传统进行了现代化改造，创造了主权国家，但没有创造一个绝对的民族国家，而是创造了一个多民族共同生存、共同繁荣的文明国家；设定了主权，但是又创造了一国两制、民族区域自治等创新形式，将国家主权与相对的自治权相结合；创造了共产党领导的多党合作的新型政党制度，党派之间不是简单进行法人竞争，而是共同协商、共同促进人民的福祉；创造了集中土地所有权、分散土地使用权的新产权模式，9 亿多农民生而拥有土地可供使用，这些都是伟大的创举。

任何一个大国的崛起能被世界接受，那一定是一种新的、更优的全球治理模式的兴起。今后，或许是霸权的终结，一个没有霸权的时代，一个人类以国际组织为基本架构的共同治理时代。1934 年，一位中国译者在桑巴特所著的《德意志社会主义》前言中写道：“若以为：只要我们的工厂比欧美多，房屋比纽约高，物质享受比欧美盛……即算达到目的，那也未免太‘埋没’了我们自己，蔑视了一个五千年历史的文化民族对于人类所负的使命，抛弃了我们祖先的遗传宝，并且恐怕要走上了岔道儿，连发展物质的目的都达不到。”[①] 近代以来，之所以有很多优秀的中国人选择了社会主义道路，在很大程度上来自对资本主义制度的反思。中国的发展必须选择一种新的方式、新的导向。

百年的艰难探索，一种崭新的现代文明已经开始在中华大地诞生。这种文明是党领导人民创造的、具有光明前途和世界意义的，迭代过去一切文明的一种新的文明形态。这种人类文明新形态，是历史的结晶、

① ［德］桑巴特．德意志社会主义［M］．杨树人，译．上海：华东师范大学出版社，2007.

人民意志的结晶、中国特色社会主义道路的结晶，将推动中华文明伟大复兴，催生人类新的发展议程，推动人类历史新的进程，共同创造更加美好的世界。

二、全球问题与新文明的相遇

1. “小圈子”的历史根源

在欧洲中世纪，文明与野蛮的概念主要指是否信奉基督教，信奉基督教就是文明，不信则是野蛮。后来与地理大发现几乎同步，文明与野蛮的内涵进一步扩展，并成为对外殖民扩张的一套话语，成为殖民主义的世界图景、人类等级秩序以及对外扩张行动的原则。唐晓峰指出：“古典的文野之辨（指中华文明——作者注），文明一方对于野蛮一方，除了要‘怀柔远人’、‘边境晏安’之外，基本别无所求，更恨不得以长城永久隔离其往来（中国和罗马帝国都修过长城）。而此时的文明（指西方文明——作者注）一方对于野蛮一方，却要侵入、统治、剥夺。”①

在18世纪后期，英语和法语中出现的“文明”一词，实际上是欧洲启蒙运动的产物，被欧洲文明认同为自我的化身。郭双林指出：“‘文明’不是一个普通的中性概念，而是‘西方社会’（主要是英法等列强）表达自我意识的一个专有名词；‘文明’也不是一个孤立的词汇，其背后隐含着一套话语系统，一种影响深远且广泛的等级理论，与其对应的是西方社会想象中的一种世界模式。”②

这种西方视野下的世界模式就是文明等级论，“19世纪流行于英美

① 刘禾．世界秩序与文明等级：全球史研究的新路径［M］．北京：生活·读书·新知三联书店，2016：20.

② 刘禾．世界秩序与文明等级：全球史研究的新路径［M］．北京：生活·读书·新知三联书店，2016：239.

等国的文明等级论主要有三级制、四级制和五级制三种模式”①，大致就是将世界各地不同民族划分为野蛮、蒙昧或半文明、文明、开化等几个等级。在这个文明等级的金字塔中，不管怎么分，西欧国家居于顶端，美洲和非洲居于底端，亚洲国家居于中间。中国有时被认为是半野蛮国家，有时被认为是半文明国家。“西方世界里有一个根深蒂固的观点，即西方创造了真正的‘文明’，西方人具有发明、科学、自律、自控、实际、前瞻、独立、博爱等精神，而西方之外的所有人类则构成了类别迥异的‘他者’，只具有模仿、被动、迷信、懒惰、怪异、走极端、情绪化、听天由命等等特性。”② 基佐在《欧洲文明史》中指出：“文明就像海洋，它构成一个民族的财富，该民族的生命的一切要素、支持它的存在的一切力量，都集中并团结在它的内部。”③ 这种描述和赞叹实际上仅仅针对欧洲文明。“在18和19世纪的欧洲尤其是英国，一种流行的做法是把全世界分成三等，白种的西方尤其是英国和西欧国家属于头等的‘文明’世界，代表了进步，人民享有自由民主和理性精神，组成了边界分明的主权国家；黄种的亚洲各国生活于专制政权之下，人民缺乏理性，国家没有疆界和主权，或者处于其他帝国的间接统治之下，属于次等的‘野蛮’世界；而黑种的非洲土著只有部落组织，没有政府，没有进步，处于时间凝固状态，属于最底层的‘蛮荒’世界。”④

这种文明等级论不仅是一种系统性的歧视，还是一种对行为的辩护甚至是行为的指导法则。刘禾指出：“欧洲人创造的这些国际法范畴都与主权身份的确立密切相关，而主权身份的确立恰恰依赖于文明等级的

---

① 刘禾．世界秩序与文明等级：全球史研究的新路径［M］．北京：生活·读书·新知三联书店，2016：241.

② 李怀印．现代中国的形成：1600—1949［M］．桂林：广西师范大学出版社，2022：369-370.

③ 基佐．欧洲文明史［M］．北京：商务印书馆，2005：6.

④ 李怀印．现代中国的形成：1600—1949［M］．桂林：广西师范大学出版社，2022：369-370.

标准。”[①] 在当时的国际法范畴内，欧洲国家是文明国家，因而拥有主权，可以基于威斯特伐利亚原则，通过缔结条约等进行交往。而半文明、半开化、半野蛮的国家则不完全享有主权，因而“文明国家”可以对这些国家的领土进行割让，并对其实行治外法权，设立租界等。而对于野蛮人，其土地都属于“无主荒地”，可以凭借“发现权”这类概念进行占有。“文明的大发现与资源的大发现相互结合，使一套新的全球行为准则被创造出来。对于自然资源，谁没有开发利用的‘文明’水准，谁就要让出开发的权利。例如，在美洲，只要是没有被耕种的土地，就会在地图上被标为无主的荒地，殖民者就可以合法地占据，而无论这里有没有印第安人的部落。”[②]

当一种文明刚开始崛起的时候，会美化其他文明作为自己未来的景象。而当这种崛起接近完成的时候，通常又会故意贬抑其他文明以维护自身的正当性和高贵性。这两个过程都存在于西方文明的崛起之中。如果说伏尔泰和魁奈是法国启蒙运动中倾向东方尤其是“中国热”的主要代表，那么孟德斯鸠则从总体上否定东方及中国。孟德斯鸠按照自己的理论和设想贬抑中国，制造了一系列诸如“中国没有议会，因而专制”“由于气候的影响，中国人趋向奴性”等荒谬言论。康德、卢梭等西方学者对于其他文明的黑化比比皆是。

文明等级论是一种宗教种族主义和殖民主义的混合物，给西方统治世界规定了一套原则，系统地消除了殖民者四处掠夺、奴役、种族灭绝带来的文化内疚感和负罪感，并且成为西方政治文化深层的政治正确和政治无意识，几乎弥散在西方文化的每一个角落，并且不断变换面目，甚至浸入被奴役、被伤害的殖民地、半殖民地国家的人民之中。

文明等级论以及中国被贬抑成为半野蛮或者半文明国家的话语构

---

① 刘禾．世界秩序与文明等级：全球史研究的新路径［M］．北京：生活·读书·新知三联书店，2016：63.

② 刘禾．世界秩序与文明等级：全球史研究的新路径［M］．北京：生活·读书·新知三联书店，2016：22.

建，“于1820年代进入英美等西方国家的中学地理教科书，风行了将近一个世纪，以后又伴随殖民主义的扩张流传至世界各地，成为一种带有普世性的知识与价值观念”。[①] 福泽谕吉在《文明论概略》中指出，西方代表文明，中国处在半开化阶段，非洲各国滞留在野蛮阶段，效法西方文明道路是世界上后进国家的必由之路。按照这种思路，日本人义无反顾“脱亚入欧”，努力争取进入文明国家行列，并且效法所谓“文明国家”对所谓“半文明”和“野蛮国家”的征服和奴役。

这种西方中心主义的文明等级观念，经过日本的论述，后来又经过中国留日学生的翻译传播推广，竟然成为当时国人的一种常识，而且“逐渐内化为一种民族心理状态；在国际交往过程中遇事自矮三分，则成为部分国人的下意识行为”。[②]

贬低其他文明，可以在道义上压制其他文明，让这些文明的所谓精英为西方服务而不觉得羞愧和内疚。在国人缺乏自信的情况下，这些外部的攻击抹黑逐渐成为部分国人自我认知的一部分，如“中国古代历史一片漆黑”“中国人没有创新能力、素质低”“中国文化是酱缸文化”等。这些压制性的甚至是带有侮辱性的道义压制就是文明等级论，经过数百年的发展实际上已经成为扩展到政治、经济、文化、生态、军事等各个领域的系统性的压迫机制。

20世纪70年代初，第一次石油危机重创西方国家。1975年11月，在法国的倡议下，美、英、德、法、日、意六个工业国成立了六国集团（G6），以协同解决世界经济危机。后来，加拿大、俄罗斯先后加入六国集团，G6变成了G8。2014年3月4日，美国宣布暂停俄罗斯G8成员国的地位，G8又成为G7。此后，G7偏离了只关注经济问题的初衷，国际政治问题逐渐成为G7的主要议题。在G7当中，除了加拿大代替了已解体的奥匈帝国，其他七个国家都是当年侵华八国联军中的一员。

① 刘禾．世界秩序与文明等级：全球史研究的新路径［M］．北京：生活·读书·新知三联书店，2016：289.

② 刘禾．世界秩序与文明等级：全球史研究的新路径［M］．北京：生活·读书·新知三联书店，2016：290.

这就是国际上“小圈子”的由来，实际上就是维护和制造繁荣孤岛的机制，是一种全球统治模式。

2. 全球霸权结构

西方主导世界的模式一直存在，只不过从殖民时代赤裸裸的直接统治转化为更多利用政治、经济、文化等方式进行操纵，非必要不使用代价较大的军事手段。对很多发展中国家进行“隐性殖民”，以经济手段为主，综合运用政治、文化和军事手段进行控制、干涉和掠夺。以附带苛刻条件的“赠予”“援助”和“贷款”，以及西化其精英等多种手法，让发展中国家照搬西方发展模式，摧毁其发展防线，沦为西方附庸。

这样一个殖民体系，是有中心和外围的权力结构。正如约翰·格雷所指出的，“全球自由市场则属于一个西方在其中似乎已经确立霸权的世界。就像其他一切普世文明的启蒙乌托邦的变型一样，它预设了西方至高无上的地位。它与多元化的世界格格不入，在这种多元化的世界里，任何强国都不能指望行使英国、美国和其他西方国家过去所拥有的霸权”。① 很多依附论者指出，在殖民结构中，先发国家利用其在政治和经济文化等方面的权力，控制着后进国家，同这个国家的很多精英勾结在一起，从政治上对后进国家进行压迫，从经济上进行盘剥，从文化上进行麻醉。

尽管后来殖民体系逐渐转化为后殖民体系，但这种现象并没有实质性改变。这种权力结构表现为：在政治上，通过掌握国际规则制定权和工业国家的联盟体系控制世界，设置 G7、美日同盟等“大国协调”机制，对反对的国家进行政治压迫，甚至政权颠覆；在经济上，通过货币权力收割全球，运用金融等手段攫取超额利润，运用多双边贸易机制构筑排他性繁荣发展小圈子，通过跨国公司等将后进国家压缩在产业链中下游；在文化上，构建全球性的话语生产和评价体系，垄断话语体系的

① ［英］约翰·格雷．伪黎明——全球资本主义的幻象［M］．张敦敏，译．北京：中国社会科学出版社，2002：23.

基础设施，推行西方“普世价值”，通过教育以及国际奖项等持续吸纳后进国家的精英，特别是青年；在军事上，构筑北约等军事联盟，保持对世界的控制，用武力维持西方繁荣的孤岛。资本主义从诞生以来，正如东印度公司一样，一直没有改变的东西是：一只手拿商品，另一只手拿火枪。这些基本上是人所共知的。

这里需要着重指出的是，西方通过在文化领域的长期运作，已经形成了一整套操纵认知的机制。在文艺领域，形成了一整套评价遴选其他国家和民族作品以及创作者的机制。我们如果看看这些作品和作者，就会发现大多数入选的作品或者作者都带有对本文明的否定批判或者带有对西方文明的归化性质。

在学术领域，使用西方的历史经验对他国的历史进行覆盖和解释，并运用启蒙运动中形成的理性与进步进行解释。“这种观念试图将欧洲的社会发展模式作为人类发展的标准样式。在这一原则下，世界历史被划分成两个部分：处于中心的欧洲通过对自然的理性把握和利用而取得进步，处于外围世界的其他地区在中心的影响下也将不断前进，人类最终将迈入一个完美的理想社会。”①

例如，关于帝国和民族国家的阐释。李怀印指出，在西方的主流概念中，“帝国总跟好战、扩张、奴役连在一起。不同于现代国家之由享有共同的族群或文化背景的人民所构成，且由其政府直接加以统治，帝国的最基本特征，据经典的解释，是其多族群、跨文化的人口构成，及其对殖民地、属地或朝贡国的间接统治”。② 这实际上是根据西方的罗马帝国以及后来的殖民帝国等历史经验提炼出的理论，并不适合东方国家。而一些东方国家的学者也以“帝国”描述中国历史上的一些时期，这显然就是落入了话语陷阱。

这样的例子比比皆是。从经验来看，西方学术界对于非西方学术界的期望研究议题通常是要带有反对政府权威、扩大社会权利的倾向。而

---

① 夏玉丽．理论与实践中的去殖民化史学［J］．国际社会科学杂志（中文版），2021（3）．

② 李怀印．现代中国的形成：1600—1949［M］．桂林：广西师范大学出版社，2022：1．

且论文的写作方式也基本是反对宏大叙事，也就是反对任何对西方基本价值有着反思的东西，而是要求针对具体的、细节的问题进行尽量量化的分析，使得研究在既定的价值与方向上进行。

在媒体领域更不用说了，西方主流媒体始终是双重标准，对待西方及其附庸是一套标准，对待他国是另外一套标准。

文化竞争最深层的是审美权的竞争，也就是什么是好的、什么是不好的。这一审美权不仅在文艺领域，而且涉及生活方式、政治体系等。确定了审美偏好，也就确定了一个人对待生活方式、民族传统以及政治体制的偏好。通过这一套操作机制，西方在很大程度上可以决定什么是美的、什么是好的、什么是正确的、什么是正义的，而事实本身则居于其次了。

3. 和平赤字、发展赤字、生态赤字

任何尚有良知的人都无法否定，西方的工业文明是在非西方民族的白骨和血污中成长起来的，而且维持这种繁荣仍然需要以非西方民族的贫困和苦难为代价。这种全球统治模式已经遇到了很多难以解决的问题，如贫困、环境污染、战争、种族冲突、科技伦理问题、传染病、能源危机等全球性问题。

一是和平赤字。西方文明崛起，伴随着其内部以及对有色人种血腥残酷的战争和杀戮。这一征伐，今天依然在继续。美国塔夫茨大学教授莫妮卡·达菲·托夫特、马萨诸塞州布里奇沃特州立学院助理教授西迪塔·库希撰写的《军事干预项目：1776—2019 年美国军事干预的新数据集》显示，自美国建国以来，在 1776 年至 2019 年，美国在全球进行了近 400 次军事干预，仅二战后，美国就进行了 200 多次军事干预。冷战结束后，美国的海外军事干预行动不减反增，超过 1/4 的军事干预发生在这一时期。在近 400 次海外军事干预行动中，34%针对拉丁美洲和加勒比地区，23%针对东亚和太平洋地区，14%针对中东和北非地区，13%针对欧洲地区。当前，美国对中东和北非以及撒哈拉以南非洲地区

的军事干预呈现上升趋势。①

殖民主义以及干涉主义的罪行一直被“捍卫价值观”“民主”等幌子遮蔽，并没有得到真正清算。战争的阴影至今挥之不去，西方军事集团仍然发挥作用，甚至不断扩张地盘，引发地缘政治冲突，霸权主义、干涉主义仍是西方国家的重要政策工具。

在这个方面，中国的态度是鲜明的。2022 年 4 月 21 日，博鳌亚洲论坛 2022 年年会开幕式在海南博鳌举行，中国国家主席习近平以视频方式发表题为《携手迎接挑战，合作开创未来》的主旨演讲。习近平主席从全人类前途命运出发，提出全球安全倡议，倡导“六个坚持”，即坚持共同、综合、合作、可持续的安全观，共同维护世界和平和安全；坚持尊重各国主权、领土完整，不干涉别国内政，尊重各国人民自主选择的发展道路和社会制度；坚持遵守联合国宪章宗旨和原则，摒弃冷战思维，反对单边主义，不搞集团政治和阵营对抗；坚持重视各国合理安全关切，秉持安全不可分割原则，构建均衡、有效、可持续的安全架构，反对把本国安全建立在他国不安全的基础之上；坚持通过对话协商以和平方式解决国家间的分歧和争端，支持一切有利于和平解决危机的努力，不能搞双重标准，反对滥用单边制裁和“长臂管辖”；坚持统筹维护传统领域和非传统领域安全，共同应对地区争端和恐怖主义、气候变化、网络安全、生物安全等全球性问题。

“六个坚持”系统阐述了中国的安全观，这一安全观针对影响世界安全的突出因素，适应了世界发展潮流，是绝大多数国家人民所盼。

二是发展赤字。在资本主义世界体系中，繁荣是孤岛，而且这个孤岛需要广大的外围地带来维持，就像很多国家的城市与乡村的区别一样。与一国之内不同，并没有机构在国际上进行实质性的转移支付，以弥补交换的不平等。因而，二战以后，全球范围内贫富差距、南北差距等问题不但没有得到真正缓解，反而更加突出，全球不稳定、不确定因

① 美国军事霸权主义危害全球和平稳定［EB/OL］. http：//world. people. com. cn/n1/2022/1010/c1002-32541851. html.

素明显上升。“《2022年世界不平等报告》显示，过去20年里，在全球收入最高的10%人群和收入底层的50%人群之间，收入差距几乎翻了一番。”①

新冠肺炎疫情加剧了全球收入的不平等。“慈善机构乐施会最近发布调查报告称，新冠肺炎疫情期间，全球99%的人收入在疫情期间减少，1.6亿人陷入贫困，而全球十大富豪拥有的财富在过去两年翻了一番，从7000亿美元跃升至1.5万亿美元，是全球最贫穷的31亿人拥有财富总和的6倍。”② 很多发展中国家深陷发展危机，“联合国开发计划署不久前发布报告指出，全球有超过90%的国家受多重危机影响面临发展困境。国际货币基金组织总裁格奥尔基耶娃近日表示，世界经济遭受了多重冲击，正经历一场根本性转变：从一个相对可预测的世界，转变成一个更加脆弱的世界”。③

发展危机根植于不公平、不平等的权力结构之中，在这种结构下运行的发展模式，只会不断增强这种不公平和不平等。而被发展遗忘和抛弃的人们，只能通过社会运动以及其他方式来反抗这种模式，进而引发社会危机、政治危机。

中国对这种国际权力结构是有切肤之痛的，因此提出了让世界各国人民普遍受益的发展方式。2013年，国家主席习近平提出“一带一路”倡议，充分强调自愿参与、互相尊重、平等协商、公开透明等合作基础。2021年9月21日，习近平主席在第七十六届联合国大会一般性辩论上提出全球发展倡议，主要内容是：“坚持发展优先，坚持以人民为中心，坚持普惠包容，坚持创新驱动，坚持人与自然和谐共生，坚持行动导向，重点推进减贫、粮食安全、抗疫和疫苗、发展筹资、气候变化

---

① 全球贫富差距加大，美西方难辞其咎［EB/OL］. http://paper.people.com.cn/rmrbhwb/html/2022-01/25/content_25900423.htm.

② 全球贫富差距加大，美西方难辞其咎［EB/OL］. http://paper.people.com.cn/rmrbhwb/html/2022-01/25/content_25900423.htm.

③ 人民日报和音：始终不渝做全球发展的贡献者［EB/OL］. http://cn.chinadaily.com.cn/a/202210/12/WS6345f90ca310817f312f1a6e.html? ivk_sa=1023197a.

和绿色发展、工业化、数字经济、互联互通等领域合作，加快落实联合国2030年可持续发展议程，构建全球发展命运共同体。”① 全球发展倡议是继共建“一带一路”后，中国提出的又一重大倡议，发出了实现共同发展繁荣的时代强音。

三是生态赤字。工业革命之前的世界与今天的世界已经大相径庭，重要的原因在于工业以及相应的人所具有的能力严重剥削了自然。人类中心主义，人类“主宰”“征服”自然，对自然无穷无尽的索取已经破坏了我们赖以生存的地球的土壤、大气，让大量生物灭绝，开始危及人类的生存与发展。

在这个方面，西方发达国家有着不可推卸的历史责任和现实责任。从1992年联合国制定通过《联合国气候变化框架公约》开始，经过25届大会以及艰难谈判，先后通过了《京都议定书》和《巴黎协定》两个法规性文件。这是一个巨大的进步，然而美国作为世界能源消耗超级大国却退出《巴黎协定》，使全球生态环境治理雪上加霜。

2020年9月22日，中国国家主席习近平在第七十五届联合国大会上宣布，中国力争2030年前二氧化碳排放达到峰值，努力争取2060年前实现碳中和目标。这是对全球生态环境保护的庄严承诺和重大贡献，对中国经济绿色发展和能源结构也提出了新的要求。

和平、发展以及生态等问题，不只是一种全球问题，其深层原因在西方文明以及资本主义文化之中。

4. 西方文明的式微

15—17世纪，欧洲不断有瘟疫发生，人口一直没有恢复到原有的1亿左右。奥斯曼帝国的崛起阻断了西方与中国的交流，西方只能通过传教士和旅行者的描述来了解中国，将中国想象为符合柏拉图理想国的完美形象，这一想象持续了上百年的时间。在启蒙运动前期的欧洲知识

① 习近平出席第七十六届联合国大会一般性辩论并发表重要讲话［N］. 人民日报，2021-09-22.

分子著作中，则将中国视作理想政治的代表。

近代之前的欧洲是一个复杂的体系。罗马帝国衰落以后，日耳曼人逐渐南下，游牧民族通过征服占领了一个又一个领地，形成了封建制度，也就是后来欧洲民族国家的基础。正如许倬云指出的，欧洲的民主制度，实际上是游牧民族军事民主制度的产物。“在欧洲中古时期后发展出来的民族国家，其民主制度的渊源，应当是由部族的军事民主逐渐转变而来的。”[①] 代表制度也是在这个时期发展起来的。基督教会与国家的王权之间的博弈持续了数百年的时间。随着欧洲向美洲的扩张殖民、商业的繁盛，世俗的力量崛起，欧洲发生了宗教改革。1517 年，马丁·路德提出《九十五条论纲》，由此开始到 1648 年欧洲国家之间签订《威斯特伐利亚和约》承认国家的主权，欧洲宗教改革运动基本瓦解了教会的政教体系统治。

启蒙运动从深层来说是宗教改革的深化。宗教改革打击了教会，启蒙运动则从精神层面上“驱逐了上帝”。资产阶级的理论家援引自然法，对原先不容置疑的上帝进行了种种质疑。正如科林·布朗所指出的，“当我们更加周全地考虑的时候，启蒙运动的宗教只不过是稍微改头换面的自然神论”。[②] 自然神论也称理神论，“承认神或上帝是超自然的存在、超自然的创造者，但是它反对启示和奇迹迷信之类的东西，而主张对上帝的理性的崇拜，相信上帝是按照自然理性的法则创造世界、推动世界的，有些自然神论者把上帝解释为如牛顿所说的超自然的‘第一推动力’，在创造和推动了世界之后就置身事外不复过问世事而让世界万物按自然规律自己运行了”。[③] 霍布斯、洛克、孟德斯鸠、卢梭等一大批近代哲学家都是这样的自然神论者。

---

① 许倬云．现代文明的成坏［M］．杭州：浙江人民出版社，2016：34.

② ［美］科林·布朗．基督教与西方思想（卷一）［M］．查常平，译．北京：北京大学出版社，2005：182.

③ ［英］约翰·托兰德．泛神论要义［M］．陈启伟，译．北京：商务印书馆，1997：中译本序，6. 关于自然神论还可以参考赵林为《基督教的合理性》的序言《英国自然神论的兴衰》，载：［英］约翰·洛克．基督教的合理性［M］．王爱菊，译．武汉：武汉大学出版社，2006.

在整个启蒙运动过程中，这种自然神论随着启蒙进程的深入而逐渐淡化。它是自然迫使上帝虚位的运动，但是一旦自然稳固地立足，人就将自然驱逐，成为世界的主人。“文艺复兴，甚至在13世纪，被上帝律法压抑的人的意志开始觉醒。与此同时，机械的科学理性也开始崛起。这两股思想潮流起初并行不悖，它们的共同落点在事实上都是在驱逐上帝。那么当上帝空位，从世界的创造者变成‘设计师’之后，上帝的位置由谁替代？在启蒙运动后期，康德的贡献在于，类似于阿奎那曾经做过的那样，在‘自动机’与人以及上帝之间，康德为各自划分了范围，把上帝放逐到不可知的‘物自体’之中，将人在社会领域中置于上帝的地位。”①

如果说，在霍布斯那里上帝还是这个世界的制造者的话，那么到启蒙运动后期，在康德那里，上帝已经成为一个设计师——连制造者的资格都失去了。而到了尼采那里，上帝已经死了，于是整个西方的精神世界也都处于崩溃的边缘。在这种上帝死亡的巨大幕布之下，尼采将叔本华的意志学说清晰地阐述为权力意志，从而人的恶的本性清晰化了，恶可以实现善的目标这个议题获得了尼采式的响亮解答。从古希腊时代就一直探讨的人的本性的近代的解释是：这种本性是恶，是追求权力的意志，摆脱他人控制，并力图控制他人的意志。

在西方的信仰世界里，人类驱逐上帝，并取代上帝之位的时候，也失去了自我，西方文明也失去了其精神内核。欧洲的兴起，将其基于自身历史文化和现实条件形成的一系列制度予以神圣化了。随着资本主义的发展，西方逐渐实行了民主制度。其原因主要在于西方发现了新的被奴役者，那就是非西方国家。而要保持这种对他国的奴役，一方面需要在国内实行民主，形成共同对外的力量；另一方面也要强迫他国实行西方标准下的民主，使这些国家保持着弱的外壳，让西方国家的干涉不那么费力。人弥补了上帝的空位，成为裁决者和审判者，人权和西方制度

① 宣兴章．永久和平的天城：康德国际政治哲学批判［J］．外交评论，2009（1）．

成为赤裸裸的西方世俗宗教，成为干涉主义的借口。

科学与欧洲的宗教是在同一种文化范式下产生的。牛顿也是这样一位自然神论者，他“从事物的表象来论说上帝”。[①] 这是当时很多伟大学者的信仰。他所指的“神灵钟表匠”实际就是上帝，语出当时流行的著名比喻——“一个把世界和斯特拉斯堡的钟表相比较的人，能够承认上帝是这个世界的创造者和支持者”。[②] 在人取代上帝之后，科学就失去了其当初的主人。科学失去了方向之后，在实际中成为资本主义的附庸和仆人。

斯宾格勒在《西方的没落》中把文化和文明视为“生命有机体”，他认为文化的过程才最有价值，文化的成果——物质文明没什么意义。西方文明阶段特征是无神论的产生、清教精神的形成、理性主义的主导、伦理的社会主义、虚假的民主政治、金钱的力量支配以及未来技术与机器的威胁。他认为西方文明已经进入“壮年”，很多文明产物已经定型，并开始逐渐进入“没落”中。[③] 斯宾格勒的论述充满着先验的色彩，然而其分析是符合演化规律的。西方文明因为在世俗的宗教中将人置于上帝的位置，实际上失去了人本身的价值。人的虚无，在思想层面导致人对于自然的无穷无尽的索取，对于他者的敌意和剥削压榨，对于自身权利的无限放大。

西方文明在启蒙运动之后，摆脱了宗教的束缚而获得了腾飞的精神力量和物质力量。然而，随着时间的推移，这些力量已经成为西方文明沉重的负担，而其发明的很多理念和制度也在现实中空心化。自由成为对垄断资本主义的保护以及对自然和其他民族无穷尽的掠夺，民主成为资本金钱和选民人数博弈的游戏，平等成为法律表面上的形式平等。而随着西方经济等方面实力的相对下降，其努力藏在皮袍下的种族主义不

---

① ［英］牛顿，［美］H. S. 赛耶．牛顿自然哲学著作选［M］．王福山，等译．上海：上海世纪出版集团，上海译文出版社，2001：63.

② ［荷］R. 霍伊卡．宗教与现代科学的兴起［M］．邱仲辉，钱福庭，许列民，译．成都：四川人民出版社，2003：22-23.

③ ［德］斯宾格勒．西方的没落［M］．齐世荣，等译．北京：群言出版社，2016.

时沉渣泛起，露出其真实的面目，西方文明不仅失去了其内在的内聚力，也开始失去了对世界的感召力。

西方现代文明是基于宗教基础上与资本主义文化结合而发展出来的文明，西方哲学从外在超越者那里寻求真，认为只有不变的才是真。因而，西方政治哲学只能从确定的原则出发理解世界。为人类确定 种好的政体理想，一种美好的前途设想，这本来无可厚非，但是将某种政体作为唯一的标准，视某种理想是全人类的、普世的价值，视不同政体与价值为异类，这种排他性的文化主体性，必然蕴藏着巨大的风险。这种对其他不同文明的不宽容性，使得西方文明不可能真正接受其他文明存在，更谈不上真正的团结。其他文明面对西方文明只有三种选择：要么接受其价值和制度，成为其仆从；要么成为其干涉牺牲的对象；要么成为其对抗者。

资本主义、帝国主义，其深层因素在于西方文明发展出来的人类中心主义，人类中心主义实质上是西方中心主义、西方精英中心主义、殖民主义，是一种统治本国人民、统治其他文明、统治自然的人的虚无主义。约翰·贝拉米·福斯特在《生态危机与资本主义》一书中提出，当代生态危机的根源并不是人类固有的本性、现代性、工业主义或经济发展本身。“生态危机的根源是由资本主义所造成的。因为从本质上讲，资本主义具有反生态性。”①

西方最初是一个文化地理概念，仅指信仰基督教的欧洲西部。随着基督教的扩张，西方的范围逐渐扩大到欧洲的中部、北部和南部。1054年，东西教会大分裂，西方与拉丁基督教世界趋同，而信奉东正教的欧洲以及与欧洲毗邻的伊斯兰世界则被统称为东方。在这一阶段，基督教成为形塑西方最根本的力量，并被赋予精神和文化内核。

近代以来，西方这一概念经历了一个“政治化”的过程，理性、民主、自由、平等、宪政、法治、人权等因素的加入不断丰富了其内

① 李航．资本主义生态危机及启示——基于福斯特《生态危机与资本主义》的解读［EB/OL］．https：//www.fx361.com/page/2022/0302/10103508.shtml.

涵，也增添了其标准。“在文化上，它以基督教（主要是新教和天主教）文明为核心；在政治上，它信奉不可剥夺的人权、法治、代议制民主以及三权分立等价值观念。而这些价值观念皆源自18世纪中后期萌芽的，温克勒称之为‘西方的规范性工程’的一系列创见。”① 在冷战期间，在东西方阵营斗争的时候，强化了东西方的概念，西方成为一个凝聚着欧洲与美国的跨大西洋文化政治的概念。“一方面，西方指向了未来，代表着发展、进步和人类历史的终点；另一方面，西方在地理上不再仅限于欧洲，而是指西方文明扎根于兹的任何地方。”②

在历史上，西方的第一次大分裂是教会的分裂。11世纪的东西教会大分裂分出了希腊正教和罗马公教两大宗。这种分裂又为第二次大分裂奠定了基础，为苏维埃社会主义革命导致的东西方分裂奠定了久远的文化基础。

俄国革命和东西方阵营的形成，一方面，使得西方的概念更加普世化，西方扩展到美国、澳大利亚等非欧洲地区，西方同时也被塑造成为一种普世的标准，任何地域和民族人种都需要遵从西方的标准作为发展的理想；另一方面，也从力量上实质性地削弱了西方。俄国从压迫者队伍转到被压迫者队伍，极大地削弱了西方力量。东方阵营的形成，西方内部的冲突以及两次世界大战，让被压迫的东方国家获得喘息的机会，引发了去殖民化的浪潮。

一战震惊世人，欧洲“文明社会”的战争机器开动，制造了史无前例的野蛮屠杀，打破了西方的“神话”，使得很多殖民地的人民开始觉醒。二战后，联合国设立，联合国宪章明确了国家主权平等的原则，这相当于对文明等级论彻底地否定。

但是，文明等级论并没有消亡，而且非常顽固地变换面目流传。西方国家将人权、民主等重新转化为文明世界的标准，并又制造出人权和

---

① 西方的分裂与困局：走向地方化抑或走出终结的历史？［EB/OL］. https：//www. thepaper. cn/newsDetail_ forward_ 7161602.

② 西方的分裂与困局：走向地方化抑或走出终结的历史？［EB/OL］. https：//www. thepaper. cn/newsDetail_ forward_ 7161602.

主权、民主和专制等叙事，以此确定文明标准，对非西方国家进行系统性贬抑。冷战结束后，亨廷顿提出“文明的冲突”，将其他文明描述为野蛮，把美国树立为正义和文明的中心，认为文明冲突是未来世界的必然趋势，实际上也是文明等级论的死灰复燃。

文明等级论以及其各种变体，从本质上就是说，西方是正确的，让西方来统治。通常都是西方根据自身情况制定标准，然后用这个标准，选定评估对象，指导、压制被评估者服从。“如果不打破文明等级论这种殖民主义世界模式，不彻底揭露这一理论的危害，不从根本上清除这一理论的影响，我们有可能永远被贴上‘半文明’或‘野蛮’的标签，永远没有资格在国际事务中争取发言权。一些西方国家动辄以‘邪恶’来指责中国，以‘不文明’来指责中国人，撇开具体情况，如果从文化上、社会心理上深挖下去就会发现，文明等级论依然在发挥着某种作用。历史并不遥远，历史就弥散在我们呼吸的空气之中。”[①]

对于这种系统性的文明贬抑，非西方文明经历了一个逐渐觉醒的过程。反殖民化浪潮以及后殖民主义的兴起充分证明了这一点。很多发展中国家从殖民地独立之后，逐步开始寻求思想上、精神上以及经济上的独立，同时，很多发达国家内部的土著人群也在争取独立自主的叙事，进而争取政治上的权利。

三、新文明的范式

每一个时代，都有一些国家或者民族高举人类文明前进的火炬。文明是常新的，新旧文明是相对的。

马克思、恩格斯历史地、辩证地看待资本主义创造的文明。《共产党宣言》写道，世界市场的形成将资本主义的文明传播到世界各地，

---

① 刘禾．世界秩序与文明等级：全球史研究的新路径［M］．北京：生活·读书·新知三联书店，2016：290.

“由于一切生产工具的迅速改进，由于交通的极其便利，把一切民族甚至最野蛮的民族都卷到文明中来了。它的商品的低廉价格，是它用来摧毁一切万里长城、征服野蛮人最顽强的仇外心理的重炮。它迫使一切民族——如果它们不想灭亡的话——采用资产阶级的生产方式；它迫使它们在那里推行所谓的文明，即变成资产者。一句话，它按照自己的面貌为自己创造出一个世界”。[①]

同时，马克思深刻地剖析了资本主义文明的残酷野蛮。马克思以“文明的污浊毒气污染”“肮脏，人们这种堕落、腐化，文明的阴沟，成为工人的生活要素”等描述资本主义社会的悖论，资本主义社会中的工人所创造的世界越文明，工人自己越野蛮、异化越严重。[②] 马克思指出，现代文明的实质就是“资本的文明”，其胜利在于“资本发现并促使人的劳动代替死的物而成为财富的源泉”。[③]

1844 年，恩格斯在致马克思的书信中用“旧文明”来指资本主义文明，而“作为具有自己整体能力的人们通过共产主义来反对它”。[④] 其中蕴含了共产主义作为新文明的深意。

资本主义文明与社会主义文明、共产主义文明是不同时代的文明。社会主义文明、共产主义文明是对资本主义文明的历史扬弃，是一种文明的变迁。

中国特色社会主义是一个新物种。随着中华民族的伟大复兴，中国将在各个方面创造出符合中国国情和信息时代需要、超越西方的治理和国际关系模式，并对全世界产生吸引力的新的理念和实践，将给世界带来不同的文明前景。

---

① 马克思，恩格斯．马克思恩格斯文集（第 2 卷）［M］．中共中央马克思恩格斯列宁斯大林著作编译局，译．北京：人民出版社，2009：35-36.

② 马克思，恩格斯．马克思恩格斯全集（第 3 卷）［M］．中共中央马克思恩格斯列宁斯大林著作编译局，译．北京：人民出版社，2002：340-341.

③ 马克思，恩格斯．马克思恩格斯全集（第 3 卷）［M］．中共中央马克思恩格斯列宁斯大林著作编译局，译．北京：人民出版社，2002：287.

④ 马克思，恩格斯．马克思恩格斯全集（第 47 卷）［M］．中共中央马克思恩格斯列宁斯大林著作编译局，译．北京：人民出版社，2004：321-322.

这正预示着一种新文明的诞生。这个伟大的新型文明的整个身躯仍隐藏在未来的时间巨流中，但是我们已经可以预期，这种社会型构，将在无情的法人世界的基础之上，创造一种实现法人之间、法人与自然人之间、人与自然之间和谐的崭新的文明形式。从物质文明来说，是从工业文明向信息文明的变迁；从生态文明来说，是从对自然无度征伐到生命共同体；从精神文明来说，是从资本主义文化到社会主义文化，意味着中华优秀传统文化现代转化并与社会主义文化融合；从人与国家的关系来说，是人民当家作主；从国家与国家之间的关系来说，是人类命运共同体。

1. 信息文明：新的生产力与生产关系

从物质生产来看，是信息文明扬弃工业文明。信息文明发生于美国，而会在中国落地生根。这里我们可以考虑形式与内容的关系。一定的内容需要一定的形式，而形式一旦固定就在规定了内容的同时，也束缚了内容的发展。旧文明的一些形式一旦固定下来，新的文明就只能在那些可以生长、需要生长的地方生长。正如，第一次工业革命发生在英国，而第二次工业革命却发生在英国和德国。在工业文明已经确定并成熟了的国家，难以提供信息生产力发展的更多场景，这种场景将发生在具备工业基础，而有关的制度和生产关系却没有完备和固定下来的中国。中国以信息化带动工业化，以工业化促进信息化，推动信息化和工业化深入融合，正在创造新的物质生产方式。

信息文明是指，“以计算机技术、微电子技术、量子信息技术、通信技术、网络技术、纳米技术、多媒体技术、人工智能等技性科学为依托，以超链接乃至万物互联为特征，以高度个性化和彼此互动为目标，以信息的占有、挖掘、利用等为资源，以数字化和智能化发展为趋势，内生于工业文明时代却反过来炸毁了曾经孕育它的支持体系、概念框架与思维方式的一种新型文明”。①

信息文明会发达于中国，并将与中国的文化、物质生活深度结合，出现新的生产关系。因为工业文明的生产方式是强调占有和所有权的，而信息则内在包含了共享。“信息与物质和能量不同，物质和能量的占有和消费不仅是排他性的，而且是消耗性的，它们会越用越少，而信息则可以反复共享，并在共享中带来了信息价值的增值。因此，信息文明注定是一种共享性的文明。”② “当生产方式由电力驱动转向由互联网和大数据驱动时，传统的资本主义正在向社会资本主义和数字化的社会共享主义转变；那么，当生产方式由互联网和大数据驱动转向由智能化驱动时，必然会为新形态的社会主义建设提供难得的机遇。”③

信息文明不仅是一种物质文明，而且是一种新的人类生产生活方式，将与新的生态文明、新的精神文明等融合，深度调节现存的人类诸种关系，成为一种后工业时代的新的人类文明，它不仅属于中国，还属于未来更加美好的世界。

2. 生态文明：人与自然生命共同体

从人与自然的关系来看，生态文明是形成人与自然的生命共同体。近代以来，人类走上了一条剥削自然的道路。在中国传统思想里，人是自然与社会的共生体。“天地与我并生，而万物与我为一。”习近平总书记强调：“自然是生命之母，人与自然是生命共同体，人类必须敬畏自然、尊重自然、顺应自然、保护自然。”“山水林田湖是一个生命共同体，人的命脉在田，田的命脉在水，水的命脉在山，山的命脉在土，土的命脉在林和草。”④ 中国是一个人口大国，无法也不能以西方的模式实现现代化，这是中国资源乃至世界资源都无法支撑的。未来，

---

① 王战，成素梅．信息文明时代的社会转型［M］．上海：上海人民出版社，2019：1.

② 王战，成素梅．信息文明时代的社会转型［M］．上海：上海人民出版社，2019：2.

③ 王战，成素梅．信息文明时代的社会转型［M］．上海：上海人民出版社，2019：49.

④ 中共中央宣传部．习近平新时代中国特色社会主义思想学习纲要［M］．北京：学习出版社，人民出版社，2019：167，173.

不仅中国人民，还会有世界上更多的民众迈向现代化。只有在经济发展方式、能源使用等方面进行新的探索，才能够实现可持续的发展。这就要求形成一种新型的生态文明，既继承中华民族的传统文化，又结合当今科技的实际，同时也关照世界未来的发展。实现人的解放要努力推进人与自然生命共同体建设，实现生态文明。

生态文明与信息文明同属后工业文明类型，是对工业文明的超越，同属于新的文明形态的不同侧面。生态文明是一种新的文明方向、价值取向，也是一种新型的生产生活方式。我们可以看到，这种新型的天人关系强调的是和谐共生——人与自然的共生、人与人的共生。

首先需要强调的是“共”，也就是一起、共同，“万物并育而不相害，道并行而不相悖”。不是以破坏自然来实现人类发展，不是牺牲一部分人来满足另一部分人。还需要强调“生”，生生不息，循环生长，实现永续发展。在工业文明中，人类提取巨大的能量储蓄，如煤炭、石油、天然气等化石能源，并将其转化为其他形式的能量使用。在我国，新能源革命和信息革命正在汇合，将形成新能源开发、使用等系列产业，形成绿色循环经济模式。还要强调“和谐”，这是状态上的总括，即共生互利而不是相害。提倡新理念，运用新技术，不是以金钱为导向，“节用而爱人”，实现能源、物质等的最优化利用、循环利用、可持续利用。

按照这种理念，我们面对的就不再是冷冰冰的自然界，而是生机盎然、作为人类母体的自然界，来于斯、成于斯、归于斯，形成人类永续和谐发展之道。

3. 精神文明：新的礼乐文化和商业伦理观

孔颖达在《春秋左传正义》中指出：“中国有礼仪之大，故称夏；有服章之美，谓之华。”这种以礼仪和服饰、衣冠作为国家民族的表征未必是华夏的原意，但是也表明了我们古人将人的行为和服章作为文化和文明的重要标志。

中华文明从远古蛮荒走来，以“礼乐文化”创造了文明的辉煌。周公制礼作乐。《周礼》《仪礼》《礼记》，记载解释了礼法、礼义，形成了一套完善的礼乐制度，并推广为道德伦理上的礼乐教化，用以维护社会秩序的人伦和谐，形成了中华文明的特质——光耀八荒、泽被四邻，对世界文明发展起到了重要的推动作用。

近代以来，随着中华文明的衰落，传统的“礼乐”受到批判，一段时间里处在历史的角落。任何一个国家的经济发展到一定水平，都会唤起对自身文化和传统的自信。现在，人们开始将外来文化与自身传统结合在一起，文化的乡愁将逐渐成为新的文化取向、新的价值，然后再转化为文化的产业，进而辐射四方。在这个方面，我们从日本动漫和韩流在其本国发展起来并一度风行可以看出来。

当前，在中华大地上，“国风”吹拂、“国潮”涌动，从讲述我国文物的《国家宝藏》热播到带有传统文化意蕴的品牌流行，从中式婚礼到“新中式”装饰家居的走热，我们看到中华传统文化在新时代条件下的复归。这种复归，不是简单地照搬古人，而是将中华文化的气质、元素与新的需求结合起来。其中的拥趸多数是年青一代，体现了国人审美观的重大变化，更为重要的是预示着未来整体国人审美观的重大改变。

时代气象之变，发于文艺与生活。起初是流行在部分青年之中，出现在生活不起眼的细节之中，然后汇集成一种时代的新潮流，在哲学社会科学领域得以提升为时代精华，在日常生活中成为不自觉的礼仪行为和全社会共识的价值判断。

中华文化对人的要求，不是一味纵容人的欲望，而是进行约束性的教化，使之成为真正意义上的人，这一点与西方文化有着巨大的差别。西方文化过于强调人的独立性，从文化上阻止社会和国家对人的教化，导致很多人过度放纵于物欲和己欲之中，虽有宗教的训规，仍然从总体上趋于沉溺，毒品滥用、家庭解体以及躺平、流浪等社会问题依旧无解。

一个社会的文明程度，直接取决于这个社会的人文精神深入程度。在商业浪潮的冲击之下，中华文化有着重要的时代价值，礼乐文化能提升人的道德、促进人的自我完善、实现人与其内在以及人与人、人与物关系的和谐。“士的精神”等可以与社会主义新人的要求等逐步融合，促进人类智慧、道德的进步，成为涤荡污秽的重要文化力量。

当前，西方几乎垄断了世界上的精神生产。其中有一些是西方本土的，却伪装成为普世的。如，马克斯·韦伯在《新教伦理与资本主义精神》中分析了“现代经济生活的精神与禁欲主义新教的理性伦理之间的关系问题”，其中对于工商业的精神动力论述是有启发的，但是也是一种“文明等级论”，片面抬高基督教文明，贬抑其他文明。实际上，当今中国正在创造一种新的商业伦理观，一种将传统人文精神、家国情怀和现代社会要求结合起来的“以义制利”的“企业家精神”。这种精神不同于宗教叙述的排他性，而是普遍适用的。

当我们平视西方、平视世界的时候，去掉殖民主义以及文明等级论、西方中心主义的遮蔽的时候，世界将呈现出不同的样态。中国的艺术对中西合璧的努力、中国学者对中国叙事的尝试，都已经呈现并将继续呈现出一种新的普遍适用的中国思考和人类价值。

王学典指出，中国的哲学社会科学已经完成了“两次大规模、全方位、根本性的学术转型”，“第一次是 1949 年开始的从民国学术到共和国学术的巨大转型，第二次是 1978 年开始的从‘以阶级论为纲’的哲学社会科学到‘以现代化为纲’的哲学社会科学的巨大转型”。“而从党的十八大前后开始，正在经历着、进行着第三次巨大转型”，向“以本土化（中国化）为纲”学术范式的转型。“这次大转型将表现为从与西方接轨到与传统接轨，从‘文化自卑’到‘文化自信’，从批判传统到礼敬传统，从追求西方化到追求本土化、中国化。它将从根本上重塑中国哲学社会科学品格，使中国哲学社会科学重新建立与东方这片广袤大地的关系。”①

中华文明的复兴是文明程度不断提升的过程，是物质文明和精神文明同步的进程，是社会文明程度不断提高的过程。

人是发展的根本，人是发展的目的。一个社会的文明程度，最直观的是这个社会人的文明程度、生活状态。“老吾老以及人之老，幼吾幼以及人之幼”，这是中国人千古以来的理想社会。党的十九大报告指出：“必须多谋民生之利、多解民生之忧，在发展中补齐民生短板、促进社会公平正义，在幼有所育、学有所教、劳有所得、病有所医、老有所养、住有所居、弱有所扶上不断取得新进展。”②

蛋糕做大是学问，分好蛋糕也是学问。共同富裕是社会主义的本质要求。习近平总书记指出：“我们追求的发展是造福人民的发展，我们追求的富裕是全体人民共同富裕。”党的十九届五中全会通过的《中共中央关于制定国民经济和社会发展第十四个五年规划和二〇三五年远景目标的建议》，重视人的全面发展、全体人民共同富裕、社会公平正义，更加强调加强和创新社会治理。推动人的全面发展、全体人民共同富裕取得更为明显的实质性进展，让发展成果更多更公平惠及全体人民。在社会总体富裕程度提高的基础上，更好促进全体人民共同富裕，让广大人民群众获得感、幸福感、安全感更加充实、更有保障、更可持续。我们在发展过程中，始终将人的发展置于中心地位，推动人的生活方式、思想观念、社会关系的现代化，这将会不断促进人与社会的和谐发展，是一种人的发展。

4. 政治文明：人民当家作主

从人与国家的关系来看，政治文明体现为人民当家作主。中国式民

① “执牛耳于全世界之学术思想界者”只能是本土化的中国学术——迎接第三次学术大转型[EB/OL]. https://bjrbdzb.bjd.com.cn/bjrb/mobile/2022/20220627/20220627_019/content_20220627_019_2.htm#page17?digital:newspaperBjrb:AP62b8c9abe4b01c9fa7b20b60.

② 习近平．决胜全面建成小康社会　夺取新时代中国特色社会主义伟大胜利——在中国共产党第十九次全国代表大会上的报告（2017 年 10 月 18 日）［EB/OL］. http://www.gov.cn/zhuanti/2017-10/27/content_5234876.html.

主的关键在于实现了人民当家作主。习近平总书记指出，在中国社会主义制度下，“有事好商量，众人的事情由众人商量，是人民民主的真谛”。①

西方民主制度是在封建制度基础上发展起来，并和资本主义结合为一体的，是资本控制国家的一种形式。“休克疗法”之父杰弗里·萨克斯指出：“在美国，我们现在遇到了一个非常难的情况，就是要从一种完全资本化的经济模式，进入可持续化的经济模式。为什么这是非常难的一件事呢？因为这个国家是处在权力结构之中，这个权力结构是受金钱主导的，金钱是首要的任务，所以他们想要累积财富。这样一种考虑已经超过了对于可持续发展的关注。因此在美国，我们也忽略了对环境的保护，忽略了气候变化对人类的影响，也忽略了经济和平等之间的关系。因为美国的政治体系，至少现在还是主要由有钱人或有势之人主导的，而不是平等民主的每个人所决定的，这对我们来说是巨大的政治层面的挑战。”② 这种金钱至上或者说资本至上的理念在一些国家已经形成了政治、经济和文化结构，成为一种形式，抽空了民主的实质。

民主和平等一直是社会主义的旗帜。在 1848 年二月革命和《共产党宣言》发表之后长达一个世纪的时间里，民主和平等深入人心。但是在社会主义与资本主义的竞争中，西方学者对民主理论进行了改造并获得了话语权。曾毅、杨光斌指出：“当时，社会主义就是民主、人民当家作主的同义词。面对这样的世界政治大势，西方世界不仅没有在理论上回避，而且在理论上建构起自己的民主话语体系，对民主概念加以改造，把人民主权改造为选举式民主。”③

20 世纪 40 年代，熊彼特对民主话语体系按照西方标准进行了改

---

① 习近平．决胜全面建成小康社会 夺取新时代中国特色社会主义伟大胜利——在中国共产党第十九次全国代表大会上的报告（2017 年 10 月 18 日）［EB/OL］. http：//www. gov. cn/zhuanti/2017-10/27/content_ 5234876. html.

② “休克疗法”之父杰弗里·萨克斯：中国不应照搬美国模式［EB/OL］. https：//www. guancha. cn/JieFuLi-SaKeSi/2019_ 03_ 26_ 495022_ s. shtml.

③ 曾毅，杨光斌．西方如何建构民主话语权——自由主义民主的理论逻辑解析［J］. 国际政治研究，2016（2）.

造。“将古典主义参与式民主理论改造为以选举为特征的精英主义程序民主理论。”① 也就是说，将人民主权改造成为选举的形式，实际上将人民当家作主改造成为精英统治。后来，西方理论家和政治家直接将民主的标准按照美国的现实进行改造，将直接选举等作为衡量是否民主的标准。而与此同时，人民民主在苏联遇到的一些挫折不仅让世界上很多社会主义国家失望，也让很多原来支持人民民主的人士失望。

启蒙运动的理想实际上在垄断资本主义时代已经成为空壳。在一些国家，民主成为无人做主，自由成为无人负责。西方出现治理效能的不断下降与这一制度的空壳化与形式化是密切关联的。其根本原因，就是市场交易与竞争原则支配了社会各个领域，以至于忽视了人民的中心地位，也失去了民主的本意。

民主是全人类共同珍视的价值目标之一，也是社会主义核心价值之一。民主是没有止境的。中国式民主在不断发展之中，全过程民主是人民民主的本质属性。中国式民主所展现的蓬勃生命力，已经并将继续开创西方之外一种更加实质的、务实的民主方式，这种方式必将给世界各国人民以启迪。

5. 人类文明：人类命运共同体

从国家之间的关系来看，新的文明展现的是人类命运共同体。信息技术的发展，让世界成为你中有我、我中有你、鸡犬相闻的地球村。同时，环境污染、能源危机、粮食短缺、毒品滥用、传染病流行等问题日益突出，全人类同处在一舟，正在驶向不确定、不可知的未来。

人类利益相关性大大增强，解决全球性问题迫切需要全人类共同努力。推动构建人类命运共同体的主张将人类作为一类、将人类作为社会，这超越了西方的国际关系理念和实践。这是对新型国家间关系、人类社会关系的倡议。推动构建人类命运共同体的主张为人类社会发展进

---

① 曾毅，杨光斌．西方如何建构民主话语权——自由主义民主的理论逻辑解析［J］．国际政治研究，2016（2）．

步开辟了一条合作共赢、共建共享的新道路，创新和丰富了全球治理理念。

文明是多样的，需要各美其美，美美与共。从各个文明之间的关系来看，不可转变的潮流是逐渐形成包容互鉴的人类文明。习近平总书记指出，多样性是世界的基本特征，也是人类文明的魅力所在。文明可以和谐共生。要尊重文明多样性，推动不同文明交流对话、和平共处、和谐共生，不能唯我独尊、贬低其他文明和民族。以文明交流超越文明隔阂，以文明互鉴超越文明冲突，以文明共存超越文明优越，推动构建人类命运共同体。

中华文明蕴含着有益于全人类的共同价值，因为中华文明长期是多民族共生的大一统共同体，其中蕴含着各民族共存、共荣、共生，交往交融的丰富实践和理念价值，必然会对一个更加密切交往的世界产生启示。

四、人的解放与自由全面发展

1. 人的主体性复归

从文明史角度来看，中华民族最鲜明的特征之一就是保持了人的主体性。从甲骨文字形来看，“文”字像一个站立着的人形，胸前有纹样。甲骨文以“日、月”发光表示明亮；小篆中的“明”，由月和囧构成，从月，取月之光；从囧，取窗牖之明亮。结合“文”“明”这两个字的原始意义，我们可以大致推断，文明的基本含义就是人的光明有辉，后来引申为道德教化。如《易·乾·文言》：“见龙在田，天下文明。”孔颖达疏：“天下文明者，阳气在田，始生万物，故天下有文章而光明也。”大意是，阳气生长，万物澄清光明。《易·贲·彖》：“文明以止，人文也。观乎天文，以察时变；观乎人文，以化成天下。”孔颖达疏：“用此文明之道，裁止于人，是人之文德之教。……圣人观察人文，则诗、书、礼、乐之谓，当法此教而化成天下也。”意指天道运行，刚柔交会，依天文而创造人文，以此教化天下。《书·舜典》：“濬哲文明，温恭允塞。”孔颖达疏：“经天纬地曰文，照临四方曰明。”孔颖达的这种解释将文明的内涵升华为天道人文，照临天下。

从上面的例子我们可以看出，中国传统的文明概念包含了两层意蕴：第一层意蕴是人或者人的群体所创造的包括物质、精神、制度在内综合的优秀成果，特别是精神道德成果；第二层意蕴是用这种优秀成果教化影响其他人或者人类群体。林存光认为，在中华民族的“文明”意识中，“通过充分发挥礼乐对人的文明化的教化作用来引导人民过一种道德化的伦理文明生活，从而实现社会治理的目标”，“通过中国式文明典范的内在文化特性的吸引力或修文德以来远的方式来引导对方实现文化上的自我转化与提升，从而实现‘协和万邦’、天下一家的目标”，“通过节制自身欲望、协调天人的方式来追求实现物与欲‘两者相持而长’乃至人与自然万物可持续和谐共生的目标”。①

在中国古典意义上，文明既如上所指属于一种过程，又指一种发展以及状态结果，亦即文教昌明。汉焦赣《易林·节之颐》：“文明之世，销锋铸耜。”元高明《琵琶记·高堂称寿》：“抱经济之奇才，当文明之盛世。”

中国古典意义上的文明与现代意义上的文明、西方意义上的文明有相同之处，也有不同之处。文明都是包含了一种物质和精神发展的过程或者状态，但是其内涵以及实际所指却有很多不同之处，最根本的区别在于西方的文明主要是指物质与精神的发展程度，主要是指西方文明自身，而中国的文明本意包含了人的发展以及教化，以不断达到一种新的文明程度。

中华文明是世界上古老的文明中唯一具有强烈的世俗化倾向的文明。因为在历史发展中选择了世俗化的模式，中华文明一直没有将神作

---

① 林存光．“文明以止”：中华文明的一大精华［N］．北京日报，2016-11-07.

为主体，没有失去人的主体性。在新石器时代，甚至到夏商时期，各种文化如“重瓣花朵”散布在中华大地上，又以中原为中心发展起来，形成了中华文明的基础。虽然红山文化、良渚文化等都是神权文化，但是中原的王权文化最终成为中华文明的主流。李伯谦在考察中原古代墓葬时指出：“在这里看到的是王权的突显和神权的渺小，是尊者的朴实无华，是尊者与卑者虽有区隔但仍存在的千丝万缕的联系。”① 王权模式以及相应的世俗化而不是以神权为主的方式，成为中华文明的早期道路选择。

世界很多民族都有关于大洪水的传说，其中很多应对洪水的方式都是受到神明的警告或者暗示，逃过了洪水灾难。例如《圣经》中诺亚方舟的故事，西方文明将洪水视为神的惩罚。而中国的大禹治水等神话显示的则是人的胜利。

姜义华用三个层次来解释“人”。“第一，中华文明最根本的特点就是以人为本位，不是以神为本位。……我们关注的都是现世的、活生生的人，是人的此岸世界，不是人的彼岸世界。”“第二，我们讲的‘人’不是单独的个人，而是群体的人、社会的人、整体的人。……我们能够接受马克思主义、实践马克思主义，很大程度上是因为它和中华文化是契合的。在家庭中，一个人可以是儿子、丈夫、父亲，或是女儿、妻子、母亲。每个人都有多重身份，每一种身份都表明了他在群体中的社会关系。这个群体，可以是一个家庭，也可以是一个国家。”“第三，中国是一个家国共同体，‘天下为公’和‘天下为家’相辅相成、缺一不可。”②

中华文明不像西方文明那样将神人关系置于主要位置，而是将天人关系和人人关系作为主要的思考对象。

在世俗化模式之下，中国没有形成类似一神教的排他性，而是一种

---

① 李伯谦．中国古代文明演进的两种模式——红山、良渚、仰韶大墓随葬玉器观察随想［J］．文物，2019（3）．

② 姜义华．作为中国人，我们要理直气壮地讲清楚“中”和“国”的真实含义［EB/OL］．https：//www.jfdaily.com/staticsg/res/html/web/newsDetail.html？id=425601&sid=67.

和合文化，形成了大一统的历史传统。在长江、黄河这样一个超大规模的“两河”流域建立了大一统的国家。因为规模等原因，中国没有像欧洲那样被游牧民族彻底占领并形成欧洲式的征服者的“封建制度”，而是形成了农耕、游牧、渔猎等混合的文明。清王朝结束之后，中国实现了千年未有之大变革，开始建立了现代国家制度。

中国农业社会的基本组织方式是宗族，社会是按照血缘或者是拟血缘的宗法制度组织的，国家也是如此。传统中国向现代中国转变是从宗族社会向现代社团社会变迁的。西方现代世界的主要组织方式是法人制。按照法人制，形成了民族主权国家、大学、企业、行业协会与社会团体等。法人观念起源于罗马法，在英国都铎王朝时期，现代法人观念从国家发展到广泛的社会领域。[①] 按照法人的模式，西方形成了现代的国家、大学与行会，进而形成了现代企业制度，乃至跨国组织。由此，整个现代社会都按照单一的组织逻辑重新组织起来。

在中国共产党的领导下，中国百年变迁，实现了宗法社会向法人社会的转型。法人制度是近代西方崛起过程中最重要的制度创造。法人就是法律上的创制，是拟制人、“人造人”，这个“人造人”的体型与规模都远远强于自然人，因而这样一个“人造人”的世界远远较之自然人或者家族的组合力量强大。按照法人组织方式，组织不属于个人，而个人属于组织。人与人之间不依靠血缘、地域，而是依据契约组织成为一个团体。这个团体按照法律而拥有部分人格，可以拥有财产以及一些活动能力等。

法人制度是西方的传统与现代市场经济结合的产物，其重要性不亚于器官构造方式对于甲壳动物向脊椎动物演化的重要性。法人制度在国家、企业、大学、医院、城市、行会等团体中实行，就意味着它们成为契约的主体，因契约而自治，因契约而获得权利，因自治而自由。法人制度降低了组织的成本以及组织间的交易成本，使得组织可以在更大的

① 张乃和．近代英国法人观念的起源［J］．世界历史，2005（5）．

规模上展开多种多样的活动，这种活动依赖法，而不依赖个人而存在，由此，人类进入了新的发展时期。

但是，法人作为一种“人造人”，又成为奴役人、压迫人的新形式。这种制度赋予国家主权，赋予企业以产权。而权的绝对性导致国家之上实际上无法，法律规定之外企业只对资本负责。法人对内是理性，对外是暴力。清末杨度曾经指出：“中国今日所遇之国为文明国，中国今日所处之世界为野蛮之世界。”① 其根源即在于此。汤因比指出：“在当代西方历史上，一股恶势力进一步放大了地区性主权国家偶像化的破坏效应。普世教会已不再有约束力。以民族主义姿态出现的民主主义带来巨大的冲击，在很多情况下还伴随着某种新奇的意识形态，使战争变得更为残酷，而工业制度和技术的发展为交战双方提供了越来越具毁灭性的武器。”②

在整个近代世界中，国家之间的相互征伐，国家对个人的奴役，企业对人的奴役，进而人对自然的奴役都可以从中找到制度与思想的根源。法人是资本的现实载体，法人也是国家机器的容身之所，马克思所批判的资本主义，其组织者正是这种绝对的法人制度，马克思为之开出的药方就是在经济社会发展中最终消灭这种产权、消灭国家，实现共产主义。

理想的社会主义建立在发达资本主义的基础上，而现实的社会主义则是建立在落后的东方国家。列宁的伟大贡献在于：为一个落后的东方国家找到了向法人社会转变的路径，那就是通过非西方意义上的政党作为转化的领导力量。通过政党将一个传统的社会在各个方面组织起来，形成一个类似于西方的“法人”实体。然而，苏联没有解决的问题是，对这种法人制度不仅要学习，还需要进行深刻的改造。这一点中国共产党做到了，那就是人所拥有的“真正的共同体”。

今天，我们可以看到，中华文明伟大复兴的现代意义在于：让世界

① 许纪霖，刘擎，等．文明与帝国：西方的两张面孔［EB/OL］. http：//www. chinaelections. org/newsinfo. asp？ newsid = 177660.

② ［英］阿诺德·约瑟夫·汤因比．历史研究（下卷）［M］. 郭小凌，王皖强，译．上海：上海人民出版社，2010：901.

上更多人摆脱法人的支配，真正拥有这个世界，摆脱贫困与饥饿，获得更好的发展；让人类不再相互敌视，视人类为一类，而不是观念中的他者和异类。① 西方必须真正成为“人类整体”的一部分，而不是世界的统治者和其他民族的主人，奴役其他民族的民族是不可能获得解放的。法人是人为创造的，必须符合人的要求和目的。这是一个非常重要的命题。社会主义将社会置于资本之上，从某种意义上说，也是起到了这种作用。②

2. 真正的共同体

马克思的共同体概念可尝试界定为：“共同体是人适应社会发展的需要，通过社会交往而联结起来，以克服个体无序与保障个体自由来谋求共同自由发展的动态体系。”③ 人们最早生活在氏族、部落等形式的“自然共同体”之中。

在资本主义社会，人们进入了“虚幻共同体”，因为在资产阶级国家，由于阶级统治、资本逻辑和物的依赖性，这种共同体是形式上的。分工和私有制导致了“单个人的利益或单个家庭的利益与所有相互交往的个人的共同利益之间的矛盾”。“正是由于特殊利益和共同利益之间的这种矛盾，共同利益才采取国家这种与实际的单个利益和全体利益相脱离的独立形式，同时采取虚幻的共同体的形式。”④

马克思在批判资本主义共同体所造成的种种异化现象之后，把作为“自由人联合体”的“真正共同体”设立为价值目标，“真正共同体”即人类获得解放的共产主义社会。“在真正的共同体的条件下，各个人

---

① ［美］威廉·麦克尼尔．西方的兴起——人类共同体史［M］．孙岳，等译．北京：中信出版集团，2018.

② 马克思摘录了刊载于《法兰西报》1831 年 5 月 1 日的 Gazette 中的这段话：“每一个国家实质上都是一个共同体，所谓的共和国……实际上是完全虚构的法人。”

③ 查正权．马克思共同体概念的澄明［EB/OL］．http：//ex. cssn. cn/zx/bwyc/202007/t20200722_ 5158621. shtml.

④ 马克思，恩格斯．马克思恩格斯文集（第 1 卷）［M］．中共中央马克思恩格斯列宁斯大林著作编译局，译．北京：人民出版社，2009：536.

在自己的联合中并通过这种联合获得自己的自由。”①

共同体是人赖以生存的社会环境，是人的自由解放的基础。中国共产党创造性地将马克思主义共同体思想与中国实际相结合、与中华优秀传统文化相结合，发扬实践共同体的思想。

提出人与自然的生命共同体。国家主席习近平在以视频方式出席领导人气候峰会时用“六个坚持”系统阐释共同构建人与自然生命共同体理念的核心要义与实践路径，即“坚持人与自然和谐共生”“坚持绿色发展”“坚持系统治理”“坚持以人为本”“坚持多边主义”“坚持共同但有区别的责任原则”。

提出社会治理共同体。习近平总书记强调：“要完善共建共治共享的社会治理制度，实现政府治理同社会调节、居民自治良性互动，建设人人有责、人人尽责、人人享有的社会治理共同体。”②

提出中华民族共同体。2019 年 9 月 27 日，习近平总书记在全国民族团结进步表彰大会上的讲话中指出，各民族在文化上要相互尊重、相互欣赏，相互学习、相互借鉴。在各族群众中加强社会主义核心价值观教育，牢固树立正确的祖国观、民族观、文化观、历史观，对构筑各民族共有精神家园、铸牢中华民族共同体意识至关重要。各民族在社会主义制度下实现了真正意义上的平等团结进步，在中华民族大家庭中像石榴籽一样紧紧抱在一起。

提出人类命运共同体。“人类命运共同体”倡导人类作为一个整体的“命运与共”，倡议汇集人类进步与变革的积极力量。2015 年 9 月，国家主席习近平在纽约联合国总部出席第七十届联合国大会一般性辩论时的讲话指出：“当今世界，各国相互依存、休戚与共。我们要继承和弘扬联合国宪章的宗旨和原则，构建以合作共赢为核心的新型国际关

---

① 马克思，恩格斯．马克思恩格斯文集（第 1 卷）［M］．中共中央马克思恩格斯列宁斯大林著作编译局，译．北京：人民出版社，2009：571.

② 习近平．在经济社会领域专家座谈会上的讲话［EB/OL］．http：//politics. people. com. cn/n1/2020/0825/c1024-31835058. html.

系，打造人类命运共同体。”① 面对全球性挑战，没有哪个国家可以置身事外、独善其身，世界各国必须同舟共济、协调行动。2015 年 12 月 16 日，在第二届世界互联网大会上，国家主席习近平发表主旨演讲，强调互联网是人类的共同家园，各国应该共同构建网络空间命运共同体，推动网络空间互联互通、共享共治，为开创人类发展更加美好的未来助力。② 网络空间命运共同体是人类命运共同体的拓展，为人类在新的领域合作相处共赢提供了行为规范倡议。

这里的共同体是应然状态，是前行的目标。中国共产党将马克思主义共同体思想与时代需要相结合，并结合中华民族优秀传统，实际上提出了一种新的社会组织方式。这种组织方式超越了西方的绝对法人制度，现代化了中国传统的血缘、拟血缘组织方式，为人与自然、人与人、人与社会、国家与国家之间的关系提供了新的应然性倡议，这种组织方式及其实践必将产生重大而深远的影响。从和谐共生、共建共治共享、平等团结进步、互联互通、合作共赢等系列理念中我们可以看出，其中着眼于关系类型的调整，蕴含着和合共生和谐的文化意识，包含着伟大的精神指向，蕴含着中华文明的璀璨光华。

3. 人类的解放

马克思主义是关于人类解放的学说。马克思认为，人类的解放程度受社会发展状况、具体的社会历史条件制约。在以私有制为基础的社会关系没有消灭以前，劳动者受社会关系的异己力量统治，还处在必然王国之中。只有推翻剥削制度，经过社会主义社会，进而过渡到共产主义社会，才能实现全人类的彻底解放。

马克思的论述既指明了人类终极的理想，又指明了前进的道路和方

① 习近平．携手构建合作共赢新伙伴 同心打造人类命运共同体——在第七十届联合国大会一般性辩论时的讲话［EB/OL］．http：//www.xinhuanet.com/politics/2015-09/29/c_1116703645.htm？isappinstalled=0.

② 习近平．在第二届世界互联网大会开幕式上的讲话［EB/OL］．http：//www.xinhuanet.com//politics/2015-12/16/c_1117481089.htm.

向。中国特色社会主义道路，中国式现代化道路，就是人们不断得以解放和获得更大自由的过程，人的每一次解放是上一轮大发展的结果，又为新的发展增加了巨大的动力。

“共产主义”一词在西方源于拉丁文，原意是共有或公共，马克思主义对其进行了科学化的发展。正如高放指出的，“共产党的奋斗日标不仅限于实现生产资料的公有制，而且更要管好公共资产，增加公共投资，丰富公共产品，发展公共事业，扩大公共服务，增加公共福利，完善公共选举，厉行公共决策，维护公共权益，加强公共治理，严密公共监督，提高公共理性，弘扬公共精神……”①

当前，信息技术等新技术的发展使得整个人类更加紧密地联系在一起，民族国家的治理与全球治理的需求发生了巨大的脱节和断裂，仅仅重视私人权利并将私人权利视作神圣只能产生公地悲剧。

恩格斯在《家庭、私有制和国家的起源》中指出，所谓“文明时代”代表社会发展的这样一个阶段，即建立在分工、由分工而产生的个人之间的交换基础上的商品生产体系得到了充分发展，从而完全改变了先前的共产制共同体社会。②

马克思、恩格斯在《共产党宣言》中强调，在“自由人的联合体”中，个人与“共同体”之间已经消除了异化与对立关系，人的个性自由在“共同体”中得到全面充分的发展。马克思主义认为，人的本质是“一切社会关系的总和”，人通过“真正的共同体”，即自由人的联合体才能实现自身的解放，得到自由全面的发展。

社会主义实践和共产主义的理想有着巨大的价值，那就是重新塑造人的主体性，让人与自然重新和解、人与人重新和解，形成一个真正共建、共有、共享的大同的世界。

2021 年 1 月 11 日，习近平总书记在省部级主要领导干部学习贯彻

---

① 高放．社会主义运动——从理论到实践的转变（1848—1917）［M］．北京：北京师范大学出版社，2018：总序，34.

② 马克思，恩格斯．马克思恩格斯文集（第 4 卷）［M］．中共中央马克思恩格斯列宁斯大林著作编译局，译．北京：人民出版社，2009：193.

党的十九届五中全会精神专题研讨班上的讲话中指出："我在党的十九届五中全会上特别强调了5点，就是我国现代化是人口规模巨大的现代化，是全体人民共同富裕的现代化，是物质文明和精神文明相协调的现代化，是人与自然和谐共生的现代化，是走和平发展道路的现代化。这是我国现代化建设必须坚持的方向，要在我国发展的方针政策、战略战术、政策举措、工作部署中得到体现，推动全党全国各族人民共同为之努力。"[①] 中国式现代化道路，创造了人类文明新形态，破解了人类社会发展的诸多难题，摒弃了西方以资本为中心的现代化、两极分化的现代化、物质主义膨胀的现代化、对外扩张掠夺的现代化老路，拓展了发展中国家走向现代化的途径，为人类对更好社会制度的探索提供了中国方案。

中华文明涅槃重生，以根植于文明本身又日渐普遍化的精神、价值、规范、追求开创了一种崭新的文明范式。这种范式既是进行时也是未来时，是旧文明的"升级版"。韩震指出，之所以说当代中华文明在理念和方向上是属于未来的文明形态，是因为中国创造的中国特色社会主义道路、理论、制度、文化，已经内在地孕育着未来文明形态，是未来文明形态的萌芽和某种历史雏形。[②]

在这个过程中，马克思主义将逐步时代化和中国化，与中华优秀传统文化融为一体。中华文明又一次获得伟大的精神资源。中国用近千年时间，将佛教内化为文明的一部分。中国也将逐步消化吸收西方文化中的有益成分。阿诺德·约瑟夫·汤因比认为，西方世界在罗马帝国解体之后发展出的是工业主义、技术主义，在政治上则是民族主义，因此西方征服世界的后果是各个非西方国家都模仿西方的工业化模式和技术主义模式。他认为以中华文化为主的东方文化和西方文化相结合的产物，将是人类未来最美好和永恒的新文化。[③] 他在另外一本著作中说得更加

---

① 习近平．把握新发展阶段，贯彻新发展理念，构建新发展格局［J］．求是，2021（9）．

② 韩震．如何理解我们创造的人类文明新形态［N］．光明日报，2022-01-20．

③ ［英］阿诺德·约瑟夫·汤因比，［日］池田大作．选择生命——汤因比与池田大作对谈录［M］．冯峰，等译．北京：商务印书馆，2017．

清晰："在 20 世纪，当西欧人由于发动了两次自相残杀的战争而丧失了世界霸权后，主导作用转移到了美国。……人们已经看到，美国在文明中心的优势，似乎也将是昙花一现……未来是难以预测的，但在文明中心历史的下一个章节中，主导作用可能会从美洲转移到东亚。"①

当前，信息革命正在发生，这在很大程度上改变了人类的生产生活状态。我们已经进入一个崭新的时代。这个时代所秉持的理念、价值以及人们的行为模式都会和工业时代有很大的不同。可以预见的是，社会主义的价值和理念将得到越来越多的人的认同和接受，资本主义和社会主义将长期在共存中竞争，而社会主义必然取得最终的胜利。中华文明的伟大复兴不仅是中国自己的事情，也意味着一种人类新文明的诞生。这不是对西方霸权的更替，而是更加符合人类愿望的新的理念和价值的产生。

中国将带领 14 亿多人进入高收入国家行列，中国处在发达国家的 11 亿人与另外近 50 亿发展中国家人民中间。这种特殊的位置，使得中国能够创制出全球普遍认可的理念，一种更为普适的价值，而不是"普世价值"。从中国自身来说，我们的制度是先进的、最适合我们的。对人类来说，在通往美好生活的道路上，多一种选择是更好的。"全世界的精神资源，尤其是被忘记的精神资源，不光是中国、印度，伊斯兰文明、犹太文明，甚至于太平洋岛屿文明、非洲文明，很多文化都没有经过思考和整理，今天都要拿出来和已经弥漫全世界的主流文明配合在一起。"② 中国古老的智慧让这种选择更加具有包容性。孔子说，己所不欲，勿施于人，这意味着不是将自己喜欢的强加于他人，而是不能将自己不喜欢的强加于他人。孔子之所以用双重否定来表达与他人的交往方式，其中包含了深刻的智慧。

饱经磨难的中华民族必将实现伟大复兴，奔腾不息的中华文明必将实现伟大复兴，这必将为人类带来更加光辉灿烂的前景。

---

① ［英］阿诺德·约瑟夫·汤因比．人类与大地母亲（上卷）［M］．徐波，等译．上海：上海世纪出版集团，2001：31.

② 郭玉洁，许倬云．先知的另一副面孔——许倬云访谈［EB/OL］．https：//www.163.com/dy/article/D7LK8LGB0518B31J.html.

参考文献

［1］马克思，恩格斯．马克思恩格斯全集［M］．中共中央马克思恩格斯列宁斯大林著作编译局，译．北京：人民出版社，2001.

［2］马克思，恩格斯．马克思恩格斯文集［M］．中共中央马克思恩格斯列宁斯大林著作编译局，译．北京：人民出版社，2009.

［3］列宁．列宁全集［M］．中共中央马克思恩格斯列宁斯大林著作编译局，译．北京：人民出版社，1985.

［4］列宁．列宁专题文集．中共中央马克思恩格斯列宁斯大林著作编译局，译．北京：人民出版社，2009.

［5］毛泽东．毛泽东选集［M］．北京：人民出版社，1991.

［6］毛泽东．毛泽东文集［M］．北京：人民出版社，1996.

［7］周恩来．周恩来选集［M］．北京：人民出版社，1984.

［8］邓小平．邓小平文选［M］．北京：人民出版社，1993.

［9］邓小平．邓小平文集［M］．北京：人民出版社，2014.

［10］中共中央文献研究室．邓小平年谱（1975—1997）［M］．北京：中央文献出版社，2004.

［11］陈云．陈云文选［M］．北京：人民出版社，1995.

［12］江泽民．江泽民文选［M］．北京：人民出版社，2006.

［13］胡锦涛．胡锦涛文选［M］．北京：人民出版社，2016.

［14］习近平．习近平谈治国理政［M］．北京：外文出版社，2014.

［15］习近平．习近平谈治国理政（第二卷）［M］．北京：外文出版社，2017.

［16］习近平．习近平谈治国理政（第三卷）［M］．北京：外文出版社，2020.

［17］习近平．习近平谈治国理政（第四卷）［M］．北京：外文出版社，2022.

［18］习近平．论把握新发展阶段、贯彻新发展理念、构建新发展格局［M］．北京：中央文献出版社，2017.

［19］习近平．论坚持推动构建人类命运共同体［M］．北京：中央文献出版社，2018.

［20］中共中央文献研究室．习近平关于协调推进“四个全面”战略布局论述摘编［M］．北京：中央文献出版社，2015.

［21］中共中央文献研究室．习近平关于全面建成小康社会论述摘编［M］．北京：中央文献出版社，2016.

［22］中共中央文献研究室．习近平关于社会主义政治建设论述摘编［M］．北京：中央文献出版社，2017.

［23］中共中央文献研究室．习近平关于社会主义经济建设论述摘编［M］．北京：中央文献出版社，2017.

［24］中共中央文献研究室．习近平关于社会主义文化建设论述摘编［M］．北京：中央文献出版社，2017.

［25］中共中央文献研究室．习近平关于社会主义生态文明建设论述摘编［M］．北京：中央文献出版社，2017.

［26］中共中央党史和文献研究院．习近平关于网络强国论述摘编［M］．北京：中央文献出版社，2021.

［27］中共中央党史研究室．中国共产党历史［M］．北京：中共党史出版社，2011.

［28］国家统计局．新中国 60 年［M］．北京：中国统计出版社，2009.

［29］陈独秀．我们断然有救［M］．北京：东方出版社，1998.

［30］梁启超．饮冰室合集［M］．北京：中华书局，2015.

［31］夏晓虹．梁启超文选［M］．北京：中国广播电视出版社，1992.

［32］胡绳．中国共产党七十年［M］．北京：中共党史出版社，1991.

［33］胡绳．从鸦片战争到五四运动［M］．北京：人民出版社，1998.

［34］胡乔木．中国共产党的三十年［M］．北京：人民出版社，2008.

［35］薛暮桥．中国社会主义经济问题研究［M］．北京：人民出版社，2012.

［36］郑必坚．中流击水——经济全球化大潮与中国之命运［M］．北京：外文出版社，2018.

［37］郑必坚．中华文明与中国共产党［M］．北京：外文出版社，2021.

［38］金冲及．一本书的历史——胡乔木、胡绳谈中国共产党70年［M］．北京：中央文献出版社，2014.

［39］厉以宁．大变局与新动力：中国经济下一程［M］．北京：中信出版社，2017.

［40］林尚立．中国共产党与国家建设［M］．天津：天津人民出版社，2009.

［41］林尚立，等．政治建设与国家成长［M］．北京：中国大百科全书出版社，2008.

［42］罗荣渠．现代化新论［M］．北京：商务印书馆，2004.

［43］林毅夫．解读中国经济（增订版）［M］．北京：北京大学出版社，2014.

［44］林毅夫．论中国经济：挑战、底气与后劲［M］．北京：中信出版社，2021.

［45］许倬云．万古江河——中国历史文化的转折与开展［M］．长沙：湖南人民出版社，2017.

［46］许倬云．现代文明的成坏［M］．杭州：浙江人民出版社，2016.

［47］高放．社会主义运动——从理论到实践（1848—1917）［M］．北京：北京师范大学出版社，2018.

[48] 宫力．峰谷间的震荡——1979 年以来的中美关系［M］. 北京：中国青年出版社，1996.

[49] 韩毓海．五百年来谁著史——1500 年以来的中国和世界［M］. 北京：九州出版社，2011.

[50] 温铁军等．八次危机［M］. 北京：东方出版社，2013.

[51] 潘维．农民与市场——中国基层政权与乡镇企业［M］. 北京：商务印书馆，2003.

[52] 张五常．中国的经济制度［M］. 北京：中信出版社，2009.

[53] 赵汀阳．坏世界研究——作为第一哲学的政治哲学［M］. 北京：中国人民大学出版社，2009.

[54] 郑永年，等．制内市场［M］. 杭州：浙江人民出版社，2021.

[55] 陆南泉．苏联经济体制改革史论（从列宁到普京）［M］. 北京：人民出版社，2007.

[56] 杨雪冬．国家治理的逻辑［M］. 北京：社会科学文献出版社，2017.

[57] 胡恒．皇权不下县？——清代县辖政区与基层社会治理［M］. 北京：北京师范大学出版社，2015.

[58] 林满红．银线——19 世纪的世界与中国［M］. 詹庆华，等译．南京：江苏人民出版社，2011.

[59] 宋子良，等．通向工业化之路［M］. 北京：中国经济出版社，1993.

[60] 郭方．英国近代国家的形成——16 世纪英国国家机构与职能的变革［M］. 北京：商务印书馆，2007.

[61] 刘禾．世界秩序与文明等级：全球史研究的新路径［M］. 北京：生活·读书·新知三联书店，2016.

[62] 杨奎松．中间地带的革命［M］. 太原：山西人民出版社，2010.

[63] 黄道炫．张力与限界——中央苏区的革命（1933—1934）［M］. 北京：社会科学文献出版社，2011.

［64］何俊志．从苏维埃到人民代表大会制［M］．上海：复旦大学出版社，2011.

［65］马泉山．中华民族的历史性跨越——新中国工业化回望录（1949—1979 年综述）［M］．北京：中国社会科学出版社，2016.

［66］马泉山．中国的经济起飞实验——新中国工业化回望录（1958—1965）［M］．北京：中国社会科学出版社，2020.

［67］高伯文．中国共产党与中国特色工业化道路［M］．北京：中央编译出版社，2008.

［68］杜传忠．转型、升级与创新——中国特色新型工业化的系统性研究［M］．北京：人民出版社，2013.

［69］文一．伟大的中国工业革命——“发展政治经济学”一般原理批判纲要［M］．北京：清华大学出版社，2016.

［70］王海林．中国道路——从工业化到世界先进制造业集群［M］．成都：四川人民出版社，2019.

［71］史正富．超长增长——1979—2049 年的中国经济［M］．上海：上海人民出版社，2013.

［72］路风．光变——一个企业及其工业史［M］．北京：当代中国出版社，2016.

［73］路风．走向自主创新——寻求中国力量的源泉［M］．北京：中国人民大学出版社，2019.

［74］张斌．从制造到服务——结构转型期的宏观经济学［M］．北京：中信出版社，2021.

［75］康第．解析李约瑟之谜——明朝白银、海洋贸易与制度内卷［M］．重庆：重庆出版社，2018.

［76］李华兴，等．索我理想之中华——中国近代国家观念的形成与发展［M］．合肥：安徽教育出版社，2005.

［77］梅新育．中国制造业向何处去［M］．昆明：云南出版集团，云南教育出版社，2013.

［78］朱文强．李罗侯村七十六年的变迁［M］．北京：中国社会科学出版社，2011.

［79］王振宇，等．优化分税制财政管理体制研究［M］．北京：经济科学出版社，2019.

［80］王战，成素梅．信息文明时代的社会转型［M］．上海：上海人民出版社，2019.

［81］宣兴章．世界市场与国内冲突治理［M］．北京：国家行政学院出版社，2013.

［82］邵发军．马克思的共同体思想研究［M］．北京：知识产权出版社，2014.

［83］［英］托马斯·莫尔．乌托邦［M］．戴镏龄，译．北京：商务印书馆，1982.

［84］［西］巴托洛梅·德拉斯·卡萨斯．西印度毁灭述略［M］．孙家堃，译．北京：商务印书馆，1988.

［85］［英］亚当·斯密．国民财富的性质和原因的研究［M］．郭大力，王亚南，译．北京：商务印书馆，1979.

［86］［法］托克维尔．旧制度与大革命［M］．冯棠，译．北京：商务印书馆，1992.

［87］［英］霍布斯．利维坦［M］．黎思复，黎廷弼，译．北京：商务印书馆，1985.

［88］［德］斯宾格勒．西方的没落［M］．北京：群言出版社，2016.

［89］［英］阿诺德·汤因比．历史研究［M］．郭小凌，王皖强，译．上海：上海人民出版社，2010.

［90］［英］阿诺德·汤因比．人类与大地母亲［M］．徐波，等译．上海：上海人民出版社，2010.

［91］［英］汤因比，［日］池田大作．展望二十一世纪——汤因比与池田大作对话录［M］．荀春生，朱继征，等译．北京：国际文化出版公司，1985.

[92] [英] 汤因比，[日] 池田大作. 选择生命——汤因比与池田大作对谈录 [M]. 冯峰，等译. 北京：商务印书馆，2017.

[93] [美] 费正清. 剑桥中国晚清史 [M]. 中国社会科学院历史所编译室，译. 北京：中国社会科学出版社，1983.

[94] [美] R. 麦克法夸尔，费正清. 剑桥中华人民共和国史——革命的中国的兴起 [M]. 谢亮生，等译. 北京：中国社会科学出版社，1990.

[95] [德] 贡德·弗兰克. 白银资本——重视全球化中的东方 [M]. 刘北成，译. 北京：中央编译出版社，2001.

[96] [埃及] 萨米尔·阿明. 不平等的发展 [M]. 高铦，译. 北京：商务印书馆，2000.

[97] [美] 西摩·马丁·李普赛特. 政治人——政治的社会基础 [M]. 张绍宗，译. 上海：上海人民出版社，1997.

[98] [加] 卜正民. 维米尔的帽子——17 世纪和全球化世界的黎明 [M]. 黄中宪，译. 长沙：湖南人民出版社，2017.

[99] [日] 滨下武志. 近代中国的国际契机 [M]. 朱荫贵，欧阳菲，译. 北京：中国社会科学出版社，1999.

[100] [美] 道格拉斯·诺斯. 经济史中的结构与变迁 [M]. 陈郁，罗华平，等译. 上海：上海三联书店，1991.

[101] [法] 布罗代尔. 15 至 18 世纪的物质文明、经济和资本主义 [M]. 施康强，顾良，译. 北京：生活·读书·新知三联书店，1993.

[102] [美] 伊曼纽尔·沃勒斯坦. 现代世界体系 [M]. 尤来寅，等译. 北京：高等教育出版社，1998.

[103] [美] 伊曼纽尔·沃勒斯坦. 沃勒斯坦精粹 [M]. 黄光耀，洪霞，译. 南京：南京大学出版社，2003.

[104] [匈] 卡尔·波兰尼. 巨变——当代政治与经济的起源 [M]. 黄树民，译. 北京：社会科学文献出版社，2013.

［105］［美］彭慕兰．大分流——中国、欧洲与现代世界经济的形成［M］．黄中宪，译．北京：北京日报出版社，2021.

［106］［英］塞缪尔·E. 芬纳．统治史［M］．王震，马百亮，译．上海：华东师范大学出版社，2014.

［107］［美］查尔斯·蒂利．强制、资本和欧洲国家［M］．魏洪钟，译．上海：上海世纪出版集团，2007.

［108］［美］里亚·格林菲尔德．资本主义精神——民族主义与经济增长［M］．张京生，等译．上海：上海人民出版社，2009.

［109］［美］吉尔伯特·罗兹曼．中国的现代化［M］．国家社会科学基金“比较现代化”课题组，译．南京：江苏人民出版社，1995.

［110］［美］列文森．儒教中国及其现代命运［M］．郑大华，任菁，译．北京：中国社会科学出版社，2000.

［111］［美］麦克高希．世界文明史——观察世界的新视角［M］．董建中，译．北京：新华出版社，2003.

［112］［美］尼古拉·梁赞诺夫斯基，马克·斯坦伯格．俄罗斯史［M］．杨烨，卿文辉，译．上海：上海人民出版社，2013.

［113］［英］M. C. 霍尔德，等．马克思主义经济学史［M］．顾海良，等译，北京：中央编译出版社，2003.

［114］［印］阿马蒂亚·森．以自由看待发展［M］．任赜，于真，译．北京：中国人民大学出版社，2013.

［115］［英］蓝诗玲．鸦片战争［M］．刘悦斌，译．北京：新星出版社，2015.

［116］［美］巴林顿·摩尔．民主和专制的社会起源［M］．拓夫，等译．北京：华夏出版社，1987.

［117］［美］罗纳德·哈里·科斯，王宁．变革中国——市场经济的中国之路［M］．徐尧，李哲民，译．北京：中信出版社，2013.

［118］［英］约翰·格雷．伪黎明——全球资本主义的幻象［M］．张敦敏，译．北京：中国社会科学出版社，2002.

［119］［美］科林·布朗．基督教与西方思想［M］．查常平，译．北京：北京大学出版社，2005.

［120］［英］牛顿，［美］H. S. 赛耶．牛顿自然哲学著作选［M］．王福山，等译．上海：上海译文出版社，2001.

［121］［英］约翰·托兰德．泛神论要义［M］．陈启伟，译．北京：商务印书馆，1997.

［122］［荷］R. 霍伊卡．宗教与现代科学的兴起［M］．邱仲辉，钱福庭，许列民，译．成都：四川人民出版社，2003.

［123］［德］桑巴特．德意志社会主义［M］．杨树人，译．上海：华东师范大学出版社，2007.

［124］［美］韩丁．翻身——中国一个村庄的革命纪实［M］．韩倞，等译．北京：北京出版社，1980.

［125］［匈］亚诺什·科尔奈．短缺经济学［M］．张晓光，等译．北京：经济科学出版社，1986.

［126］［美］杰里米·里夫金．零边际成本社会［M］．赛迪研究院专家组，译．北京：中信出版社，2017.

［127］［美］本·斯泰尔．布雷顿森林货币战：美元如何统治世界［M］．符荆捷，陈盈，译．北京：机械工业出版社，2019.

［128］［美］查尔斯·K. 威尔伯．发达与不发达问题的政治经济学［M］．高铦，等译．北京：商务印书馆，2015.

［129］［美］塞缪尔·亨廷顿．文明的冲突与世界秩序的重建［M］．周琪，等译．北京：新华出版社，2010.

［130］［美］威廉·麦克尼尔．西方的兴起——人类共同体史［M］．孙岳，等译．北京：中信出版集团，2018.

［131］［美］劳伦·勃兰特，托马斯·罗斯基．伟大的中国经济转型［M］．方颖，等译．上海：上海世纪出版集团，2016.

［132］［英］弗里德里希·奥古斯特·冯·哈耶克．自由秩序原理［M］．邓正来，译．北京：生活·读书·新知三联书店，1997.

［133］［奥地利］路德维希·冯·米塞斯．人的行为［M］．夏道平，译．上海：上海社会科学院出版社，2015.

［134］［波］奥斯卡·R. 兰格．政治经济学［M］．王宏昌，译．北京：商务印书馆，2017.

［135］［英］约翰·梅纳德·凯恩斯．就业、利息和货币通论［M］．高鸿业，译．北京：商务印书馆，1999.

［136］［美］约瑟夫·熊彼特．资本主义、社会主义与民主［M］．吴良健，译．北京：商务印书馆，1999.

［137］［英］安格斯·麦迪森．世界经济千年史［M］．伍晓鹰，许春樵，等译．北京：北京大学出版社，2022.

［138］［美］曼瑟尔·奥尔森．集体行动的逻辑［M］．陈郁，郭宇峰，等译．上海：上海三联书店，上海人民出版社，1995.

［139］［英］曼纽尔·卡斯特．网络社会的崛起［M］．夏铸九，王志弘，译．北京：社会科学文献出版社，2003.

［140］［美］李侃如．治理中国：从革命到改革［M］．胡国成，赵梅，译．北京：中国社会科学出版社，2010.

［141］曾毅，杨光斌．西方如何建构民主话语权——自由主义民主的理论逻辑解析［J］．国际政治研究，2016（2）.

［142］任晓伟．重读普列奥布拉任斯基《新经济学》［J］．山东社会科学，2006（8）.

［143］任晓伟．苏联计划经济模式的历史原点——论德国“一战”期间的计划经济及其对列宁的影响［J］．当代世界社会主义问题，2007（3）.

［144］李伯谦．中国古代文明演进的两种模式——红山、良渚、仰韶大墓随葬玉器观察随想［J］．文物，2019（3）.

［145］范黎波，钱弥纶．我国加入世界贸易组织的历程、成就与展望［N］．光明日报，2021-11-09.

［146］宣兴章．重新审视中国的战略机遇期［J］．当代世界，2011

(10).

[147] 宣兴章. 永久和平的天城：康德国际政治哲学批判 [J]. 外交评论，2009 (1).

[148] 张乃和. 近代英国法人观念的起源 [J]. 世界历史，2005 (5).

[149] 黄波粼. 中共与苏共执政的民众基础之比较 [J]. 中国浦东干部学院学报，2012 (1).

[150] 夏玉丽. 理论与实践中的去殖民化史学 [J]. 国际社会科学杂志（中文版），2021 (3).

[151] 陈晋. 新时代10年的伟大变革在中华民族发展史上具有里程碑意义 [N]. 人民日报，2022-10-15.

[152] 林存光. "文明以止". 中华文明的一大精华 [N]. 北京日报，2016-11-07.

[153] 韩震. 如何理解我们创造的人类文明新形态 [N]. 光明日报，2022-01-20.

[154] Alexander Gerschenkro. Economic Backwardness in Historical Perspective [M]. Cambridge, Massachusetts: Belknap Press of Harvard University Press, 1962.

[155] Thomas Hobbes. Leviathan [M]. Cambridge: Harkett Publishing Co., Inc., 1994.

[156] Anthony Payne. The Global Politics of Unequal Development [M]. London: Palgrave Macmillan, 2005.

[157] George Mdodelski. Long Cycles in World Politics [M]. London: Input Typesetting Ltd, 1987.

[158] Robert Gilpin. The Political Economy of International Relations [M]. Princeton NJ: Princeton University Press, 1987.

[159] Robert O. Keohane. After Hegemony: Cooperation and Discord in the World Political Economy [M]. Princeton NJ: Princeton University

Press，1984.

［160］K. R. Dark. The Waves of Time：Long-team Change and International Relations［M］. London and New York：Printer，1998.

［161］中国共产党纲领（俄文译稿）

［162］中国共产党第二次全国代表大会宣言

［163］对国内工作指示的电稿

［164］中国共产党红军第四军第九次代表大会决议案

［165］中共中央关于加快农业发展若干问题的决定

［166］国务院关于发展社队企业若干问题的规定（试行草案）

［167］关于发展地方工业问题的意见

［168］关于建国以来若干历史问题的决议

［169］关于发展社队企业若干问题的规定

［170］关于开创社队企业新局面的报告

［171］关于深化企业改革增强企业活力的若干规定

［172］关于广开门路，搞活经济，解决城镇就业问题的若干决定

［173］关于大力发展对外贸易增加外汇收入若干问题的规定

［174］关于扩大沿海经济开放区范围的通知

［175］中外合资经营企业法

［176］中共中央关于建立社会主义市场经济体制若干问题的决定

［177］中共中央关于完善社会主义市场经济体制若干问题的决定

［178］中共中央关于全面深化改革若干重大问题的决定

［179］国务院关于大力实施促进中部地区崛起战略的若干意见

［180］中共中央 国务院关于新时代推动中部地区高质量发展的意见

［181］国务院关于加快培育和发展战略性新兴产业的决定

［182］1956—1967 年全国科学技术发展远景规划

［183］1978—1985 年全国科学技术发展规划纲要

［184］1986—2000 年全国科学技术发展规划纲要

［185］1991—2000 年科学技术发展十年规划和“八五”计划纲要

[186] 国家中长期科学和技术发展规划纲要（2006—2020 年）

[187] 中华人民共和国国民经济和社会发展第十三个五年（2016—2020 年）规划纲要

[188] 中华人民共和国国民经济和社会发展第十四个五年规划和 2035 年远景目标纲要

[189] 在中国共产党十二大上的开幕词

[190] 全面开创社会主义现代化建设的新局面——在中国共产党第十二次全国代表大会上的报告

[191] 沿着有中国特色的社会主义道路前进——在中国共产党第十三次全国代表大会上的报告

[192] 加快改革开放和现代化建设步伐，夺取有中国特色社会主义事业的更大胜利——在中国共产党第十四次全国代表大会上的报告

[193] 高举邓小平理论伟大旗帜，把建设有中国特色社会主义事业全面推向二十一世纪——在中国共产党第十五次全国代表大会上的报告

[194] 全面建设小康社会，开创中国特色社会主义事业新局面——在中国共产党第十六次全国代表大会上的报告

[195] 高举中国特色社会主义伟大旗帜 为夺取全面建设小康社会新胜利而奋斗——在中国共产党第十七次全国代表大会上的报告

[196] 坚定不移沿着中国特色社会主义道路前进 为全面建成小康社会而奋斗——在中国共产党第十八次全国代表大会上的报告

[197] 决胜全面建成小康社会 夺取新时代中国特色社会主义伟大胜利——在中国共产党第十九次全国代表大会上的报告

[198]《中共中央关于党的百年奋斗重大成就和历史经验的决议》

参考媒体：《人民日报》《求是》《光明日报》《北京日报》，中国政府网、共产党员网、中国文明网、中共中央党史和文献研究院网站。

后 记

2010 年，中共中央对外联络部主管并主办的《当代世界》杂志发表了我的《中国道路与中国共产党》一文。我在这篇文章中梳理了中国共产党成立以来各个阶段的发展情况，并主要从国际政治经济学的视角对中国发展道路进行了比较研究。

那时我初步认识到，“中国独特的道路不仅是一种后发展现象，同时还是一种文明转型的现象。仅仅认识到前一点，我们会将中国发展的方向视作西方历史的复制，仅仅认识到后一点，我们可能会对西方文明采取排斥的态度，进而失去发展的动力与机遇。中国的转型不是全面恢复古老的传统，也不是全盘的西方化，而是在吸收西方文明的基础上，扬弃我们的传统，运用我们的智慧创造一个新文明”。

“这个伟大的新型文明的身躯仍隐藏在未来的时间的巨流中，但是我们已经可以预期，这种社会型构，将在无情的法人世界的基础之上，创造一种实现法人之间、法人与自然人之间、人与自然之间和谐的崭新的文明形式。”

现在看来，这篇 10 多年前发表的文章有不少地方论述得还是不够充分、不够精确的，如，文章提出的“崭新的文明形式”，远没有“新型文明形态”体现的内涵深刻。但是，这篇文章代表了那时候我的一点粗浅的思考。

因为我相信，我们这个悠久的文明，在发展到一定程度之后，绝不会是仅仅重复西方的历史。从这个意义上说，历史的终结可能是对的，那就是西方历史的终结。也就是说，西方不能再以人类文明唯一中心自居，以自身的并不那么长也并不清晰和光彩的历史覆盖其他各个文明的历史。中国作为伟大文明的中心国家，必将创造出符合人民需要和人类发展潮流的新的文明形态，这种文明形态既会扬弃西方文明以及工业文明，也会适应信息时代的要求，产生不一样的物质生活和精神生活，产生不一样的人与自然、人与人、人与社会、人与国家、国家与国家、文明与文明的关系。而对这种关系的调整实际上已经存在于我们的理念与做法之中，有的已经卓有成效，有的还在探索之中。

总体上看，这种文明的完全形态的形成，要在21世纪中叶前后。因为任何一种新的世界范围内的调整以及新的生产生活方式成为一种普遍的文明形态，都是在危机之中出现的。我在另外一篇十多年前发表的论文中写道："在康德拉季耶夫长周期上升阶段与下降阶段的转换期，也就是2020年前后，一般都会出现全球生产力的重组以及较大规模的动荡，甚至战争。对于新兴国家来说，不仅要有顺境时的发展能力，最根本的还要看熬过寒冬的能力。而这种能力取决于这个国家的未雨绸缪。"从国际长周期来看，这一阶段可能要长达20年左右。现在全球实际上已经进入一种"长萧条"，而不仅仅是一种危机。这一萧条期，将是中国消化吸收科技革命成果、全面建设社会主义现代化强国、形成独特文明路径的关键时期。

长期以来，西方的学术话语在一定程度上屏蔽了我们对自身问题的认知。在西方的研究中，很多是有意忽略了中国共产党在中国发展中的作用，也有意地抹去了社会主义在中国发展中的巨大意义。在这本书中，我努力摆脱西方叙事，试图用中国的视角，从全球历史发展的角度审视500年来特别是近百年来的中国发展。在中国应对外部殖民掠夺的逻辑前提下，我们可以更加清晰地看到，没有强大的国家资源动员能力，中国几乎不能面对外部的挑战。而这种强大的国家资源动员能力只有中国共产党才具备，建立和建设新中国的任务只有中国共产党才能实现，实现中华民族伟大复兴的目标必须牢牢坚持中国共产党的领导才能实现。

这属于一种宏观研究，也就是时常为人诟病的宏大叙事，但是我觉得西方的很多理论构建初期基本都是宏大叙事，直到理论体系构建基本完善后，才逐渐精细化和具体化，今天的中国需要重新构建自己的话语，这种宏大叙事实际上是必要的。近年来，国内外出现了一批以中国视角、中国关切审视中国道路的研究成果，我殷切盼望更多的人能够摆脱西方中心论和文明等级论的束缚，用中国视角审视中国道路和中国发展，总结出中国经验。

写作本书只是个人的一点思考。长期以来，一些西方理论对我们的误读曲解，如鲠在喉，不吐不快，借写作本书，发浩荡于胸次，吐滂沛乎寸心。

两年的写作是一个艰辛的过程，时而如雪中独行，天地茫茫都不见；时而如悬崖绝壁，千岩万壑无寻处；时而如饮冰泉，山云吞吐峰尽出……阅读历史就是心灵与国家命运共振的过程，随喜、随悲、随痛、随乐，知道了很多以前不曾知道的情况，也就理解了很多以前不曾理解的道理。

以我的马克思主义理论水平和学术修养并不能驾驭这样宏大的题材，我的这种努力是非常初步的、粗略的，但愿能为关注这个领域的人们提供一些线索和参考。

2021 年是中国共产党成立 100 周年，中国经济出版社牛慧珍女士建议我充实完善 2010 年发表的 2 万字的旧文并于当年出版。虽然我非常希望这本书在建党百年之际完成，但是由于工作繁忙和能力有限，本书从 2020 年开始写作，到 2022 年才完成。这次扩展到 20 多万字，已不仅是素材的简单扩展，而是一次对观点的再审视、再研究，在写作过程中，我修正了当年一些不太清晰和清醒的观点，补充了不少的新材料和新观点。

我的领导和朋友对书稿的完善提供了帮助，提出了中肯的意见，减少了书中的错漏。牛慧珍女士担任本书的责任编辑，付出了大量的心血和极大的耐心。这本书的部分思考来自我博士论文中的一章，后来较大幅度修改后发表在《当代世界》杂志。这里要感谢我的博士生导师宫力教授，他不仅精心指导我的论文写作，还专门抽出时间为本书作序。还要感谢高敬先生在百忙之中对本书进行了审读。同时，也要感谢《当代世界》的领导和编辑们，他们当年对文章进行了悉心指导。此书的写作得到了我的爱人葛宁宁无条件的支持。我整天忙碌，无暇顾及家庭，感谢她和孩子的理解、帮助。

本书的涉及面较广，有些领域超出了自己的知识范围，差错难以避免。我希望本书能够起到抛砖引玉的作用，并将在以后不断修订完善。

宣兴章

2022 年 10 月 15 日于北京